“十二五”国家重点图书出版规划项目

新视野教师教育丛书·基础理论系列

大学课堂教学危机研究

吴 艳 著

北京大学出版社
PEKING UNIVERSITY PRESS

图书在版编目（CIP）数据

大学课堂教学危机研究／吴艳著. —北京：北京大学出版社，2014.8

（新视野教师教育丛书 · 基础理论系列）

ISBN 978-7-301-25001-3

Ⅰ. ①大…　Ⅱ. ①吴…　Ⅲ. ①高等学校—课堂教学—教学研究　Ⅳ. ①G642.421

中国版本图书馆CIP数据核字（2014）第233063号

书　　名：大学课堂教学危机研究

著作责任者：吴　艳　著

策 划 编 辑：姚成龙

责 任 编 辑：王　莹

标 准 书 号：ISBN 978-7-301-25001-3/G · 3905

出 版 发 行：北京大学出版社

地　　址：北京市海淀区成府路205号　100871

网　　址：http：//www.pup.cn　　新浪官方微博：@北京大学出版社

电 信 信 箱：zyjy@pup.cn

电　　话：邮购部 62752015　发行部 62750672　编辑部 62756923　出版部 62754962

印　刷　者：三河市博文印刷有限公司

经　销　者：新华书店

787毫米×1092毫米　16开本　14印张　323千字

2014年8月第1版　2014年8月第1次印刷

定　　价：38.00元

序

中国大学改革的提出并非一日，众多的举措已纷纷出台并贯彻实施，但中国的大学教育仍然持续经受着受教育者越来越尖锐的批评。大学教育确实面临危机，然而大学的问题究竟出在哪里？大学何以为大学？为何大学无法培养出大批量的创新人才？为何“钱学森之问”成为难以突破的社会之问？是不是重塑大学精神就可以解决？院校合并、教师聘用制度改革、高校扩招这些改革之举究竟有何成效？

我认为大学应当扮演这样一种角色，即“人格的塑造者、价值的批判者、文化的守卫者、灵魂的唤醒者”。但是，今天的大学却逐渐跟着社会潮流走，有的大学甚至迷失了自己的方向。

中国的大学教育积弊深重，从某种意义上讲，现在进行的大学教育改革是否成功将对中国的未来发展产生深远的影响。教育，是针对教学而言的，因而必须从教学层面对教育的宗旨、手段进行根本性的反思。从根本上而言，中国大学课堂教学的危机并不仅仅来自于教学本身。教学是人类有意识的社会性活动，这种活动对于人类种族延续的重要性自不待言，而人类在其发展的所有阶段都对教学给予了极大的关注。虽然随着社会的发展，人类教学的空间已经超越了家庭、家族、民族、种族、地域甚至时间的限制，但是迄今为止，教学本身的规律和问题尚未引起教育界足够的重视。而这恰恰是当前教育所遇到的最大挑战之一，并且在教育哲学层面上直接导致了大学的危机。任何教育的出发点都应该落实到人才培养的基本规律上，本书正是从教学的规律性出发，探讨中国大学课堂教学危机的深层次矛盾，并结合实证调研和作者本人的教学实践提出了应对危机的教学对策。

作者从中国传统文化、课堂教学的现代价值取向、教师的教学状况、学生学习等多角度多层次地分析大学课堂教学危机的根源，深刻揭露大学课堂教学危机之本质及其后果，寻求走出大学课堂教学危机的对策，提出合理有效的课堂教学模式，以改善大学课堂教学，使大学生成为能提问题、有思想、会思考、有质疑能力的新型人才。

作者通过实证调查，递进式地分析了全国多所高校的课堂教学状况，呈现了大学课堂教学危机及其后果。作者以共授课个案为实例，构建适合激励学生创新思维的教学模式，针对性地提出了解决危机的对策措施，促使师生教学相长，在质疑教学中求真，在师生互动中求善，在危机转化中求美。本书突破了中国大学教学的研究局限，具有很强的现实价值和创新意义。

陈永明
上海师范大学教育学院
2014年7月

Preface

With the severe challenges of market economy in the 21st century, and the extension of the functionalism, many universities have been exploring the crisis of funding, autonomy, quality, ethics and students'academic performance. In some parts of China, it was the fact that universities have been gradually condemned with the abandoned ideas, changed missions, lacking culture, offset targets, etc. Some universities have been pressured by environment and society to take some rapid changes; on the other hand, universities have to develop and create knowledge, and focus on creative talent of students to serve the community directly.

However, with the market economy, the industrial development, and the growing human desire, which results in the unhealthly, physical and psychological and the spiritual development of human being, Dr. Yan Wu's research focused on the crisis of students in university who have no awareness of problems, no ability to question, no critical thinking skills, and less creativity. This is based on the Chinese traditional culture as well as modern values, from teaching to learning. She took advantage of multi–dimensional methods to analyze the origin of the crisis, expose the consequences of crisis, and then, seek out the strategy in order to create a reasonable and effective teaching, enhance the whole quality of university, so that each student would become a reflective as well as questioning person.

Dr. Yan Wu's research paid much attention to classroom teaching, student learning, and the relationship of teachers to students. Her research includes emperical research surveys, case studies, and interviews. She has been exploring the consequences of university students' crisis in the classroom, and eventually proposed a highly innovative countermeasures to resolve this crisis in China.

Kenneth Zeichner
Boeing Professor of Teacher Education
University of Washington, Seattle, USA
March 26th, 2014

英文序译文

随着21世纪市场经济的激烈竞争，功能主义的膨胀，许多大学面临着资金危机、自治危机、质量危机、伦理危机和学术危机。在中国，部分大学在以下方面逐渐受到社会各界的谴责：理想缺失、使命改变、文化缺失、目标偏移等。部分大学在重重压力下已经发生了迅速变革。然而，大学要发展和创新知识，就应该注重培养学生的创造才能，以便直接服务社会。

然而，随着市场经济产业的发展，以及人们不断增长的欲望，从而导致人的身心和精神有亚健康趋势。吴艳博士的研究聚焦于大学生缺乏问题意识、缺少提问题的能力、缺乏批判性思考技能并缺乏创造性等诸种危机，以中国传统文化和现代文化价值为基础来研究教与学。她采用多纬度分析了危机的产生及后果，并尝试寻求一种策略以便构建一种合理有效的教学，从而提高整体大学的质量，培养学生的问题思维和质疑能力。

吴艳博士的研究注重课堂教学、学生学习以及师生关系。她采用案例分析、师生访谈等实证研究，从中分析了大学课堂教学危机的后果，并最终提出了行之有效的对策。

Kenneth Zeichner 教授
美国华盛顿大学教育学院
2014年3月26日

目　录

第1章

绪论：大学课堂教学之忧虑

大学之道，在明明德，在亲民，在止于至善。

——《大学》

1.1 为什么研究大学课堂教学

“大学是最高的学府，这不仅仅因为在教育的制度上，它达到了最高的一个阶段，更因为其在人类运用他的智慧于真善美的探求上，在以这探求所获来谋文化和社会的向上发展上，它代表了人们最高的努力了。大学的理想，实在就含蕴着人们关于文化和社会的最高理想。” 大学所承载的这一理想也就彰显其高尚而独特的理性追求，使得大学本身焕发出无可比拟的魅力。然而，现今的大学却置身于理想追求的迷局中。笔者曾求学于国内一所“985”大学，后任职于一所地方高校。作为一名常年耕耘在教学一线的任课教师，同时又肩负本科教学管理工作，笔者耳闻目睹了来自大学课堂教学中的一些普遍的声音和现象，不由得感到大学教育的悲哀和危机所在。有的学生上课迟到、早退、旷课和上课睡觉、接电话、发短信；有的教师上课时“目中无人”“心中无人”，有的唱“独角戏”，一厢情愿地在课堂上进行所谓的“激情”演绎，学生自始至终都在课堂上无奈地扮演“两脚书柜”的角色。教师对学生的“被学习”和“无问题” 等默然应

杨东平. 大学精神[M]. 上海：文汇出版社，2003：76.

允，在某高校的调查中，对“一学期你向老师提问了几次” 这一问题的回答中，“从来不问”的学生占76.3%，“一次以上五次以下”的学生占15.7% ，“五次以上” 的学生占8%。另外发现，有86%的大学生基本不提问或者从来不提问，有问题但不想问的学生占43%，感到没有问题可以问的学生占24.3%。[①]这些调查说明，中国大学生的质疑能力确实令人担忧，而大学课堂教学危机加剧了多数学生患上“质疑能力缺失症”。这样的大学课堂教学意义何在？难道这就是大学课堂“应该”展现的“宽松的氛围”？事实上，上述呈现在大学课堂上令人忧心的一幕幕恰恰反映出大学课堂教学目标和教学价值的缺失。在课堂里，我们的大学生为何缺少活力、缺少表情、缺少学习的热情？是学生的问题还是老师的问题？是大学的问题还是社会的问题？面对这一系列危机，我们应该采取什么对策呢？面对大学课堂教学的诸多危机，本书所研究和拟解决的问题聚焦于大学课堂教学所培养的学生缺乏问题意识、缺少提问能力、缺乏质疑思维等。

1.1.1 研究背景

中国学者曾提出“大学庸俗化”[②]“大学有问题”[③]，日本学者提出“教育病”，唐纳德·肯尼迪曾这样评价美国大学：大学是容易引起争议的，大学遭到的误解和受到的批评，并不只是大学发展过程中的一个小障碍，必须认真考虑大学所受到的批评。正如著名的钱学森之问：“为何学校总培养不出杰出人才？”这是一个大国的教育与人才之问，是全民之问、全民之惑、全民之期待。中国是一个传统教育占优势的国家，其最大弊端之一是轻创造重知识，轻个体重集体，这也是导致大师级学者缺失的原因之一。

20 世纪 90 年代，人们把中国大学课堂教学形象地归结为“赶鸭子、填鸭子、烤鸭子”。随着各种阻止大学本体性教学发展的问题浮现出来，繁荣与衰落、进步与落后并存的反差弹奏出极不和谐的音符，研究界开始了对这些问题深层的哲思，主要集中体现在对大学精神、大学理念和大学文化的研究之中，本书正是站在已有研究成果之上而进行的一项有意义的研究。大学课堂教学危机研究，基于实证研究的角度，披露大学教学危机，即教学活动的随意性；教学过程的单向性；学习行为的被动性；教学活动的功利性，表现为大学教学有的陷入市场化、商业化的庸俗泥潭。上述种种危机现象必然促使大学生自我弱化心理的产生，自我认同、自我肯定日益遭到打击，学生不敢提问、不能提问、不善提问、不会提问，导致我们无法培养出大批量的创新型人才。

美国教育学者伯顿·克拉克（Burton R. Clark）这样描述：从寺庙、村庄、城镇到城市及大都市，生动形象地记载了大学从弱到强，从静到闹，从封闭到开放的轨迹，也是对社会及时代变迁的客观反映，而至关重要的则是为大学从社会边缘走向社会中心提供了显著的标志。在这种情况下，从被迫适应到主动变革无一不贯穿着现代大学的演进史。大学几经变迁所取得的显赫地位、所呈现的繁荣景象，与大学不断地寻求变革息息相关。

---

① 杜永明. 大学生问题意识的调查与分析[J]. 大学教育科学，2003：3.

② 眭依凡. 大学庸俗化批判[J]. 北京大学教育评论，2003：3.

③ 熊丙奇. 大学有问题[M]. 成都：四川出版集团，2004.

在瞬息万变的信息时代，在多元文化碰撞的世俗挑战中，在迷离纷乱的市场诱惑中，大学应该具备特立独行的主体性，并能够始终恪守课堂教学的人本色彩，执着于对真善美内在价值的不懈探索，完成人类文化的保留、传承、发展和创新的重任。国际教育计划研究所（IIEP）首任所长菲力普·库姆斯（Philip H. Coombs）在《世界教育危机——系统分析》（1968）和《世界教育危机——80年代的观点》（1985）中着重于从教育宏观的角度，即从教育的供求状况、投入产出、数量质量等方面研究教育危机。他指出，由于发生了科学和技术、经济和政治、人口及社会结构等变革，使所有国家都经历了异常迅速的环境变化，而教育体制适应周围环境变化的速度却明显滞后。例如，日益陈旧的教学内容与知识增长和学生实际需求之间的失衡，教育发展与社会需求间的不相适应，人才培养与学生就业之间的不协调等。

1.1.2 危机凸显

危机，指的是一种困顿状态，是当事人将某事件或状况认定为个人资源和应付机制无法解决的困难。危机是当人们面对重要生活目标的阻碍时所产生的一种精神和心理状态，用常规的解决方法无法应对，在那一段时间内，其导致个体的混乱甚至解体，而同时人们面对此种状况感到无能为力，甚至不能有意识地主宰自己的生活，随即产生的震惊、恐慌和悲伤。危机作为一种客体反主体化效应的展现，是对人的利益追求与价值目标的背离。任何一种危机都会给人造成物质损失与精神困扰，并对人类活动及其行为选择提出挑战。在不断积累中最终爆发的"全球性危机"，以人与自然、人与社会、人与人之间的尖锐冲突关系为表现形式，不仅使人类的未来发展受到直接威胁，而且在一定程度上甚至使人类生存的根基面临着危险。

德国学者胡塞尔在《欧洲科学的危机与超越论的现象学》一书开篇中曾经写道："我必须估计到，在这个致力于科学的场所，'欧洲科学的危机与心理学'这个演讲题目就已经会引起反对意见了。我们真的能够谈论我们的科学的危机吗？现在经常听到的这种说法是不是一种夸张之辞呢？"他还认为，所谓"科学危机所指的无非是科学的真正科学性，即它为自己提出任务以及为实现这些任务而制定方法论的整个方式，成为不可能的了"[①]。

正如胡塞尔在科学日益走向繁荣之时对于欧洲科学危机的讨论一样，今天现代大学在所谓"成功"的背后同样面临着严重的危机。这种危机如果沿用胡塞尔对于科学危机的定义方式，不妨描述为："现代大学危机所指的无非是，现代大学之所以为大学的合法性，即它为自己提出任务以及为实现这些任务而提出的理念与设计的制度，成为不可能的了。"大学逐渐远离人类的精神与生活世界，借助于托马斯·库恩的"范式"概念，现代大学危机出现了一种"范式危机"，这就意味着如果我们不能超越现代性逻辑对于现代大学中"现代"一词内涵的"锁定"，现代大学不可能走得太远。现代大学如果继续沿着现代性逻辑运行下去，当其现代性特征达到极致之时，也就是现代大学像白垩纪恐龙一样走向灭

① 胡塞尔. 欧洲科学的危机与超越论的现象学[M]. 北京：商务印书馆，2001：13.

绝之时。第二次世界大战以来，大学教育生态系统不断受到政治运动、科技发展、价值观念、生活理念、入学高潮、质量降低、经费不足、人才紧缺等生态因子的侵袭，“教育危机”的风暴席卷全球，如1968年法国的“五月风暴”、美国的“六八学潮”等，这些都是教育危机的突出表征。早在1968年，库姆斯已指出，1967年人类历史上首次出现世界性教育危机，表现为教育体制与迅速变化的环境不相适应而造成的两者之间的不平衡，学校培养的人难以适应社会需要，教育的发展没有满足经济发展的需要等。“由于教育体制与迅速变化的周围世界之间日益加剧的不协调，旧的危机更加严重，而且在20世纪70年代和80年代初又产生了新的危机。在这些新的危机中，最主要的是现在对教育自身产生了信念危机”①。

随着现代大学外显功能的逐渐增多和延伸，其内部的组织机构也逐渐分裂直至破碎。美国教育家克拉克·克尔（Clark Kerr）甚至认为，现代大学仅仅是由中央供暖系统联系起来的一幢幢建筑而已。在“全能主义”（Totalitarism）主导的现代社会，大学在公众眼中逐渐演变为一个无所不能的组织。“难题的解决导致了难题的产生，追求秩序的行动产生出新的混乱领域。进步首先包含着对昨日解题方式的淘汰。”② 一旦大学功能逐渐分化、增多到不堪重负之时，或介入到不宜介入之时，或社会的欲望无法得到及时满足之时，大学的失败就不可避免。大学之存在，是为了探寻事物的本质，发现如何区分真实与表面真实并理解其意义。在现实中，大学渐渐蜕化为一个类似于“百宝箱”式的服务性机构，同时大学独特的精神价值与魅力却在盲目的适应中日渐式微，当前，大学影响力的衰退已成为一个世界性的话题。联合国教科文组织前总干事长费德里克·马约尔曾在“关于大学的变革与发展的政策性文件”中认为，全世界几乎所有国家的大学都处于危机之中，甚至有学者预言，大学作为社会存在了近千年的机构，在不久的将来可能就会消失。

课堂教学是由教师、学生、文本内容和教学手段以及教学环境等要素构建起来的一个多维的立体的结构系统，主要是由教师引导、帮助并不断激励以维持学生自主学习、获得收益的行为过程，大学课堂教学的理性是维系各教学要素结构平衡的保障，然而现实课堂教学状况并非如此。当下的教学所造就的人往往是被规训的、单面的、干瘪的、缺乏生命活力的人。这样的教学是脱离生活、没有生活气息的，丧失生活能力的，并会造成严重的后果，因而人们不禁要问：教育的意义何在？教学的价值何为？教育的意义在于促进个体的生命意义，丰富个体的生活色彩，而教师作为教育和教学活动的从事者，自然承担起从幼儿启蒙到引领人生航程的使命，为体现其价值和意义，教师应该用一种积极的、阳光的、平常的心态审视教学活动中一切宏观和微观事物，教师要将课堂和生活紧密联系在一起，否则将出现课堂失去活力，教学失去吸引力，学生的学习容易脱离实际、

① 库姆斯. 世界教育危机——八十年代的观点[M]. 赵宝恒，等，译. 北京：人民教育出版社，1990：8. 库姆斯，又译“孔布斯”，国际教育发展委员会（ICED）副主席，第一次集中论述了教育危机。“ICED”是对许多国家普遍存在的教育发展问题进行研究和分析的一个独立的、非营利的机构。它建有与世界各地同样关心这些问题的有经验的组织和个人广泛合作的网络。

② 贝克. 风险社会[M]. 南京：译林出版社，2004：22.

脱离现实生活、内化程度低、掌握不牢固等问题。脱离生活的课堂教学，不仅忽视了学生作为有生命的存在，而且忽视教师作为有生命的存在，将教师视为一种传达信息的工具性存在，在教学活动中，师生因为相同的外在目标而被不同地异化、物化了，无法感悟生活和生命的真正内涵。 课堂是传授知识的殿堂，是培养思维方式和能力的重要途径。大学生思想空前活跃，思维高度敏捷，情绪体验细腻而强烈，是具有独立思想的个体，其思维特点、思维方式、思维习惯、情感意志和价值观念都是千差万别的，因此更要重视学生心理发展的内在理性指导的需要，马加爵事件等，以一种矛盾激化的极端方式暴露了中国大学教育背后掩藏着的危机。大学教学也理当深思，一直以来，大学都是人们关注的焦点。

现今，大学课堂教学面临着众多困难与挑战，如教学目标的迷失、教学方法的失当、教学内容的偏颇、学生的主动学习缺失、教师教学的不自觉以及师生关系的异化等。大量事实证明，当今的大学课堂确实存在诸多问题。清华大学教授刘西拉曾对一所著名高校的两个工科院系进行调查后发现，从学生对整个教学环节的满意程度来看，对整个教学环节认为“很满意”和“满意”的学生只有5%，认为“不满意”和“很不满意”的学生达53%；在大学苦读几年后，认为“能学到一点点”和“根本学不到”有用东西的学生占79%。[①] 上述情况在另三所高校的专项调查中也有明确显示：教学好的只占5%，较好和一般的占21%,而教学较差的比例却高达74%。[②] 中国大学的课堂教学状况不容乐观。

大规模扩招之后，高等教育的发展从以数量为中心进入到以提高质量为中心的阶段。《世界高等教育大会宣言》曾这样指出：“21世纪将是更加注重质量的世纪，由数量向质量的转移，标志着一个时代的结束和另一个时代的开始。重视质量是一个时代的命题。谁轻视质量谁将为此付出沉重代价。”[③] 教学质量是影响大学人才培养质量的主要因素,直接影响国家人才培养的质量，关系到国家和民族未来的命运。我们的大学课堂教学究竟有哪些问题？原因究竟存在于什么方面？怎么改进我们的课堂？这些问题已成为困扰高等教育领域广大教师、教学管理者和理论工作者的突出问题。高校改革很少深入到课堂层面的教与学，要培养创新人才，应该认识大学课堂的现存危机，实现有效课堂教学，培养学生质疑能力，促进师生共同成长。走进课堂，研究课堂，改进课堂教学，已成为大学教学改革的一个迫切需要触及的领域。

1.1.3 研究意义

本书试图把课堂教学置于动态的过程中以反向的视角去观察研究，以揭示大学课堂教学存在的危机，尤其是大学生在课堂教学活动中缺乏主动性，缺乏质疑能力，缺乏提问能力，缺乏反思能力，缺乏批判能力。在此基础上，找出其中原因，并寻求解决的对策。

---

① 朱九思. 高等教育当前应当着重抓什么[J]. 北京大学教育评论，2003（1）：60.

② 文志传. 当不了教授就别当教授[N]. 中国青年报，2002-11-6.

③ 朱振国. 时代命题加快高校教学改革步伐[EB/OL]. http：//www2ll8.com.cn/news/2002/0l/04/18l.htm。

整体而言，中国对一般（中、小学）课堂教学的研究较多，对大学课堂教学微观层面的分析甚少，特别是针对大学课堂教学，关于课堂教学质量监控与评估的研究较多，而对课堂教学过程的研究较少，且多偏重于经验性的探讨。北京师范大学教授周作宇和他的学生曾对大学课堂教学模式作过专门研究。他们通过课堂观察、教师访谈、学生访谈等方法，对大学课堂教学模式进行了质的研究和量的研究。最后发现大学课堂主要由教师的讲授和板书组成，课堂上少有学生参与的行为项目，少有师生互动的行为。总体上，大学课堂教学行为比较单一，课堂氛围比较沉闷。[①] 英国哲学家和教育家怀特海（Alfred N. Whiteheat）曾指出："教育的全部目的是使人具有活跃的智慧……一所高校的理想与其说是知识不如说是力量……在古代的学园里，哲学家们渴望传授智慧，而在今天的高校里，我们卑微的目的却是教授各种科目。"[②]

本书选取复旦大学、西北师范大学、东华大学、安徽师范大学等几所综合性大学为个案，通过对课堂教学的问卷调查或课堂观察、师生访谈等方式，从中国传统文化、课堂教学的现代价值取向、教师的教学状况、学生学习等多维度分析大学课堂教学危机的根源，寻求走出课堂教学危机的对策，提出合理有效的课堂教学模式，以改变大学课堂教学的现状，促进师生相长，最终使大学生成为有问题、有思想、会思考、善质疑的新型人才。

1.2 什么是大学课堂教学研究

1.2.1 关于大学课堂教学质量的研究

中国的教学论学科体系，习惯于将课堂中的教师、学生、教学内容、教学方法、教学组织形式等各个要素分别进行研究，关于课堂的专门研究相对较晚和较少。最早以课堂作为研究对象的是田千兴等人，田千兴在与伍贤进、姚正平合著的《课堂论》中全面系统地阐述了课堂的起源、发展、功能等内容，并从动态属性认为课堂本身就是人才生产活动，是一种培养、训练人的教育教学活动。[③] 南京师范大学吴康宁教授主持开展了课堂教学社会学研究。他在《课堂教学社会学》一书中写道，不论是从理论还是事实出发，课堂首先是一个正式的"社会活动场"，然后才是一个"教育活动场"。因此，要突出课堂的社会性，在课堂社会中，存在着特殊的社会组织、特殊的社会角色、特殊的社会文化和特定的社会规范。[④] 有关大学教学的系统研究，始于钱伯毅主编的《大学教学论》及李希主编的《高等学校教学论》。前者致力于教学基本理论的阐述，探讨教学规律、教学原则、教学方法等，力求反映国内外教学科学研究的新成果。后者对大学教学的任务、

① 吴小鸥. 创构大学课堂[J]. 湘南学院学报，2004，25（6）：106-109.
② 怀特海. 教育的目的[M]. 徐汝舟，译. 北京：生活·读书·新知三联书店，2002.
③ 田千兴，伍贤进，姚正平. 课堂论[M]. 长沙：湖南师范大学出版社，1995：3.
④ 吴康宁. 课堂教学社会学[M]. 南京：南京师范大学出版社，1999.

地位和教学改革、教学理论、教学形式、教学评估和管理、学生学业的考核与评定等进行了详细论述。随后，李定仁等编撰了《大学教学原理与方法》，该书论及大学教学目标、大学教学的一般原则、大学教学设计、大学生学习评价等。潘懋元主编的《高等学校教学原理与方法》则根据高等学校教学活动的特点，论述了教学的一般原理和方法。徐辉主编的《大学教学概论》，主要从理论与实践两层面对大学的教学问题进行系统、深入地研究。就针对高校课堂教学的专著而言，国内目前仅有方华灿编写的《论高等学校的课堂教学》，书中详细阐释了大学教师应具备的基本素质与条件以及教师的课堂教学技巧等内容，主要从教师层面论述如何保证大学课堂教学质量。

培养具有创新能力的人是高校教育的目标，提高教学质量是高校永恒的主题。随着近年来高等教育规模的扩大、持续几年的扩大招生，中国高等教育已进入大众化阶段，大学的本科课堂教学质量也受到人们越来越多的关注。张月琴在《中国电力教育》2008年第11期《论提高高校课堂教学质量的策略》中提出，课堂教学作为实施教学过程中必不可少的一个环节，是教师传授知识、学生获得信息、培养学生一定思想观念的主渠道。提升课堂教学效果是提高高校整体教学质量的核心，并对中国高校本科课堂教学质量的基本内涵进行了界定。亓树林在《中国科技信息》2009年第1期《课堂教学中发挥学生主体作用的探索》中对课堂教学中的教学质量、教学主体提出了质疑。赵欣、李晴在《时代教育》2008年第10期《本科专业课堂教学方法改革的思考》中提出，目前中国本科课堂教学中仍存在一些问题，如重教师的单向“灌输”，轻师生的互动交流；重教师的教学积极性，轻学生的学习主动性；重传统授课方式，轻现代教学技术与手段的整合等。陈霞琴在《教学反思：优化课堂教学的重要途径》中提出，教学反思是优化课堂教学的一个重要途径。

关于本科课堂教学质量的研究表明，当前的高校本科教学评估工作还存在诸多问题，如“质量”概念界定模糊，本科生“教学质量”的定义缺乏科学性，教学质量的量化过程中存在部分成绩指标缺失以及虚高的数据情况，这些会延误社会及时发现和有效解决高等教育问题的时机，课堂教学质量不能用几个简单的数据体现出来的，教学质量的量化过程的一般性统计和公布，不能从数字中看出学生接受知识的多少，更无法看出大学创造知识的多少。对该问题的研究应不断深化细化对于本科课堂教学质量的现行定义，不仅要全面合理地反映课堂教学水平，更要注重反映课堂教学的有效性。

美国教育学者菲利普·杰克逊（Philip Jackson）是国外最早系统地研究课堂教学的学者。1968年他在其出版的《课堂生活》（*Life in Classroom*）中，揭开了与课堂教学相关的许多谜团，也拉开了西方学者研究课堂教学的序幕。他的研究促使西方学者开始关注课堂并重视课堂研究。他的著作证实了课堂活动并非易事，原因在于课堂复杂多变，教师常常不得不在并不完全知情的情况下迅速开展活动。[①] 随后，多勒（Doyle）等人提出了课堂的生态系统观，认为教师和学生就是生活在这个生态系统里的居民，因而课堂应该是

① 古德，布罗菲. 透视课堂[M]. 陶志琼，王凤，邓晓芳，等，译. 北京：中国轻工业出版社，2002：6.

由居民和环境交互作用而形成的有机生态系统。他们还具体描述了课堂的六大特征，即多维性、同时性、即时性、不可预测性、公开性和历史性。[①] 美国著名的课堂研究专家古德（Thomas L. Good）和布罗菲（Jere E. Brophy）通过大量的课堂观察与描述，整合了大量丰富而生动的课堂案例，在他们的代表作《透视课堂》中详细介绍了观察、描述、反思和理解课堂行为的方法，并提供了实用的课堂教学管理策略，即提高学生学习兴趣和帮助学生成长的策略。全书讲述了课堂生活、课堂观察、教师期望与学生行为之间的关系、避免课堂问题的方法、促成学生自我管理能力和处理学生不良行为的策略、教师如何布置对学生有吸引力的作业与学校对增强课堂动机的影响、学生积极参与课堂讨论的问题、教师有效处理异质课堂的方式、分析传统教学方法、帮助学生掌握有用的知识及改善课堂教学等内容[②]。此书既是教师研究与反思课堂教学的方法大全，又是教学论研究者深入课堂研究的经典之作。除此之外，译著《自主课堂》《健康课堂管理》《丰富教学模式》《教学行为指导》等，分别从不同的角度对课堂教学中的有关问题进行了剖析和论述。在国外的高等教育领域，课堂教学的发展并非一帆风顺。

20 世纪 80 年代以前，美国大部分高校特别是一些研究型大学长期存在重科研、轻教学的情况，其教学质量并不高。之后，美国大学开始重新关注教学和科研之间的矛盾，由科研优先、注重研究生培养，转而重视本科教学。1984 年 10 月，美国高质量高等教育研究小组发表《投身学习：发挥美国高等教育的潜力》的报告，深刻剖析了美国高等教育的现实状况和存在的问题，并提出美国高等教育改革的价值观基础和 27 条具体建议；20 世纪 90 年代以来，教学在美国高等教育中的地位与作用日益受到重视，许多主要大学重新把本科教学放在优先位置。1994 年美国卡内基基金会通过对 125 所研究型大学的调查，分析了美国大学教学质量下滑的原因。1997 年该基金会发表了题为“重塑本科教育”的报告，对美国大学本科教育、课堂教学中存在的问题及其对策提出了独特的见解，在全美引起强烈反响。成立于 1905 年的“卡内基教学促进基金会”（The Carnegie Foundation for the Advancement of Teaching）通过各种途径，对美国高等教育的方方面面进行了深入的调查研究。迄今为止，该基金会出版的研究文献不计其数，这些研究成果非常有力地促进了美国高等院校教学改革的深入开展和教学水平的显著提高，也引起了世界上其他国家对高等院校课堂教学的广泛关注。

洪成文编译的《美国学者论如何提高本科教学质量》一文，介绍了当代美国大学本科教育的质量，其采取的举措主要有：确立较高的期望值、要鼓励和尊重多样化、抓教学质量得从起始阶段抓起、增强课程之间的有机联系、注重经验的综合、为练习提供机会、强调知识的应用、鼓励主动学习、反馈要及时、形成伙伴关系，有充分的时间保证，加强学术交流。[③]

美国教育学者里德利（Ridley）和沃尔瑟（Walther）立足营造积极主动的课堂环境，

---

① Doyle. Classroom Organization and Management[M]. in MC.Wittrock （ED.）, Handbook of Research on Teaching. New York：Macmillam，1986，392-431.

② 古德，布罗菲.透视课堂[M].陶志琼，王凤，邓晓芳，等，译.北京：中国轻工业出版社，2002：171.

③ 洪成文.美国学者论如何提高本科教学质量[J].比较教育研究，1996（5）：53-54.

提出培养学生成为自主学习者来促使课堂教学的优质化。他于2001年出版了《自主课堂》（*Creating Responsible Learners*），首先引用大量的成功实例，结合研究数据，全面论述什么样的课堂环境是“积极课堂环境”以及积极课堂环境的作用，明确提出要满足学生的情绪安全感、自信感、归属感、趣味感和赋予学生一定的权利，这才是创建积极课堂环境的基础，建议教师理解和实施学生导向的管理办法。关于如何创建有意义的课堂，美国学者斯滕伯格（Shirly R. Steinberg）和金奇洛（Joe L. Kincheloe）提出了自己富有创见的观点，即让学生作为研究者。在他们的著作《学生作为研究者——创建有意义的课堂》中，他们提供了大量的理论和实践方法，不仅富有创造性地解释了探究的性质和特征，而且还详细论述了学生研究的理论基础，学生研究对教学的意义；同时，作者指出学生作为改革的主体，要成为研究者，教师要以学生能够接受的各种方式，运用各种类型的质的方法来创建有意义的课堂。

美国教育学者马赞诺（Robert J. Marzano）、皮克林（Debra J. Pickering）和庞诺克（Jane E. Ponock）通过对一线教师日常教学活动的调查研究和数据分析，归纳和总结了9种能够提高学生成绩的教学策略，以此来达成有效、质优的课堂。在《有效课堂——提高学生成绩的实用策略》中，他们以真实可信的研究数据为基础，结合生动丰富的教学实例，围绕9种策略产生和应用，展开了详尽的介绍和透彻分析。查莱茨（Charets）在其《开放的课堂教学》一书中依据教师和学生对课堂的贡献把课堂分为4种模式：传统型教学模式、开放型教学模式、放任自由型教学模式和照本宣科型教学模式。①

长期以来，由于课堂被教师和学生经意或不经意地忽视，导致课堂日益模式化与僵化，课堂越来越死板。与此同时，理论研究又远离课堂实践，尽管对课堂的诸多因素均有研究，但对教师教学并没有多大的指导作用。鉴此，叶澜教授呼吁“让课堂焕发出生命力”，并发表了《让课堂焕发生命的活力》，指出：“课堂教学应该看作是师生人生中一段重要的生命经历，是他们生命的有意义的构成部分。”② 从而引起了人们对优质化课堂、生命化课堂研究的关注，研究者们分别从社会学、管理学、文化学等视角来透视课堂，并出现了许多课堂研究成果。中国学者以课堂作为研究对象，比较全面和系统的，应当首推以南京师范大学吴康宁教授为主开展的“课堂教学社会学”研究，这种社会性既表现为课堂教学受制于特定的社会背景并具有一定的社会功能，又表现为其自身也存在着特殊的社会结构与社会过程。③ 进入20世纪90年代以来，众多教学论研究者通过对课堂观察、对教师访谈、对学生问卷与测量等，逐渐转变了传统的研究方式，出现了许多课堂教学研究的成果。例如，《重构课堂》《课堂学习论》《课堂管理论》《实践教学论》《课堂教学论》《课堂评价论》《课堂模式论》等。

尽管课堂教学是大学教学的重点与关键，但专门研究大学课堂教学的论著甚少。除了方华灿的《论高等学校的课堂教学》、王言根的《学会学习——大学生学习引论》等几本

① 周作宇，熊春文. 大学教学：传统与变革[J]. 现代大学教育，2002（1）：15-21.
② 叶澜. 让课堂焕发生命的活力[J]. 教育研究，1997（9）.
③ 吴康宁. 课堂教学社会学[M]. 南京：南京师范大学出版社，2000：8.

专著外，一般在有关大学教学论的著作中，只有个别章节论述了课堂教学的问题。此类著作有孙邵荣的《高等教育方法概论》、钱百毅的《大学教学论》、李定仁的《大学教学原理与方法》、赵鹤龄的《大学教学论》、潘懋元的《高等学校教学原理与方法》、张楚廷的《大学教学学》、陈列等著的《大学教学概论》等。就查阅的硕士论文来看，对大学课堂教学研究具有代表性的有湖南师范大学陶学文的《试论高校课堂教学的病理性症状及其诊治对策》和中南大学刘松武的《大学课堂教学场论》。前者借用医学病理学的一些概念和思维方法对中国当前高校课堂教学中存在的一些"病理性症状"进行剖析，并对高校课堂教学"疾病"进行诊断,提出预防和治疗对策。后者把物理学的"场论"引入大学课堂教学理论，尝试用一种新的思维和方法对大学课堂教学进行探索和研究，以期获得新的认识。

1.2.2 关于大学课堂教学危机

1. 关于大学课堂教学存在的弊端

有学者认为，当前大学课堂教学存在的问题表现为自主性缺失、创新性缺失、个体性缺失、实践性缺失、育人性缺失等方面。[①] 还有学者提出 4 种主要类型的教学疾病：教学专制，教学偏见，教学失衡（教学缺失、教学过度和教学滞后）和教学阻隔（师生间、学科间）。[②] 另外，对教育危机进行深刻剖析的主要人物有西尔伯曼（C. E. Silberman)，其代表作是《教室里的危机》。[③] 吴小鸥在《问诊大学课堂》一文中深刻剖析了当前大学课堂的主要弊端，指出当前大学课堂教学存在的主要"疾病"是教学目标系统的缺失、"教学场"离衡、教学控制系统萎缩以及教学代谢系统的阻隔。[④] 而后在《创构大学课堂》一文中又提出要从培养创新人才的目的出发对大学课堂进行创构。从众多的研究中，笔者发现越来越倾向于这样的理解，即高校课堂教学不仅是师生相互学习的教与学的活动，而且是师生共同参与的研究活动；不仅是知识的传递与接受的认识过程，而且是师生共同探索与创造知识的研究过程。

范庭卫在《教育过程理论研究》中指出，课堂教学的弊病表现在以下方面。

第一，"秧田式"[⑤] 的空间形态。自 1862 年京师同文馆设立引入班级授课制以来，课桌椅的摆放绝大多数采用秧田式。如同稻田里的秧苗，排成整齐的行列，彼此保持着一定的距离，教师能有效地控制课堂。全体学生面向教师，教师的目光可顾及每一位学生。这种空间形态维护并强化了教师的权威，保证了教师向学生单向传授，却弱化了生生之间的交往。

第二，知识型的教学任务。完成知识点的教学，帮助学生理解、掌握知识，记忆巩固知识成为课堂教学的中心任务，甚至成为唯一任务。这些知识点是教材上的概念和结论性

① 严启英. 关于在高师课堂教学中实施素质教育的思考[J]. 教育探索，2002（6）：21.

② 郑钢、石鸥、张增田等学者对教学病理的研究取得了较好成绩，出版了专著《教育病理学》。

③ Silberman. Crisis in the Classroom：The Rear King of American Education[M].New York：Random House，1970.

④ 吴小鸥. 问诊大学课堂教学[J]. 现代大学教育，2004（1）：49-52.

⑤ 李宁玉，郝京华，等. 改变"秧田式"课堂教学空间型态[N]. 光明日报，1988-2-10.

的概括，学习的目的在于完成学习或在考试中能准确无误地从记忆中再现出来。能力的培养往往作为附带，仍然有着掌握了知识能力即能自然而然形成的旧观念，但忽视了教学中的情感体验、态度、价值观。

第三，机械化的教学样式。复习旧课、导入新课、讲解新知、练习巩固、布置作业等5个环节已经步入程序化，在当下的课堂教学中清晰可见，不管学科内容还是学生年龄，都使用这种样式。教师按照这种固定的模式工作，如同工人在流水线上进行生产，这种作坊式的劳作见不到学生的生动活泼，教学遵照不变的程式，无异于阉割了学生鲜活的灵魂。教学因循守旧的机械程式，视人如物，扼杀了师生之间心灵的碰撞和思想的交锋。

第四，表演式的课堂教学。演员依照事先编好的剧本进行表演。不少教师的上课成为教案的执行过程。课堂的进程由教案上预先制定，课堂的提问由教师事先规划，问题答案也由教师事先确定，学生是教师表演的配角，由教师牵引着，一步一步按照教案的顺序进行，教师对遵守此路径的学生给予肯定评价，“越轨”的学生被视为开小差，或给予批评乃至纪律的约束。教师是主角，好学生是配角中的“主角”，大多数学生只是群众演员。

有学者认为，当前大学课堂教学存在的问题表现为自主性缺失、创新性缺失、个体性缺失、实践性缺失和育人性缺失等方面。① 这主要体现在以下几个方面。

第一，扩招后的教育资源稀缺。教学活动虽然离不开教材和学生，但其质量的好坏取决于教师。邓小平曾指出，一个学校能不能为社会主义建设培养合格的人才，培养德、智、体全面发展，有社会主义觉悟的有文化的劳动者，关键在教师。哈佛大学前校长科南特也曾言，大学的荣誉不在于它的校舍和人数，而在于它一代一代教师的质量。一个学校要站得住，教师一定要出色。教师作为高校人才培养、知识传播的主体，是大学的第一生产力。扩招给众多高校的师资队伍建设带来很多问题，其中最严重的就是师资力量不足，师生比不协调。

第二，投入不足的教师教学。教师对教学工作的投入，既包括时间和精力的投入，又包括情感和心灵的投入。教师投入的多少，直接影响着学校的教学质量与教学水平。当前，出于各方面的原因，大学教师未把主要精力放在教学上是一个普遍性的问题。如有的教师人在讲台，心不在焉；有的投身商海，无心从教，教学基本上处于“半投入”状态；不少教师缺少与学生交流，在教学中情感投入不足；有的只顾自己讲课，对学生情况不闻不问；有的上课就讲，下课就走，几乎不与学生交流。受市场经济的影响，有的教师一味追求金钱利益，也有的高校政策导向有些偏颇，在职称评定问题上，大多数高校存在着重科研而轻教学的现象，使得部分教师忙于科研，而轻视教学工作。

第三，令人担忧的大学课堂。大量研究调查表明，中国大学课堂教学效果不太理想，反映最突出的就是大学生逃课现象。

2. 关于大学课堂教学问题存在的原因

有学者认为大学课堂教学出现问题的原因可以归结为：传统单调的教学模式、枯燥陈旧

① 严启英. 关于在高师课堂教学中实施素质教育的思考[J]. 教育探索，2002（6）：21-23.

的教学内容、现实功利的学习目的、僵化落后的教学意识以及教师素质的缺失。[①] 有学者则把问题的主要原因归结为师范生在校期间没能或很少接受教学方面的知识和能力的培养。[②]

3. 关于大学课堂教学的改进策略

由于不同学者分析大学课堂教学存在问题的原因的角度不同，所以他们论述各自的改进大学课堂教学的对策也就略有不同。有学者认为解决大学课堂教学问题的对策为：转变观念，全面提高高校教职员工对教学重要性的认识，掀起新一轮的“回归教学”的热潮，切实加强课堂教学在大学院校的地位；通过确立正确的学生观、合理的知识观和全面的教学观来提升教师的人格魅力，以便完善高校教师多元化的现代教育素质；把握有效教学的特征，努力探索各种有效教学模式，减少无效或低效的教学。[③] 还有学者提出应在大学课堂教学中实施素质教育，具体措施为：发挥学生学习主体性，赋予学生自主学习权，实施开放式教学，打破了传统班级授课制在时间和空间上的局限性，重塑新型师生关系的民主式教学，并注重师生角色互换；实施创新教育，为学生学会创新提供范式——从创新教学模式、教学内容、教学环境等方面着手；挖掘学生潜能，开展个性教学——提供多样合理的教学内容且因材施教，使课堂教学着眼于学生的可持续发展；增强课堂教学的实践性——加强理论与实际的联系；在学科内开展参观、访问、见习等实践性活动；结合学科教学，开展专题研究活动；提升教师素质，加强育人意识——教师应“为人师表，以身作则”“充分挖掘教学内容的德育因素，在教学中渗透德育”。[④]

1.2.3 研究现状分析

总的来说，大学课堂教学的研究在许多方面还比较薄弱，大多是从一个侧面或层次入手，或者比较注重从静态的角度去描述教学，而且多是从理想、健康的理念出发去研究。这些成果虽然视角取向、研究重点各不相同，但研究目的都是促进课堂教学优化，并且都是围绕着当前世界教育改革的热点问题——“让学生成为学习的主人”“学生作为研究者”等进行了深刻探讨，为我们展示了一套帮助学生进行自我调节学习的教学模式，提供了提高学生成绩的卓有创意的方法和技巧；同时，它也对我们业已掌握的教学方法和研究范式提出了挑战，引导我们从新的角度重新思考和认识课堂，这为我们研究课堂教学优化提供了理论学习的空间和行之有效的操作模式。

1.2.4 研究的理论基础

1. 建构主义学习理论

建构主义学习理论的基本观点是指学习是一个意义建构的过程，是一个通过新旧经验的相互作用而形成、丰富和调整自己认知结构的过程。就其实质而言，意义建构是同

---

① 谭桂荣. 浅析高师课堂教学的问题与对策[J]. 内蒙古师范大学学报（教育科学版），2005（5）：73-76.
② 张拓书. 论高师课堂教学的示范性[J]. 内蒙古师范大学学报（教育科学版），2002（6）：23.
③ 谭桂荣. 浅析高师课堂教学的问题与对策[J]. 内蒙古师范大学学报（教育科学版），2005（5）：73-76.
④ 严启英. 关于在高师课堂教学中实施素质教育的思考[J]. 教育探索，2002（6）：23.

化和顺应统一的结果。一方面，新经验要获得意义需要以原来的经验为基础，从而融入到原来的经验结构中；另一方面，新经验的进入又会使原有的经验发生一定的改变，使它得到丰富、调整或改造。建构主义强调意义的双向建构过程。学习是学习者积极主动的建构过程，而不是被动地接受外来知识，是主动地根据已有的认知结构来选择外在信息，建构当前事物的意义。一方面，学习者通过使用已有知识，建构当前事物的意义；另一方面，被利用的已有知识不是从记忆中原封不动地提取，而是要根据具体情况重新建构。该理论主要强调个体如何建构认知经验（知识理解、认知策略）和情感经验（学习信念、自我概念）。

2. 人本主义学习理论

人本主义心理学主张研究人的整体意识、人的尊严，研究人的本性和价值。人本主义认为每个人都有发展自己潜力的能力，在教学过程中，应该以学生的学习和成长为中心，促进学生的积极性和主动性，培养学生的创造性，在师生间构建良好的交往关系，形成情感融洽、和谐适宜的学习氛围。更强调人的潜力之发展，尤其是那种成为一个真正人的潜力；强调人要理解自己和他人，并与他人和谐地相处；强调个体的自我实现；强调满足人的基本需求。这种教育将帮助"人尽其所能成为最好的人"。人本主义强调个体对"自我"的正确认识并充分了解发掘每个个体的潜能，它体现为教育对生命完整性的复归，对生命个性的呼唤。

3. 后现代主义教育思想

强调多元，主张差异，崇尚开放，重视平等，否定中心和等级，推崇创造。教学过程是一个情境化、生活化、社会化的师生交往过程，要求在课程组织中倾听不同的声音，关注课程活动的不稳定性和相对性，以及个体经验相互作用的复杂性，要求学生批判性地思考文本内容、教学过程以及他们所处的社会现实，对社会现实提出异议、找出问题，进行批判性思维。教育作为一种社会活动是发生在师生之间的真实的生活世界中的，应该促使每个人能够形成一种独立自主，富有批判精神的思想意识及培养自己的判断能力，学会更充分地发展自己的人格，并能不断增强自信心和社会责任感。

4.存在主义教育思想

强调人的存在是最为根本的，人的问题是其他一切问题的出发点和归属，人人都具有超越自我的潜力，都必须对自己的选择负责。强调个人的自我实现，注重品格教育，主张采用"对话"方法的个别教学，把学生视为一个独立自主的人，积极鼓励学生独立思考，强调个人意识、个人选择、个人责任感和承诺感。教育的本质在于唤醒灵魂，而不是知识和认识的堆积，教师的任务在于帮助学生走向自我实现，而不是以灌输知识为主，也不是以帮助学生解决情境的问题为主。

1.2.5 研究的概念界定

本书所涉及的大学为全日制本科院校，所论述的学生为大学生。

（1）危机。

危机（Crisis）一语的希腊语源，原指疾病转好或转坏的转折点，而左右这个转折点走向的主因，完全取决于能否适当地提供有效的解决办法，并作快速的处理。[①] 罗森塔尔等人则认为：危机就是对一个社会系统的基本价值和行为准则架构产生严重威胁，并且在时间压力和不确定性极高的情况下，必须对其作出关键决策的事件。[②] 作为社会历史哲学中的一个基本范畴，危机用以揭示社会发展进程中的一种矛盾性状态以及否定性趋向，主要是指人类活动中生成与变化的客体所产生的反主体性效应，是由人引起、由人承受并最终由人来解决的对象性存在。对于人类来说，危机不能被简单地判定为或好或坏，其价值不应被抽象地加以谈论，它呈现出殊异的价值与意义。日益走向成熟的人类应当努力发挥危机的正面价值，积极克制并解决危机的负面效应，尽可能地使危机真正转化为促进人类生存和发展的契机、转机与生机。

（2）课堂。

课堂随着学校的产生而产生，因为在客观上规限着教学活动的空间结构，所以很多学者用教室这一固定的物理场所来指代课堂。有学者认为，狭义的课堂是指班级教学的教室，课堂教学即是班级教学[③]；还有学者把课堂理解为任何具有教育意义的场所，如社会是个大课堂[④]；或者认为课堂本身就是人才生产培养的活动，是一种培养、规训人的教育教学活动[⑤]。后现代主义则认为，课堂乃是让每个学生都感到有自己存在的地方；人与人能逐渐建立信任关系，大家内心的梦想和欲念能和大家分享而不会遭到教师和同学的嘲笑[⑥]。课堂,并不是一个简单的空泛的教室概念,更不仅仅是教师教、学生学的物理空间,它是特殊人群的社会舞台，是一个社会活动场所，是一个充满着生机和活力的活动区域，它时刻蕴藏着纷繁复杂的结构、互动与情境，具有鲜活的生命取向。

（3）教学。

从词源学分析，“教学”在古时很早就出现了。早在商朝前后，甲骨文中已经发现了“教”字。如“丁酉卜,其呼以多方小子小臣其教戒”。甲骨文中也已有了“学”字,如“壬子卜，弗酒小求，学”。[⑦]“教”有“教授、教诲、教化、教训、告诫、令使等含义”[⑧]。但“教学”二字合为一词，则最早见于《书·商书·说命》:“学斆半。”《学记》引用它作为“教学相长”思想的经典根据，特别用来说明“教然后知困”“知困然后能自强也”。宋人蔡沈注：“斆，教也。……始之自学，学也；终之，教人，亦学也。”意即为，一开始自己学，而学了以后去教别人，这也是学。但这些说法仅代表了“教学”一词较片面的含义,单指“教”的一方面的活动,还未包括教师的教和学生的学的双边活动。有学者考证,宋代欧阳修作《胡先生墓表》，说：“先生之徒最盛，其在湖州学，弟子来去数百人，各

① 许龙君. 校园安全与危机处理[M]. 台北：五南图书出版公司，1998：15.
② 薛澜，张强，钟开斌. 危机管理：转型期中国面临的挑战[M].北京：清华大学出版社，2003：25.
③ 查有梁. 课堂模式论[M]. 桂林：广西师范大学出版社，2001.
④ 刘志军. 课堂评价论[M]. 桂林：广西师范大学出版社，2002：2.
⑤ 田千兴，伍贤进，姚正平. 课堂论[M].长沙：湖南师范大学出版社，1995：1.
⑥ 史密斯. 全球化与后现代教育学[M]. 郭祥生，译. 北京：教育科学出版社，2001：103.
⑦ 王策三. 教学论稿[M]. 北京：人民教育出版社，1985：84.
⑧ 王静. 试论《说文解字》中的“教育”二字[J]. 教育研究，1995（3）：67.

以其经传相传授，其教学之法最备，行之数年，东南之士，莫不以仁义礼乐为学。”[①] 其中，“教学”二字，才正式指教师“教”和学生“学”的活动。从中国教育史来看，对“教学”概念的比较科学、合理的理解也源于此。可见，在古代已经把教学看作是根据特定的教育目的培养人才的主要形式或途径，十分重视教学的作用。

在英语中，“教”和“学”分别为：“Teaching”和“Learning”。西方教育史上，人们格外强调“教授”，后又格外注重“学习”，继而两方面都格外重视，于是提出了“教与学”（Leaching and Learning）。20 世纪初，随着“进步教育运动”的兴起，人们格外重视教学过程中教师的引导作用，强调教与学的有机统一。美国教育学家史密斯（Smith）把英语国家有关教学含义的讨论作了整理，并把它们归为五类：描述式定义，即传统意义上的教学；意向式定义，即将教学作为一种意向活动；规范式定义，即将教学作为规范性行为；成功式定义，即将教学作为成功；科学式定义，即精确到在运用一个概念时，每个人都有一致的看法。[②]

教学，是师生之间的一种社会实践活动，社会性是教学这种社会实践活动的根本属性，体现着现实的、动态的、发展的内容。研究教学的社会性，是教学论研究思路转换的一个重要标志，也是教学论发展的必需。[③] 教学是教育科学研究中最基本的一个概念。教学是什么？由于人们认识角度和表达方式的不同，对教学的理解也不尽相同。关于教学的定义有 4 种有代表性的说法。

第一，教学活动说。如《中国大百科全书》（教育卷）把教学理解为是教师的教与学生的学的共同活动。[④]《教育大辞典》将教学定义为以课程内容为中介的师生双方教和学的共同活动。[⑤] 王策三教授认为，教学乃是教师教、学生学的统一活动；在这个活动中，学生掌握一定的知识和技能，身心获得一定发展，形成一定的思想品德[⑥]。李秉德教授把教学解释为教的人指导学的人进行学习的活动。[⑦]

第二，教学过程说。《现代汉语词典》对教学的注释是教师把知识、技能传授给学生的过程。[⑧] 布鲁纳认为教学是通过引导学习者对问题或知识体系的学习来提高学习者对知识理解、转换和迁移能力，这实质上是将教学视为一个过程。

第三，教学手段说。如斯卡特金认为教学是传授社会经验的一种手段。

第四，教学艺术说。夸美纽斯认为教学是把一切事物教给一切人类的全部艺术。[⑨] 上述 4 种说法都指出了教与学及其相互联系。布鲁纳虽只指明了学习者，但是“引导学生

---

① 王策三. 教学论稿[M]. 北京：人民教育出版社，1985：84.

② Smith. Definitions of Teaching.In：The International encyclopedia of Teaching and Teacher Education .Oxford：Pergamon Press，1987：11-15.

③ 郭华.教学社会性之研究[M]. 北京：教育科学出版社，2002：63.

④ 中国大百科全书（教育卷）[M]. 北京：中国大百科全书出版社，1985：150.

⑤ 顾明远. 教育大辞典（简编本）[M]. 上海：上海教育出版社，1999：185-186.

⑥ 王策三. 教学论稿[M]. 北京：人民教育出版社，1985：85-280.

⑦ 李秉德. 教学论[M]. 北京：人民教育出版社，2001：2.

⑧ 现代汉语词典[M]. 北京：商务印书馆，1996：640.

⑨ 夸美纽斯. 大教学论[M]. 傅任敢，译. 北京：人民教育出版社，1984：1.

学习者”则间接指出了教师一方，斯卡特金所用的“传授”和夸美纽斯所言的“教给”，其实都包含了教授者。

《中国大百科全书》这样定义教学：教学是“教师的教与学生的学的共同活动。学生在教师有目的有计划的指导下，积极主动地掌握系统的文化科学基础知识和基本技能，发展能力、增强体质，并形成一定的思想品德”。[①]《教育大辞典》编纂委员会认为，教学的构成要素为教师、学生、课程内容、教学手段。教师的教和学生的学相互依赖，以课程内容、教学手段为中介而发生作用。还有学者从交往的角度认为：“教学是教师与学生以课堂为主渠道的交往过程，是教师的教与学生的学的统一活动。”[②]根据各种对教学的理解，学者王策三将教学归纳为以下几种类型。[③]

第一种，是最广义的理解。该观点认为一切学习、自学、教育、科研、劳动，以至于生活本身都是教学。

第二种，是广义的理解。在这种观点的理解下，教学已不再是某些自发、零星、片面的影响，从内容到形式都体现出有目的、有领导、经常而全面的影响。这就区别于生活本身和一般的学习或自学。不过，这种教学还与“教育”一词通常所表示的含义没什么区别。

第三种，是狭义理解的教学。这种观点认为，教学是教育的一部分和基本途径。通常所说的教学或教学的主要特征表现得最为典型的，就是这种教学。它已从教育的概念中分化出来，以传授知识和学习知识技能为主要内容。

第四种，是更为狭义的理解，即认为教学是使学生学会各种活动方法和技能的过程。

第五种，是对具体教学的理解。教学不能离开一定的社会条件，包括历史时代、阶级地位、生产和科学技术发展水平，以及一些具体的物资设备，不同社会条件下的教学，彼此就会有着这样或那样的差异。

教学是教师启发、引导、激励并与学生共同参与的双边交互活动。它具体涵盖以下内容。

第一，教学是教育的核心活动。从教育学理论来看，“教学”与“教育”是部分与整体的关系，教育包括教学，教学是学校进行教育的基本途径，也是实现教育目的的重要手段。

第二，教学是师生共同主动学习与研究的活动。从字面意思上理解，教指教授，学是学习。教授是为了不断增长学生的知识，学习是要认真思考老师的教导。所以，教学的基本含义应包括教授与学习，教融于学中，学有教的组织引导，促进教师和学生的共同主动的成长与发展。

第三，教学是促进全面发展与人格完善的一种活动。随着教学论体系的不断发展，教学的含义应当从纯粹的知识学习发展到情感健全直至人格完善。

---

① 中国大百科全书（教育卷）[M]. 北京：中国大百科全书出版社，1985：150.

② 张华. 课程与教学论[M]. 上海：上海教育出版社，2000：73.

③ 王策三. 教学论稿[M]. 北京：人民教育出版社，1985：87.

大学课堂教学，传统的课堂教学三要素说即教师、学生、教材为其基本构成要素。组成大学课堂教学也不外乎这三种基本要素。但在大学课堂教学领域里，教师、学生、教材比一般课堂教学富有更深刻的内涵。对于主观性的、无形的软性要素，如教学目的、教学方法、教学心理环境等同普通课堂教学相比，也有很大的不同。大学课堂教学效果的形成就是这些课堂教学要素相互作用的结果。

大学课堂教学即为大学里相对固定的教师和大学生在相对稳定的时空条件限制内，以班级授课为组织形式，教师和学生双方围绕教学目的和教学内容进行的一种有计划有系统的活动。大学课堂所传授的知识更具有专业性，不仅要向学生传授一般的文化科学知识，而且要对学生进行专业训练，培养某一学科领域的高级专门性人才。综合以上对课堂教学的阐释以及大学课堂教学本身的独特性，笔者认为大学课堂教学是建立在普通基础教育之上的，教师和学生就一定教学目的所共同参与共同主动的一种系统性活动。大学课堂教学虽然延续了中小学课堂班级授课的主要形式，但相较之下它更具专门性、探索性、高深性和开放性，以培养各方面高级专门人才为主要任务。教育、教学、课堂教学和大学课堂教学之间的相互关系可以归纳为：教育是属概念，教学、课堂教学和大学课堂教学为种概念，教学为狭义教育概念的学校教育的下位概念，而教学又是课堂教学的上位概念，大学课堂教学又是课堂教学的一个种概念，进一步理解大学课堂教学，有必要弄清什么是大学和大学存在的价值。

大学课堂教学危机，是指在大学课堂教学中出现的不正常行为和现象，是大学内部和外部各种因子使大学教学出现违背人们愿望的不合理现象，从而使大学教学不能可持续发展。其主要是指教学目标的迷失、教学方法的失当、教学内容的偏颇、学生的被动学习和无问题意识、课堂不公平、教师教学不自觉、师生关系的异化等，体现为大学课堂教学的神圣性遭到践踏，淡化了大学教学职能的独特性，降低了大学课堂的教学质量，严重影响大学课堂教学正常功能的有效发挥，丧失了大学课堂教学的应有价值，妨碍了大学培养高级人才目标的落实，对学生、教师、学校乃至社会都造成了短期内难以挽回的惨痛损失，导致学生和教师无法真正在理性的课堂中接受理性精神的熏陶和洗礼，如生活中有的教师和学生认识程度趋于感官化、单一化、平面化、世俗化，对生活的理解日益现实，批判、质疑和创新意识淡薄，对外界事物影响的感受性水平弱化，行为的冲动性提高，丰富而崇高的情感体验淡漠，人生的态度和价值取向流于庸俗，遇到人生挫折时无法用理性思考，找出解决问题的合理方式，而是不惜通过极端方式，违法甚至犯罪的手段以宣泄内心的苦闷与烦恼，最终导致无法挽回的惨痛后果。

1.3 如何研究大学课堂教学

（1）选取 10 所综合性大学为个案，发放学生问卷，调查其课堂教学状况，呈现课堂教学危机的表征。

（2）以“研究课堂危机，实施有效教学，培养质疑能力，促进师生相长”为核心和主线，论述大学课堂教学危机产生的根源。

（3）围绕课堂教学、学生学习以及师生关系，采取实证研究、问卷调查、个案分析、师生访谈等，探讨大学课堂危机带来的后果，并最终提出解决危机的对策。

1.3.1 研究路线

大学课堂教学危机研究路线如图 1-1 所示。

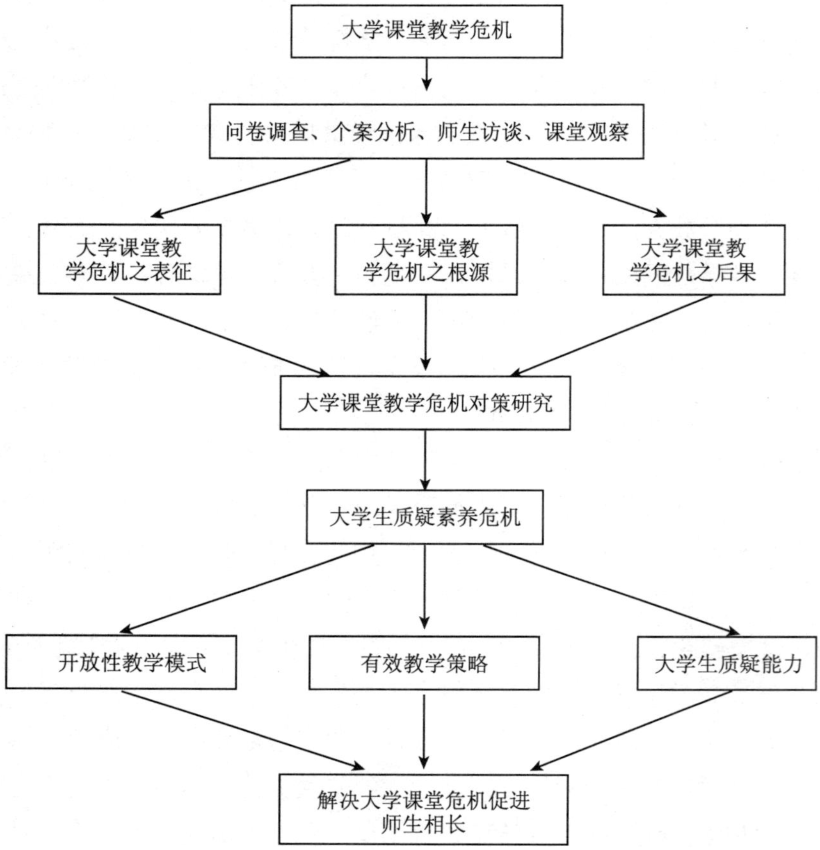

图1-1 大学课堂教学危机研究路线

1.3.2 研究方法

1. 文献研究法

通过查阅互联网和图书馆相关文献资料，了解国内外有关中国大学课堂教学的研究现状及进展，借助图书馆、网络期刊、文库等平台收集国内外有关高校课堂教学方面的文献资料，分析、整理国内外研究现状。在了解前人研究成果和存在不足的基础上，对高校大学课堂教学这一问题进行进一步探讨以期为分析中国大学课堂教学的问题及对策提供参考。

2. 人物访谈法

制定《大学课堂教学危机教师访谈表》和《大学课堂教学危机学生访谈表》，其中老师访谈分年轻老师和资深教授，学生访谈分在读大学生、已毕业大学生以及国内大学毕业后出国留学的学生等。通过教师和学生访谈，了解当下大学课堂教学的危机表征、危机根源及其后果。

3. 比较研究法

通过分析和总结国外大学课堂教学的现状和经验，为改进和完善中国大学本科课堂教学，提出对策和建议，提供有益借鉴。

4. 问卷调查法

制定《大学课堂教学危机问卷调查表》，以教师教学、师生关系、课堂管理、教学目标、教学方法、课堂氛围、教学危机等7项指标，选取中国东部、西部、北部等区域的综合性大学的各年级学生为样本，调查的学生分别是在读本科生、已毕业大学生和国内大学毕业后出国的留学生等，以便多方面了解大学课堂教学的危机。

5. 课堂观察法

设计《大学课堂教学观察记录表之教师行为量表》《大学课堂教学观察记录表之学生活动量表》和《大学课堂教学观察记录表之师生互动量表》等对课堂中的教师行为和学生行为作详细记录。

1.3.3 创新之处

（1）通过实证调查，递进式地分析了中国10所高校、S市若干所高校以及A大学的课堂教学状况，呈现了大学课堂教学危机及其后果。

（2）以笔者的授课个案为实例，连续四届对同一专业大学生讲授同一门课程，在教学中不断积累教学经验，构建适合激励学生创新思维的教学模式，以培养学生的问题思维和质疑能力。

（3）针对性地提出了解决危机的对策措施，促使师生教学相长，致力于在质疑教学中求真，在师生互动中求善，在危机转化中求美。

1.3.4 研究课题

（1）拓展国际视野，对其他国家的大学课堂教学状况进行论述，并和中国大学课堂教学展开比较，并从中获取启示。

（2）由于时间关系，尚未对分管教学的校长进行访谈，缺乏从大学的管理高层这一角度来看待大学课堂教学，论文将选取几位综合性大学分管教学的副校长进行访谈，更深入地了解大学课堂教学的危机，并从管理高层的视角来剖析大学课堂教学。

第2章 大学课堂教学的现状

> 不求诸心，故昏而无得。不习其事，故危而不安。程子曰："博学、审问、慎思、明辨、笃行五者，废其一，非学也。"
>
> ——《论语集注》

为了更全面地了解大学课堂教学的现状，笔者以全国10所大学的课堂教学、S市的大学教学以及A大学的教学状况来展开论述，以便从真实的问题出发，探究现今大学课堂教学的现状。

2.1 全国10所高校调查

为深入了解中国大学课堂教学危机的现状及其产生根源，笔者以全国不同区域10所大学共6 000名大学生为调查对象，采用《大学课堂教学危机问卷》进行问卷调查。本研究选取上海、山东、甘肃、江西、广东和安徽等区域的10所综合性大学为样本，通过对课堂教学的问卷调查，呈现课堂教学状况，揭示课堂教学危机的表征；寻求走出课堂教学危机的对策，试图改变大学课堂教学的现状，最终使大学生成为有问题、有思想、会思考、有质疑能力的新型人才。在大学课堂教学危机各因子中，各个年级的大学生评价有显著差异，调查结果显示当前大学课堂教学危机普遍存在，且对不同特征的学生表现不一样，应采取不同的对策。

2.1.1 被试情况

本次共调查了6 000名大学生，分别来自以下10所高校：复旦大学（“985”高校）、东华大学（“211”高校）、上海师范大学（一般本科高校）、曲阜师范大学（一般本科高校）、安徽师范大学（一般本科高校）、江西师范大学（一般本科高校）、西北师范大学（一般本科高校）、广州大学（一般本科高校）、福建师范大学（一般本科高校）、江西财经大学（一般本科高校）等综合性大学为样本，被试基本情况见表2–1、表2–2和表2–3。

表2–1 被试性别情况

性 别	男	女	缺 失
人 数	2 532	3 431	37
有效比例（%）	42.5	57.5	—

表2–2 被试年级分布情况

年 级	大 一	大 二	大 三	大 四	已毕业	缺 失
人 数	1 234	2 459	755	1 434	91	27
有效比例（%）	20.7	41.2	12.6	24.0	1.5	—

表2–3 被试专业分布情况

专 业	文 科	理 科	工 科	医 科	其 他	缺 失
人 数	2 202	3 319	337	0	66	76
有效比例（%）	37.2	56.0	5.7	0	1.1	—

2.1.2 调查工具

本次调查采用的是笔者自编的调查问卷：《大学课堂教学危机学生调查问卷》，该问卷一共31题，分为7个子项目，分别为：教师教学、师生关系、课堂管理、教学目标、教学方法、课堂氛围和教学危机。

2.1.3 统计方法

本次调查数据分析采用的是SPSS17.0统计软件，分别使用了描述统计、频数、T检验和方差分析等方法。

2.1.4 调查结果

1. 各项目数据基本分析

（1）“教师教学”数据分析结果。

第一，大学课堂上，老师是否鼓励过学生对教学内容质疑。

如表2–4所示，85.2%的大学生认为老师没有鼓励学生对教材内容的质疑，只有14.8%

的大学生选择“老师鼓励过其对教学内容的质疑”。这种情况下，学生就算有疑问、有困惑，因为没有老师的鼓励，也没有足够的勇气大胆说出来。教师之所以没有鼓励质疑，一是源于老师所持有的“老师是课堂的权威”“老师言行神圣不可侵犯”等，二是源于教师缺乏面对学生质疑的勇气，缺乏学生对所提问题的解决能力。

表2–4　老师是否鼓励过对教学内容质疑百分比分析

	鼓励过	没有鼓励过
百分比	14.8	85.2

第二，大学课堂中，老师是否采取讲解式，搞一言堂。

统计结果（见表 2–5）显示，大学生认为大学课堂中，老师采取讲解式，搞一言堂的比例有 89.6%，不认为老师搞一言堂的比例只有 10.4%。由此说明老师缺乏宽容、开放的胸襟，视自己为课堂唯一的主角，学生只是听众、观众，不让学生参与，只按照自己的思维和意志来讲授，导致课堂成为老师一个人的天下。

表2–5　老师是否采取讲解式，搞一言堂百分比分析

	是	否
百分比	89.6	10.4

第三，当您在某些问题上的想法与老师不一致时，老师的态度是接受、置之不理还是反对？

研究结果（见表 2–6）显示，当学生与老师想法不一致时，老师的态度是接受的比例有 14.2%，置之不理的比例有 45.9%，反对的比例有 39.9%。

表2–6　当学生与老师想法不一致时，老师的态度百分比分析

	接　受	置之不理	反　对
百分比	14.2	45.9	39.9

第四，老师在课堂上是否鼓励学生自由发表观点，相互讨论。

如表 2–7 所示，90.6% 的大学生认为老师在课堂上没有鼓励学生自由发表观点，相互讨论，只有 9.4% 的学生认为老师有鼓励学生自由发表观点，相互讨论。

表2–7　老师在课堂上是否鼓励学生自由发表观点百分比分析

	是	否
百分比	9.4	90.6

第五，大学老师是否对教学的热情和时间投入不够。

如表 2–8 所示，83.3% 的大学生认为大学老师对教学的热情和时间投入不够，只有 16.7% 的大学生不这么认为。

表2-8 大学老师是否对教学的热情和时间投入不够百分比分析

	是	否
百分比	83.3	16.7

第六，大学课堂中，老师是否无暇顾及学生的学习方法是否正确。

如表 2-9 所示，78.9% 的大学生认为老师无暇顾及学生的学习方法是否正确，只有 21.1% 的大学生认为老师可以顾及学生的学习方法是否正确。其中一方面是老师自身没有掌握正确合理的学习方法，另一方面老师没有足够的时间和精力关注学生的学习及其方法。

表2-9 老师是否无暇顾及学生学习方法的正确与否百分比分析

	是	否
百分比	78.9	21.1

（2）“师生关系”数据分析结果。

第一，大学课堂中，老师是否注重与学生的交流。

如表 2-10 所示，17% 的大学生认为老师注重与学生的交流，67% 的大学生认为老师很少与学生交流，认为老师与学生没有交流的有 16%。高校扩招导致师生比例极为不协调，再加上新校区的扩建，新旧校区之间相隔甚远，老师上课前刚从校际班车上下来，下课后又匆匆地赶乘校际班车，因此师生之间没有多余的时间用以课后答疑。

表2-10 老师是否注重与学生的交流百分比分析

	注重交流	很少交流	没有交流
百分比	17	67	16

第二，大学课堂中，老师是否要求每个学生听从他的指令。

如表 2-11 所示，67.6% 的大学生认为老师要求每个学生听从他的指令，32.4% 的大学生选择老师没有要求每个学生听从他的指令。

表2-11 课堂上老师是否要求每个学生听从他的指令百分比分析

	是	否
百分比	67.6	32.4

第三，大学课堂中，老师对学生的态度是一视同仁还是只与少数人交好？

如表 2-12 所示，63.7% 的大学生认为大学上课时，老师对学生的态度是只与少数人交好，只有 36.3% 的大学生认为老师对学生的态度是一视同仁。

表2-12 课堂上老师对学生的态度百分比分析

	一视同仁	只与少数人交好
百分比	36.3	63.7

第四，老师是否只按自己的节奏讲，无视学生的反应。

如表 2-13 所示，66.3% 的大学生认为老师只按自己的节奏讲，无视学生的反应，只有 33.7% 的学生不认为这样。由此说明，老师只按预设的教学计划、教学大纲实施课堂教学，无视学生反馈，即使收到学生的反馈，也很少根据学生的反馈调整教学内容，改进教学方法。

表2-13 老师是否只按自己的节奏讲，无视学生反应百分比分析

	是	否
百分比	66.3	33.7

第五，普遍存在的师生关系类型是民主平等型、冷漠型还是权威型。

如表 2-14 所示，9.7% 的大学生选择师生的关系类型是民主平等型，选择冷漠型师生关系的比例最多，为 67.8%，有 22.6% 的大学生认为师生关系类型是权威型，学生只能一味服从。

表2-14 普遍存在的师生关系类型百分比分析

	民主平等型	冷漠型	权威型
百分比	9.7	67.8	22.6

（3）“课堂管理”项目数据分析。

第一，大学上课时，老师能否控制课堂时间和课堂纪律。

如表 2-15 所示，有 55.2% 的大学生认为上课时老师能控制课堂时间和课堂纪律，认为老师不能控制课堂时间和课堂纪律的大学生比例有 44.8%。

表2-15 老师能否控制课堂时间和课堂纪律百分比分析

	能控制	不能控制
百分比	55.2	44.8

第二，大学上课时，老师在教学管理上是严格要求学生，还是管理松散，对学生的课堂行为不闻不问。

如表 2-16 所示，74% 的大学生认为大学上课时，老师在教学管理上是松散的，对学生的课堂行为不闻不问，只有 26% 的大学生认为老师在教学管理上是严格要求学生的。

表2-16　老师教学管理百分比分析

	严格要求学生	管理松散，对学生的课堂行为不闻不问
百分比	26	74

第三，大学课堂中，老师是否有答疑和辅导交流。

如表 2-17 所示，74.4% 的学生认为在大学课堂中老师没有答疑和辅导交流，只有 25.6% 的大学生认为在大学课堂中，老师有答疑和辅导交流。

表2-17　老师是否有答疑和辅导交流百分比分析

	有	没　有
百分比	25.6	74.4

第四，如果学生坐在后排，是否经常是老师关注的盲点。

如表 2-18 所示，87% 的学生认为坐在后排学生常常是老师关注的盲点，13% 的学生不这么认为。

表2-18　如果学生坐在后排，是否经常是老师关注的盲点百分比分析

	是	否
百分比	87	13

第五，老师针对班上违纪同学的态度是用眼神等体态语言提醒，置之不理还是严厉批评？

同学有违纪行为，如睡觉、看课外书籍、玩手机、中途溜走等，老师的态度一般是如表 2-19 所示，当班上有同学违纪，认为老师的态度是严厉批评的大学生比例有 7%，有 72% 的学生选择的是置之不理，也有 21% 的学生选择的是用眼神等体态语言提醒。

表2-19　老师针对班上违纪同学的态度百分比分析

	用眼神等体态语言提醒	置之不理	严厉批评
百分比	21	72	7

（4）“教学目标”题项。

第一，教师安排教学活动的条理是否明确。

如表 2-20 所示，大学生认为教师安排教学活动条理清楚、目的很明确的比例只有 13.3%，选择有时明确的比例有 43.8%，选择完全不明确的比例有 42.9%。

表2-20　教师安排教学活动的条理是否明确百分比分析

	很明确	有时明确	完全不明确
百分比	13.3	43.8	42.9

第二，老师是否认真备课，有完整详细的教学计划。

如表 2-21 所示，认为老师认真备课，有完整详细教学计划的大学生的比例只有

19.7%，但是有 80.3% 的大学生不认为这样。

表2-21　老师是否认真备课，有完整详细教学计划百分比分析

	是	否
百分比	19.7	80.3

第三，老师是否会根据学生需求精心设计教学环节。

如表 2-22 所示，有 64.9% 的大学生认为老师不会根据学生的需求精心设计教学环节，只有 35.1% 的大学生认为老师会根据学生的需求精心设计教学环节。

表2-22　老师是否会根据学生需求精心设计教学环节百分比分析

	是	否
百分比	35.1	64.9

第四，大学课堂中，老师是否虚心征求并听取学生的意见。

如表 2-23 所示，有 64.4% 的大学生不认为大学课堂中，老师虚心征求并听取学生的意见，只有 35.6% 的大学生认为老师虚心征求并听取学生的意见。

表2-23　老师是否虚心征求并听取学生的意见百分比分析

	是	否
百分比	35.6	64.4

（5）“教学方法”题项数据分析。

第一，老师在大学课堂中采取的教学方法是灵活还是单一？

如表 2-24 所示，有 81.6% 的大学生认为老师在大学课堂中采取的教学方法是单一的，是以教师为中心；只有 18.4% 的大学生认为老师在大学课堂中采取的教学方法是灵活的，是以学生为中心的。

表2-24　老师在大学课堂采取的教学方法百分比分析

	灵　活	单　一
百分比	18.4	81.6

第二，大学课堂中，老师在授课时是否突出重点、难点。

如表 2-25 所示，有 78.6% 的大学生认为老师在授课时没有突出重点、难点，只有 21.4% 的大学生认为老师在授课时突出重点、难点。

表2-25　老师在授课时是否突出重点、难点百分比分析

	是	否
百分比	21.4	78.6

第三，大学上课时，老师是否鼓励学生提问。

如表 2-26 所示，有 85.4% 的大学生认为上课时老师没有鼓励学生提问，只有 14.6%

的大学生认为上课时老师鼓励学生提问。

表2–26 老师是否鼓励学生提问百分比分析

	没有鼓励	鼓 励
百分比	85.4	14.6

第四，老师是否会留给学生对问题的足够思考时间。

如表 2–27 所示，有 85.2% 的大学生认为老师不会留给学生对问题的足够思考时间，认为老师会留给学生对问题的足够思考时间的比例有 14.8%。

表2–27 老师是否会留给学生对问题的足够思考时间百分比分析

	是	否
百分比	14.8	85.2

（6）“课堂氛围”题项数据分析。

第一，大学课堂气氛是活跃、一般还是死气沉沉。

如表 2–28 所示，大学生认为课堂气氛活跃的比例有 13.8%，认为课堂气氛一般的比例有 63.1%，认为课堂气氛死气沉沉，不想配合老师发言的比例有 23.1%。

表2–28 大学课堂气氛百分比分析

	活 跃	一 般	死气沉沉
百分比	13.8	63.1	23.1

第二，学生没听懂是否举手问老师。

如表 2–29 所示，大学课堂中，大学生即使没听懂也不举手问老师的比例有 80%，只有 20% 的学生没听懂会举手问老师。

表2–29 学生没听懂是否举手问老师百分比分析

	是	否
百分比	20	80

第三，学生上课的参与机会高还是低？

如表 2–30 所示，有 82.8% 的大学生认为上课时学生的参与机会低，有 17.2% 的大学生认为上课时学生的参与机会高。

表2–30 学生上课的参与机会百分比分析

	高	低
百分比	17.2	82.8

（7）“教学危机”项数据分析结果。

第一，有 94% 的大学生认为大学课堂教学存在教学危机。根据卡方检验结果，男女态度无显著差异（$P=0.146>0.05$）；大学课堂教学是否存在教学危机在各年级学生上的态度无显著差异（$P=0.657>0.05$），但是在各专业学生上的态度有显著差异（$P=0.005<0.01$），可以看到显著的原因是“其他”专业的学生选择大学课堂存在危机的比例是 100%（见表 2-31—表 2-34）。

表2-31 大学课堂教学是否存在教学危机百分比分析

	有危机	无危机
百分比	94%	6%

表2-32 大学课程是否存在教学危机性别差异比较

	男	女	卡方值
存在危机	89.40%	88.20%	2.118
不存在危机	10.60%	11.80%	—

表2-33 大学课堂是否存在危机各年级态度差异比较

	大 一	大 二	大 三	大 四	已毕业	卡方值
存在	89.3%	88.1%	88.8%	89.1%	91.6%	2.431
不存在	10.7%	11.9%	11.2%	10.9%	8.4%	—

表2-34 大学课堂是否存在危机在各专业上态度差异方差分析

	文 科	理 科	工 科	其 他	卡方值
存在危机	88.8%	88.8%	85.2%	100.0%	12.981**[①]
不存在危机	11.2%	11.2%	14.8%	0	—

第二，多数人认为大学课堂危机主要体现在教学内容脱离实际。

如图 2-1 所示，有 56.3% 的大学生选择了教学内容脱离实际，选教学目标不明确的大学生有 31.7%，只有 11.9% 的大学生选择了教师责任心不强。说明大学课堂危机的消除要在教学内容上下工夫。

① 本书表中的**代表$P<0.01$。

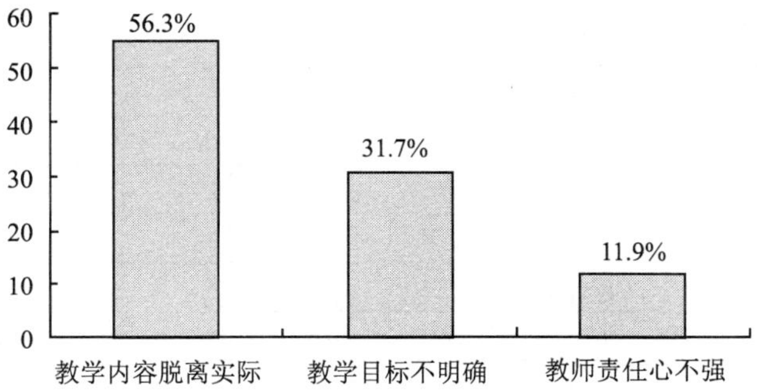

图2-1 大学课堂教学危机的体现

第三，多数人认为当前大学课堂教学中最应改善的是学生参与度。

如图 2-2 所示，有 54.9% 的学生认为当前大学课堂教学中最应改善的是学生参与度，其次有 30.7% 的学生认为最应该改善的是教育方法，课堂管理选择的比例是 12%，选择教师素养的大学生比例有 2.4%。

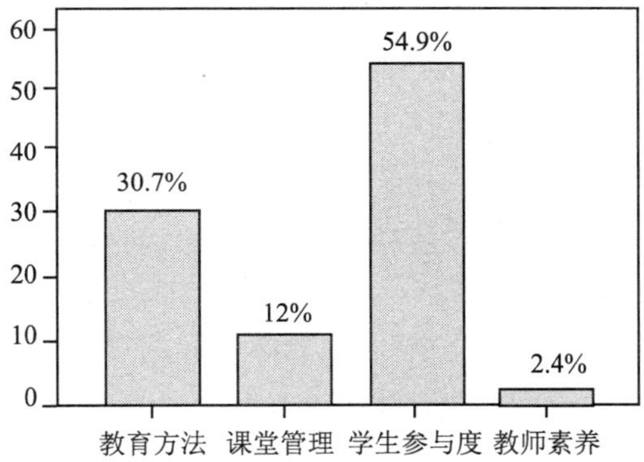

图2-2 大学课堂教学中最应该改善的部分

第四，多数大学生认为解决大学课堂教学危机的策略需完善的方面。

如图 2-3 所示，大学生认为解决大学课堂教学危机的策略是完善教育理念的比例最多，为 36.9%，其次是教育体制，为 34.1%，选择教学策略的有 24.1%，选择评价体系的比例最少，只有 4.9%。

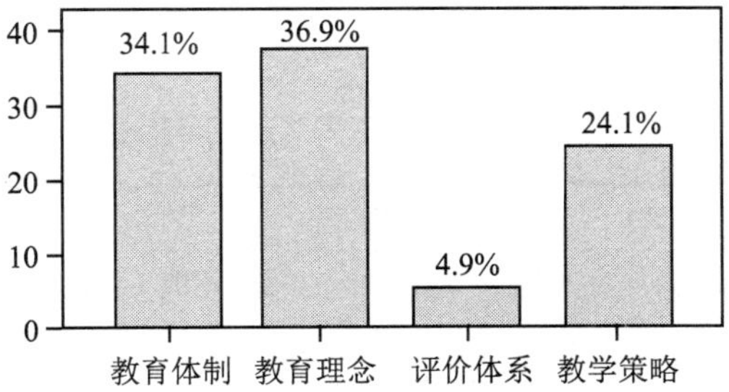

图2-3 解决大学课堂教学危机的策略

2. 各项目数据差异比较分析

（1）各项目数据性别差异分析。

如表 2-35 所示，男女学生在教师教学、师生关系和教学目标的态度上有显著差异，在教师教学，师生关系和教学目标上，男生的评价显著好于女生的评价。

表2-35　各项目数据性别差异比较

	男		女		T　值
	均值（M）	标准（SD）	均值（M）	标准（SD）	
教师教学	2.21	2.226	2.01	1.826	3.668**
师生关系	3.11	2.078	2.92	1.859	3.689**
课堂管理	3.10	1.832	3.13	1.847	–0.587
教学目标	1.49	1.759	1.35	1.741	3.123**
教学方法	1.39	2.054	1.36	2.242	0.598
课堂氛围	1.66	1.328	1.65	1.285	0.186

（2）各项目数据在各年级上的差异。

如表2–36所示、教师教学、师生关系、课堂管理、教学目标、教学方法和课堂氛围等各项数据在各年级上都存在显著差异。然后通过事后多重比较，可以得到以下结果。

①教师教学。大二学生和已经毕业的大学生，大四学生和已经毕业的大学生这两组学生对教师教学的态度是没有显著差异，其他年级两两组合差异都是显著的。其中，大一学生对教师教学的评价显著高于其他各年级。

②师生关系。大一学生对师生关系的评价显著好于其他各个年级，大二学生对师生关系的评价略高于大三学生，但是与大四学生和已经毕业的学生没有显著差异。大三、大四和已经毕业的学生对师生关系的评价没有显著差异。

③课堂管理。大一学生对课堂管理的评价显著好于大二到大四的学生，但是与已经毕业的学生评价无显著差异。大二、大三和大四的学生对课堂管理的评价无显著差异。

④教学目标。大一和大二学生对教学目标的态度无显著差异，大一学生对教学目标的态度略好于大二的学生。大二和大四学生对教学目标的态度也没有显著差异，大四的学生对教学目标的态度要比大二的学生略好。其他各年级两两之间没有显著差异。

⑤教学方法。大二学生对教学方法的评价和大一、大三、大四学生对教学方法的评价有显著差异，大二学生对教学方法的评价显著低于这三个年级。其他各年级对教学方法的评价两两之间没有显著差异。

⑥课堂氛围。大四和已经毕业的学生的评价与大一到大三学生的评价存在显著差异，前者评价显著好于后者。

表2-36　各项目不同年级差异比较

	大　一		大　二		大　三		大　四		已毕业		F值（方差分析）
	均值	标准差	均值	标准差	均值	标准差	均值	标准差	均值	标准差	
教师教学	3.21	2.93	1.67	1.55	2.22	1.80	1.92	1.63	1.65	1.48	126.486**
师生关系	4.41	2.69	2.72	1.66	2.47	1.39	2.62	1.43	2.89	1.52	218.837 **
课堂管理	3.58	2.11	3.02	1.75	2.98	1.72	2.94	1.74	3.53	1.96	25.654 **
教学目标	1.56	1.70	1.29	1.69	1.37	1.82	1.53	1.84	1.18	1.52	7.164 **
教学方法	1.42	2.36	1.16	1.86	1.62	2.44	1.55	2.26	1.71	2.30	11.793 **
课堂氛围	1.62	1.28	1.60	1.31	1.58	1.14	1.78	1.33	2.29	1.96	10.685 **

（3）各项目数据在各专业上的差异。

如表2–37所示，各专业学生在教师教学、师生关系、课堂管理、教学目标、教学方法和课堂氛围等各项数据在各专业上都存在不同程度的差异。通过多重比较，可以得到以下结果。

①教师教学。文科和理科无显著差异，工科和其他专业存在显著差异。

②师生关系。各个专业的学生在此项上分数两两之间都有显著差异，工科学生对师生关系的评价最好，接下来依次是理科学生，文科学生和其他专业学生。

③课堂管理。在此项中，其他专业类学生对课堂管理的评价显著低于文科、理科、工科学生对课堂管理的评价。

④教学目标。文科、理科和工科的学生在此项中得分无显著差异，而其他专业的学生和文理工科的学生对教学目标的评价有显著差异，其他专业的学生对教学目标的评价显著低于文理工科的学生对教学目标的评价。

⑤教学方法。文科、理科、工科和其他专业的学生在此项中得分无显著差异。

⑥课堂氛围。文科、理科和其他专业的学生在此项中得分无显著差异，但相比之下，工科专业的学生在此项中的得分较低。

表2–37　各项目不同专业类别差异比较

	文科		理科		工科		其他		F值（方差分析）
	均值	标准差	均值	标准差	均值	标准差	均值	标准差	
教师教学	2.15	1.880	1.98	1.965	3.05	2.990	1.62	1.367	31.154**
师生关系	2.78	1.625	3.12	2.098	3.59	2.454	2.08	1.141	28.569**
课堂管理	3.01	1.758	3.23	1.894	2.98	1.852	2.35	1.271	10.964**
教学目标	1.37	1.791	1.45	1.731	1.48	1.746	0.76	1.082	4.178**
教学方法	1.34	2.136	1.41	2.175	1.13	2.032	1.33	2.414	1.833
课堂氛围	1.69	1.239	1.67	1.361	1.28	1.094	1.61	1.263	9.931**

2.2　S市大学本科教学调查

2.2.1　被试情况

为了了解S市各类各级别的高校本科教学状况，该调查旨在逐渐提升办学质量、规范本科教学、强化教学管理的同时，也进一步加强对各本科院校教与学两方面的运行状况的管理，样本来自S市36所高校，其中“985”高校4所，“211”高校6所，一般本科高校13所，新建本科高校13所，学生样本从各校全日制本科3年级学生中抽取，在实施方案中基本保持文理科学生的抽样人数大体平衡。教师样本从2008年春季学期担任全日制本科三年级学生教学任务的专业课教师中抽取。调查共回收问卷7 893份，其中学生问卷7149份，教师问卷744份。

2.2.2 调查内容

调查问卷分学生问卷和教师问卷，主体结构基本相同，包括被调查者个人基本信息，对大学生学习状况、教师教学活动、学校办学、教学管理现状的反映和评价四个部分。

2.2.3 调查结果

1. 学习现状

主要从学习态度、课前预习、课后自修等方面来了解大学生的学习现状。

（1）学习态度。

各类学校教师对本校学生的学习态度评价有较大差异，其中“985”高校教师认为本校学生的学习态度属于一般偏向较好；新建高校教师认为本校学生的学习态度很不好，在5级评定中平均得分仅为2.3，属于不太好。“211”高校和一般高校均属于一般偏上水平。

（2）课前预习。

学生问卷结果显示，各类高校学生课前准备都不充分，各校有较大差异，“985”高校和“211”高校课前预习比例较低，没有课前预习的习惯；新建高校预习比例最高，平均值为40.3%；其次是一般高校，平均值为34.0%；“985”高校和“211”高校课程预习比例相对较低，分别为20.3%和26.2%。

（3）课后自修。

学生问卷结果显示，从周一到周五，学生平均每天课后自修（包括去图书馆、实验室或教室自修）时间普遍较少，只有1到2个小时。其中，新建高校自修时间最多，平均为1.8个小时，“211”高校位列第二，平均时间为1.6个小时；“985”高校和新建高校略少些，平均时间都是1.5个小时。大学生的整体学习素养还比较薄弱。被调查的重点高校教师普遍认为，学生的学习态度和学习风气处于比较好或者偏向比较好水平。一般高校和新建高校的教师则认为学生学习风气都属于一般水平，学生学习态度不够端正，在这样的学习风气、学习态度下，很难培养其对课程学习的投入。

2. 专业认知

（1）专业投入。

调查结果显示，各类高校教师对学生在专业学习上所花的时间基本上介于一般满意和比较满意之间，学生对专业学习投入的时间不是很充分。

（2）专业学习。

教师问卷结果显示，从整体上来说，教师对本校本专业学生的学习状况的满意度，各校略有差异。“985”高校平均满意度最高，为3.7%，其他三类高校的平均满意度相差不大，在3.2%到3.4%之间，为一般略微偏上。

3. 教师教学

（1）目标实施。

各类高校教师基本认为自己在培养学生创新精神方面做得还是比较好的，但各类高校学生对自己的任课教师在培养学生创新方面的努力不满意，其比例只是在67%和73%之间。在培养学生实践能力方面，各类高校教师普遍认为自己做得还是比较好的。但学生认为自己的任课教师做得比较好的比例最高只有60%，即学生对任课教师在培养学生实践能力方面并不十分满意。

（2）教学评价。

教师对自身教学质量较为满意，在“985”高校中，选择“很满意”和“比较满意”的比例占到80.9%，而一般高校教师选择“很满意”和“比较满意”的比例仅为57.2%，说明此类教师对本科教学质量不太满意。

4. 课堂教学

（1）上课听讲。

教师问卷结果显示，调查开展学期课堂上不听讲课的学生比例，基本在6%到9%之间。其中，新建高校最高，平均值为9.0%；一般高校为8.2%；“211”高校为7.1%；“985”高校最低，为6.5%。这一结果表明，上课听讲认真的学生比例并不高。

（2）课堂互动。

各校教师反映，课堂上积极提问、回答问题或参与讨论的学生比例基本在40%到50%之间。但学生普遍认为，教师并没有积极鼓励学生参与课堂教学，调查数据显示，各类高校的教师并不经常在课堂中组织讨论，一般高校和新建高校的教师组织讨论的比例高于“985”高校和“211”高校。新建高校有26.7%的教师组织课堂讨论，一般高校有25.9%，“211”高校有23.9%，“985”高校也只有22.9%，在上述数据中可以得出，课堂教学讨论情况并不乐观。

2.3 本科教学评估后A大学教学现状

A 大学是某市一所重点大学，以本科层次教育为主要任务、以应用型人才培养为主要目标、文科见长的综合性大学。从 2005 年教育部本科教学工作水平评估至 2011 年，A 大学坚持把加强本科教学工作和提高教学质量作为中心任务来抓，每年召开全校性教学工作会议，多次举行具有重大意义的全校性教育思想大讨论，特别是在强化课堂教学质量方面，先后制定了《教学工作规范》《教师课堂教学规范》《关于教学事故认定及处理的规定》等一系列规章制度。但从学校视导员以及笔者自身的听课记录和学生所反映的情况来看，教师的教学工作及课堂教学还存在不少值得关注的问题。

2.3.1 教学现状

本书主要从教师的工作量、教师的调课停课状况等方面来反映教师的教学态度，并从中发现当前大学教师的本科教学效果。

1. 工作量

高校扩招后，师生比不合理，导致教师的工作量增大，工作负荷也越来越重。以 A

大学为例，在 2011 年第二学期，某学院 150 名教师中，有 85 名教师是超工作量的，其中有 27 名老师的超工作量小于 100 课时（含 100），有 33 名教师的超工作量介于 100~200 课时（含 200），有 13 名教师的超工作量介于 200~300 课时（含 300），有 10 名教师的超工作量介于 300~400 课时（含 400），有 1 名教师的超工作量介于 400~500 课时（含 500），有 1 名教师的超工作量介于 500~600 课时（含 600）。该学院以 160 为基点，教师中最少的超工作量是 4，最多的是 511.6。详见表 2–38，表中显示教师的课程一、课程二、课程三均为全日制本科课程，另外没有列入表中的有带本科生实习、见习的工作量，指导本科生论文，指导硕士生、博士生，等等。

表2–38　A大学某学院教师超工作量汇总表（一学期）

教师	课程一（1）	课程一（2）	课程二（1）	课程三（1）	夜大（1）	夜大（2）	夜大（3）	夜大（4）	指导论文	研究生课程一	研究生课程二	研究生课程三	累计课时	超课时数
T[①]1	√	√		√	√	√	√	√	√	√			557.6	397.6
T2	√	√	√		√	√			√	√			464.0	304.0
T3	√	√	√		√	√			√	√			546.0	386.0
T4	√	√	√		√	√			√				552.0	392.0
T5	√	√	√		√	√			√				460.0	300.0
T6	√	√			√	√	√		√	√	√		514.8	354.8
T7	√	√			√	√			√				480.0	320.0
T8	√	√			√	√	√	√	√				671.6	511.6
T9	√	√			√	√	√	√	√				548.0	388.0
T10	√	√			√	√	√	√	√	√			564.8	404.8
T11	√	√			√	√	√		√				478.4	318.4
T12	√	√			√	√	√		√	√		√	548.0	388.0

2. 调课停课统计

虽然学校一直强调一个教师一天最多不能超过 6 节课，但是，有些老师一天上课时数达到了 9 节以上，有的教师甚至达到了 13 节；有的教师一天要上 3 门不同的课，甚至个别教师能在一学期开设 10 门不同的课。虽然学校早就有关于教师调课、停课的严格要求和规定，但是教师私下调课、换课、停课的现象仍然时有发生。曾经发生过多次视导员拿着课表找不到相应开设课程和授课教师的情况。有位视导员曾经带着课表去听某学院某教师的课，但是该教室无人上课，这反映出课堂教学管理确实存在着一定的混乱情况。甚至有的教师为了自己方便，私下里将自己校区的课与其他教师调换，在开学的几周内就完成了教学任务。反映出个别教师违反教学规律，不按照学校有关调课、停课规定执行。如表 2–39 所示，某学院在开学 10 周内调停课竟达 51 次，虽然都事出有因，但其中可以反映出教师对本科教学所持的态度。

① T：指Teacher。

表2-39 A大学某学院调课、停课原因统计

（2010.3~2010.5共10周）

调停课原因	次 数	比 例
事 假	1	2%
病 假	3	6%
参加活动或会议	16	30%
外出参观	9	18%
因教学需要使用机房	8	16%
安排别的老师讲座	4	8%
课程需要网络实践操作练习	6	12%
拍摄教学视频	3	6%
电脑故障	1	2%
合 计	51	100%

2.3.2 教学评价

对教师的教学评价主要从学生座谈会、学生评教和教学视导员听课等方面进行调查。

1. 学生座谈会

通过对 A 大学某学院连续 2 个学期开展的学生座谈会，发现多数学生对课堂教学并不满意，对老师的教学方法和课程设计提出了自己的见解。

（1）不喜欢老师的原因。

教学重点不清、表达不清、上课教学方法单一，讲课脱离课本、内容太过深奥、难理解、枯燥、无聊、不能吸引学生的注意力、缺乏新鲜感、讲课内容基本翻书即有，声音轻、思路紊乱、没有激情，PPT字小看不清、上课形式呆板，教学过于严厉、课堂内容单调、只讲PPT、普通话不标准，吐字不清、声音忽大忽小、作业要求过于严格、作业过多但又不能提高学生的应试能力和答题技巧，中途没有休息，课程速度过快导致大部分同学无法听懂，经常挖苦学生，照本宣科、没有创新，上课不够高雅，抽人回答问题，不能平等对待学生、不能以德服人，啰唆、废话多、学不到实质性内容，只顾自己讲课、从不与学生交流、主观意识强烈，对作业不认真、不讲评作业，教学内容不适合学生水平，易迟到，教师态度不好、上课懒散。

（2）对教学方法的建议。

教师在语言选择方面多照顾外地学生的需求；事先计划课程内容、进度规划，板书字大一些，建议制作PPT；少抽人回答问题；讲课再深入浅出一点，把PPT挂到BBS上，结合实例，分析理论；要系统些，有起伏，生动形象些，要有亲和力；多让学生自己讨论、交流、发言，使学生真正能参与到课程学习中，多鼓励学生，使学习氛围更加开放；适当布置作业，作业的针对性强，教师可以定时了解学生想法；课间休息时间不要过短，课后回顾重点，巩固今天所学；上课开门见山，直点主题，课程进程放缓；多些

指导和示范，课件按时发到邮箱供同学们学习；协助学生共同完成教学内容，教师上课说话不要太冲；多让学生观看视频、影片；少布置阅读书目，不要频繁地分组做PPT、报告，上课应注重知识结构的条理性；多提供视唱、练耳机会，培养兴趣，组织活动多在课外学；在实践操作环节对学生予以指导，课业负担不要过重，给学生更多思考的时间；将教学内容简化，使其浅显易懂，给学生充分指导；部分课程建议小班化，多点学生发言的机会；减少讨论时间；对作业及时解答；可以讲和专业相关的课程内容；讲一些操作性强的内容，多分析难点；从学生角度出发，上课内容要适合学生并对于将来有帮助，教学方法要吸引人且是有效的；增加板书与课本的联系；不要太过于创新，教点实用的知识；课时部分由教师授课，部分由学生掌控，发挥学生的创意和能力；少介绍个人成就，多教授实际技巧；调整对学生的要求。

（3）不喜欢一门课的原因。

没有兴趣、内容陈旧、无趣，话题狭窄，学生难以参与；不具备可操作性、实用性，专业性不强；不利于增长知识、开阔视野，提升自身修养；内容没有逻辑性，不利于以后的学习；气氛不活跃；动手实践少；对今后的就业没有用；教师教学态度不好；不善用照片、图片进行教学；不会将经验融入课堂；上课形式单一；不会使用表扬等鼓励性语言；教师不会引导学生思考未来。

（4）课程改革建议。

减少教学内容，速度放慢，多增加些例题，教学形式应多样，把握学生的兴趣所在，气氛再活跃一点；多点视频、影片；改进教学方式，丰富教学手段，如注重实际，贴近生活，与实践就业结合；讲课生动点；降低难度，再丰富些，扩展宽度；多点板书，多解释，作业讲解要细；不要拖堂，讲课要讲细、讲透，课后多留一些思考时间；取消不实用的、与专业无关的课程；授课规模、课时安排需调整；多些技巧上的指导；增加学生自己阅读的时间；重点要更明确，不要用整节课让学生讲专题，教师讲课要更流利，突出重点；结合传统进行创新，增加实用性；多讲评作业；PPT课件充实起来，录像要更新；教授如何上课的方法；希望可以从老师那里学到东西，而不是一味地看视频，让学生自己研究；符合学生心理；教材换成中文版本；用例子说明问题；教师普通话有待加强；不要拘泥于课本，更多地结合实例进行教学；作业压力、精神压力少一点，因材施教，准时下课，内容紧凑，充实一点，让学生较易理解，少谈自己。

2. 学生评教

据对1 000多名一、二、三年级本科学生的问卷调查，学生评教中集中反映的问题如下。教师照本宣科、有60%的教师不注重教学方法，34%的教师不管课堂纪律、不追求上课质量，25%的教师把精力过多放在搞科研做论文上、教学水平不高，16%的教师不遵守教学时间。据学校检查及学生座谈会上反映的情况，有些教师自己不上课，整学期或者学期的2/3课时都是让自己的研究生代课；有些教师整节课就是给学生播放《百家讲坛》，不作任何指导；有些教师在课堂上让学生讨论，自己却拿本课外书阅读；有些教师讲授内容多年不变，知识面狭窄、语言贫乏、与实际脱节，根本无法调动学生的求知欲；

有些教师备课不充分，一节 40 分钟的课讲到 20 分钟就无话可说了；有些教师迟到早退现象比较突出；有些教师在课堂上接听、拨打手机；有些教师过于依赖 PPT，在教室突然停电、不能使用 PPT 的情况下就不会上课；有些教师教学方法陈旧、教学思路混乱；有些教师随意降低教学要求，平时对学生不作严格要求，只在考试前给学生圈出考试重点，划定考试范围;有些教师没有完成教学计划，一个学期的教学内容只讲了不到一半等问题。

3. 教学视导员听课

从视导员听课的反映中（见表 2–40）可以看出，多数教师都能完成正常的教学任务，保证必要的教学秩序，持有正确的教学态度，但这些都属于知识教学任务部分，而要培养创新人才，光有知识教学远远不够，必须具备创新教学素养，如表中所示，教师缺乏与学生良好的互动沟通能力，缺乏对教材和学生的生动解析，缺乏对学生问题意识的培养，整个课堂中，鲜有学生质疑、学生提问的场景，如此一来就很难培养学生的质疑能力和创新素养。

表2–40　视导员听课意见汇总表

序号	课程	总评等级	教师姓名	听课班级（或副修、选修课）	听课时间	意见和建议
1	D	优下	Teacher4	某专业2013级	两节	教学态度认真，教学准备充分，且注意与学生的教学互动，教学效果良好。（1）欠缺的是讲课的生动性及重点内容的处理；（2）拟提供与教学内容相关的参考书目
2	E	良下	Teacher5	某专业2013级	两节	教学秩序良好，教学过程平稳，选读本课程配套教材外的资料。教学中大多是读PPT的文字资料，少有结合资料的分析，一定程度上影响学生的学习兴趣。建议：（1）使用好教材资料；（2）要有选读名著的方法指导
3	G	良	Teacher7	全校公共课2013级	两节	备课认真，准备充分。讲课条理清楚，重点突出，联系实际，举例通俗易懂。多媒体课件文字精练，图片配置得当，使用效果好。建议：（1）讲述注意规律在教书育人中的应用时，应突出规律，用其分析具体措施；（2）增加教学互动，调动学生的学习积极性
4	H	良	Teacher8	某专业2013级	两节	教学态度认真，教学方法合理（解释与朗读相结合），讲解贴近现实，学生学习热情不高，睡觉人多。建议：（1）贴近现实的资料补充不应分散学习的关注点；（2）原文的解读过程拟加强与学生的交流

续表

序号	课程	总评等级	教师姓名	听课班级（或副修、选修课）	听课时间	意见和建议
5	J	优下	Teacher10	某专业2014级	两节	教学资料的准备到位，教学过程中能注意与学生交流，教师在讲述中辅以适度的板书，确保教学效果。建议：（1）教学内容多项时，拟注意各项教学内容间的逻辑关系；（2）原文的解读过程拟加强与学生的交流
6	L	优下	Teacher12	某专业2014级	两节	教学态度认真，自身知识积累丰富，教学内容完整，多媒体课件制作一般，但内容与讲授配合紧密。问题：（1）教学方法单一，没有注意设法指导学生对外国文学的兴趣；（2）对课堂教学管理没有足够重视，在一定程度上影响教学效果。建议：（1）与学生沟通，以了解学生的需求；（2）从内容与方法两个方面调整教学

2.3.3　调查思考

经调查得出，大学生普遍认为大学课堂教学中存在危机，大学课堂教学中轻视科学素养的规训、轻视思维启发、轻视独立思考、轻视动手实践，而且在培养学生时存在着希望学生"安分守己"和"严师出高徒"的误区，大学课堂教学模式大角度地向知识技能和应试能力倾斜，呈现出注入式、教条式、单向纵深式、理性泛化式、苛严管束式等几个明显特征。鉴于上述调查，为完善大学课堂教学、培养创新人才，应该注重以下几个方面。

第一，树立科学的课堂教学模式。提倡差异教学、对话教学和问题教学，完善教学内容，强调以创造能力为目标，培养学生批判性思维、创新意识，发展学生创造精神和创造能力，使教师和学生双方在课堂中都能够善于联想，敢于批判和质疑，敢于表达自我，勇于探索和实践验证，促使教学成为一种想象性的活动。

第二，构建教师的有效教学策略。重新创建大学教学学术文化，实现教师角色的转换，注重教学省思的养成，采取有效策略，促使主体双方敞开自身、接纳对方，相互吸引，相互合作，从而达成对问题的新认识和创造性的发展，促使课堂上的对话和交流，不但让学生获得更多信息，而且能让教师从学生那里获得反馈信息，从而及时调整教学内容、方法和目标，使教学效果达到最大化。师生双方通过交往分享彼此的思想、经验，有助于扩大双方的知识面，使课堂内容在每个人的脑海中获得持续生成、转化和内化，是交往与创造的有机统一。

第三，提高学生的课堂参与度。重点培养学生的主体意识、批判能力和探究能力。以问题的提出、发现、探究和解决来激发学生的求知欲、创造欲，培养学生的问题意识和创新意识，在此活动中，以问题为主干线，使学生在探究过程中，不断促进思维的高水平活动，以便主动建构知识、提高能力、最终丰富思想。问题教学模式主要是以“学生为中心”“以问题为中心”，通过问题来培养大学生自主学习的能力、提高大学生的问题意识，促使其思维的活跃和发展，提升其探究能力和创新能力。

大学课堂教学活动不是单一的活动，而是一种复杂性的存在，既是文化存在，也是社会存在，更是人的物质活动和精神活动的统一存在，其本身具有不确定性的教学属性。大学教学活动的价值主要体现在学会创造、学会关心以及走向幸福等。大学改革应该多维度、多方式地深入到课堂的教与学，要培养新型人才，应该认识大学课堂的现存危机，实现有效课堂教学，培养学生质疑能力，促进师生共同成长。走进课堂、研究课堂、改进课堂教学，已成为大学课堂教学改革的一个迫切需要触及的领域。鉴于问卷调查所反映的问题，本书将从大学课堂教学的内涵出发，揭露课堂教学危机的表征、课堂教学危机带来的后果，并由此提出相应的对策措施，将危机转化为转机，致力于在质疑教学中求真、在师生互动中求善、在危机转化中求美，开创大学课堂教学的美好春天。

第3章 大学课堂教学的内涵

学然后知不足，教然后知困。知不足，然后能自反也；知困，然后能自强也。

——《礼记 · 学记》

何谓大学课堂教学？大学课堂教学应处于何种地位？其实质何在？教学、科研和社会服务是现代大学的三大基本职能，其中教学是首要职能。回顾大学发展的历史，均无一例外地重视课堂教学地位和功能。从16世纪现代大学制度建立以来，大学的使命及其职能也随之发生历史性的演变。18世纪的大学，其主要教学职能是单一地培养人才；19世纪初，意大利、英国和法国等国的是教学型大学。英国神学家和教育家纽曼（J. H. Newman）就主张大学“首先是个接受教育的地方，是个能从众多学科中获取大量知识的地方。”

当代很多大学校长也都强调大学的教学功能，在第三届中外大学校长论坛上，他们都提出：“再不回归教育的本质，将追悔莫及。” 著名经济学家舒尔茨曾说，经济主导的教育肯定不是完整的教育，不是以人为本的教育，更不是成功的教育。 也就是说，大学的首要教学目的在于“传授普遍知识”而不是“为了科学和哲学发现”，尤其凸显了大学是培养人才的机构，其首要职能是教学。

纽曼. 大学的理想[M]. 徐辉，等，译. 杭州：浙江教育出版社，2001：47.
原春琳. 大学不能变成技工学校[N]. 中国青年报，2006（4）.
同上。

英国牛津大学副校长卢卡斯（Colin Lucas）指出，大学从事的是人的工作，首先应该是培养人才的场所，[①] 传递高深学问，培养高级专门人才，这才是大学的“原生功能”[②]。从大学职能的演变历程来看，教学是大学得以产生的根源和生存发展的根基。尽管大学的职能随着社会经济发展而不断丰富，其演变经历了由单纯“教学”发展到“教学和科学研究”再发展到综合性的“教学、科学研究和社会服务”的过程。但不管大学的职能如何演变和发展，教学职能从来就没有动摇过，并且一直是大学的首要职能。大学课堂教学的内涵究竟应该是怎样的，本书从使命、特点、功能和价值等4方面进行论述。

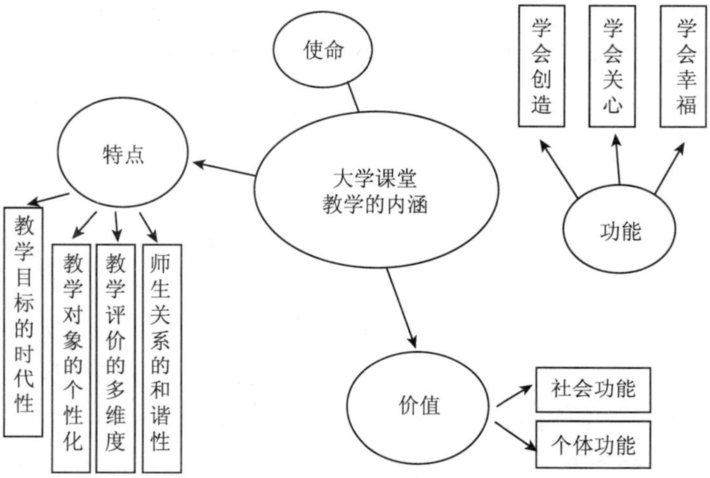

图3–1　大学课堂教学的内涵

3.1　大学课堂教学的使命

学者张维迎在其著作《大学的逻辑》中指出：现代大学的理念是为人类创造知识、传授知识、传承人类文明、推动社会进步，实现这一理念最重要的条件是：大学的教师队伍是由真正对研究和教学有特殊偏好、最具创造力、最能作出原创性研究成果的学者组成，并享有充分的学术自由。[③]

“大学”一词最初源于“行会”，指由教师和学生组成的自治联合组织。西方最早出现的近代大学是12世纪在欧洲成立的波洛尼亚大学和巴黎大学。当时这两所大学都是单科性的，设有文、法、神、医4科。17世纪、18世纪自然科学研究受到人们的重视，其课程领域也随之不断拓展。19世纪初，德国教育家洪堡建立德国柏林大学开创了大学的新模式，它强调大学自治、教学与科研相统一，从而奠定了现代大学的基础。

① 刘继安，储召生. 向世界一流大学学什么[N]. 中国教育报，2002（4）.

② 别敦荣. 系统科学的观点：作为社会学术系统的高等教育系统[A]. 潘懋元. 多学科观点的高等教育研究[C]. 上海：上海教育出版社，2001：350.

③ 张维迎. 大学的逻辑[M]. 北京：北京大学出版社，2004.

20 世纪以来，随着社会和科学技术的发展，学科之间的相互渗透、相互整合、相互交融，现代大学包括了多种学科。成为大学的一个首要条件就是它应该是一个综合性的、多学科的教育组织和机构。中国《高等教育法》第 25 条就明确指出，设立高等学校，应当具备教育法规定的基本条件。大学或者独立设置的学院还应当具有较强的教学、科学研究力量，较高的教学、科学研究水平和相应规模，能够实施本科及本科以上教育。大学还必须设有三个以上国家规定的学科门类为主要学科，设立高等学校的具体标准由国务院制定。可以这样说，大学就是实施高等教育的机构中那些综合性的、多学科的高等学校，主要实施本科及本科以上层次的全日制高等教育机构。由此可见，大学只是高等教育机构之一，并不能涵盖高等教育。其中，本科是大学生存之根本，大学发展之基石，它可以看成是大学学科、专业教育的一种根基性的教育层次，简言之，本科是大学之“本”。

大学教学的使命是什么？大学应当提供一种什么样的教育？大学应当树立一种什么样的教育理想？这是时代向高等教育提出的十分尖锐的问题。当前大学的确正面临着过窄的专业训练、过弱的人文陶冶、过浓的功利导向、过强的共性制约等非常严峻的问题。博耶也顿悟出和赫钦斯一样的大学理想：“最理想的大学是一个以智慧为支撑、以传授知识为己任的机构——一个通过创造性的教学鼓励学生积极主动学习的场所。在这个目标之下，优秀教师不仅要在传授知识上接受挑战，还要去充实学生们的头脑，激励他们的干劲，他们将在上完大学以后的漫长岁月里继续学习。”① “现在的大学所面临的是需要作出选择。不仅要决定每一个系的目标，而且还要决定一个学院的宗旨。危险就在于，各大学为了求生存，将开设缺乏较深意义的狭窄的技能训练课程。如果要使大学教育富有价值，就必须使它的成员具有共同的认识和社会价值观，正如必须为个人的选择留有余地一样。”②

现代高等教育在唯经济主义、唯科学主义、社会功利主义的环境下，已完全丧失了它应有的批判功能，以致迷失了前进的动力和发展的方向，高等教育越来越功利化。日本思想家池田大作曾气愤地指出：“现代教育陷入了功利主义，这是可悲的事情。这种风气带来了两个弊端，一个是学问成了政治和经济的工具，失掉了本来应有的主动性，因而也失掉了尊严。另一个是认为唯有实际的知识和技术才有价值，所以做这种学问的人都成了知识和技术的奴隶。”③ 教育何以才能回归其本质？大学如何才能找到其归宿？ 20 世纪以来，社会各界产生了各种新的抱怨，人们对资本主义经济主宰人类世界，对人性的戕害，对自然的破坏提出了猛烈的抨击。一方面，人们抱怨现代大学不能惠泽广众，教育只为培育精英人才，科研只瞄准市场应用，知识的应用追逐当下功利，社会要求高等教育大众化、民主化乃至普及化的呼声日胜一日，人们希望大学能够对影响人类长远利益和生存发展的重大问题提供知识的启发和智慧的指引，而不仅仅是变为制造文凭的工厂。另一方面，人们

① 博耶. 大学：美国大学生的就读经验[M]. 徐芃，等，译. 北京：北京师范大学出版社，1993：143.

② 同上书，第74页。

③ 汤因比，池田大作. 展望21世纪——汤因比与池田大作对话录[M]. 北京：国际文化出版公司，1985：60.

抱怨大学丧失了发展灵魂，工业社会工厂化的大学教育模式极易造成学习者的片面发展，在知识爆炸、工作变换频繁的现代社会，现有的教育无法有效地适应工作和社会生活的要求。教学是大学产生的根源及其生存发展之根基，大学的职能随着社会经济发展而不断丰富、拓展，其变化经历了由“教学”发展到“教学、科学研究”再发展到“教学、科学研究和社会服务”的过程。然而不管大学的职能如何演变，教学职能从来就没有动摇过，并且一直是大学的首要职能。

3.1.1 以人为本

教育教学是一种活动，一开始就是人类有意识的社会性活动，并具有一定的反映人的现实需要。人是教育的对象，教学的出发点和归宿都是人，其过程更是与人息息相关，就人的本质是什么，马克思指出：“人的本质并不是单个人所固有的抽象物。在其现实性上，它是一切社会关系的总和。”[①] 教育价值就起源于教育是一种切合人目的性的社会活动。现实中大学的实质应该在于创造精神、灵魂和知识。这需要由体系上的多样性来保证，从而能在大学中激发创造性思维和改革。“人性的开发是任何人在任何场合下、任何机会时都能进行的。因为，没有人性的人是不可能存在的。人要成为人格完成者可能是困难的，但人可以使人性成长，让人性中最好的东西成长，在任何场所、任何机会上都是可能的”[②]。

《教育辞典》中，对大学的界定是：“大学是由多门学科、多种专业组合而成的实施高等教育的一类学校。大学一般分为综合大学、专科大学、专门学院和短期职业大学。有的还设有研究生院（部），少数大学设有博士后研究机构。大学招生对象为高中毕业生或同等学力者，培养各类高级专门人才。”[③]“过去，全世界的教育制度总是成为各种趋势的追随者，而不是这些趋势的创造者。现在，教育应当领先于变革，而不是对变革作出反应；应当在帮助塑造一个人们期望的21世纪的过程中发挥重要作用。”[④] 大学自产生以来就是人类智慧和知识产生、汇集和向外界辐射和散播的场所。

美国学者布鲁贝克指出：“每一个较大规模的现代社会，无论它的政治、经济或宗教制度是什么类型的，都需要建立一个机构来传递深奥的知识，分析、批判现存的知识，并探索新的学问领域。换言之，凡是需要人们进行理智分析、鉴别、阐述或关注的地方，那里就会有大学。”[⑤] 布鲁贝克在其《高等教育哲学》中明确指出，大学作为世俗教会，应当承担着“社会的良心”，担负“造就公众心灵”的职能。“没有什么机构能担当起大学的职能，没有什么机构能够占据这个大学已长久地注入了如此多的才智和道德影响的位置。”[⑥]“教育需培养主体地应对变化的能力，其具体能力是面对困难的坚强的意志；积极

---

① 马克思恩格斯选集（第1卷）[M]. 北京：人民出版社，1995：18.
② 务台理作. 新教育理念，社会与学校[M]. 日本：金子书房，1948：3.
③ 张焕庭. 教育辞典[M]. 南京：江苏教育出版社，1989：196.
④ 联合国教科文组织. 学会关心：21世纪的教育[J]. 王一兵，译. 教育研究，1990（7）.
⑤ 布鲁贝克. 高等教育哲学[M]. 王承绪，等，译. 杭州：浙江教育出版社，2001：8.
⑥ 同上书，第146页。

挑战解决问题的探究心；主体地设定目标、选择应用必需的知识信息的能力；能够自我抑制、尊重他人、建立良好人际关系的素质。”① 因此，为了应对社会日新月异的变化和挑战，大学课堂教学要特别强调培养自我教育能力、完善基础、基本的教育、发展个性和创造性以及尊重文化与传统。

3.1.2 终身发展

终身发展理念要求大学课堂采用与一次性教育不同的教学范式。1972 年，联合国教科文组织发表了对现代教育改革和发展具有重大影响的《学会生存——教育世界的今天和明天》一书，正式确立了终身教育的理念。在终身发展的理念中，强调的是教师与学生双方的发展，教学活动与人的生命的全过程完全结合起来，成为人生命历程的发展与完善不可或缺的组成部分。1995 年 3 月通过的《中华人民共和国教育法》，在第一章总则第十一条中明确提出："国家适应社会主义市场经济发展和社会进步的需要，推进教育改革，促进各级教育协调发展，建立和完善终身教育体系。”中国政府对于世界“终身教育”运动的这种正式回应，表明终身教育已经成为一种国家的责任并以法律的形式得到确认和保证。这意味着，大学课堂教学在向学生传授专业技术知识的同时，还要教会学生学会学习，科学的思维方法，并具备独立获取知识，发展自我的能力，培养其终身学习的理念与习惯，并唤醒和提升大学生的学习需求与学习能力，养成身心健全的人格。国际 21 世纪教育委员会向联合国教科文组织提交的报告中指出："教育应围绕四种基本学习加以安排，一是学会认知，即学会学习；二是学会做事；三是学会共同生活；四是学会生存。”② 在这种背景下，对大学生而言，重要的不是拥有多少知识量，而是能够自主学习、主动体验，迅速适应不断变化的新环境的能力和独立解决问题的能力。终身教育正促使学习成为人们生活的基本需要和基本内容；终身发展的理念标志着以学习者为中心的局面正在形成。只有学会学习才能获得终身发展，学会学习既包含了对自学能力的培养，也包含了自我教育的不断演进，它不仅代表了大学课堂教学的努力目标，更是未来学习型社会所必需的一种理念。

德国哲学家和教育家雅斯贝尔斯（Karl Jaspers）将大学视为一个相对独立于社会的“国中之国”，以便保证大学的独立性，保证它独立地探索高深学问、创造发展知识。他指出，大学作为追求真理的机构，只忠诚于真理，而不论其所产生的智力或社会的后果如何；只服从真理的标准，而拒绝服从任何权威。大学的根本任务是培养人才，而非其他。大学要完成人才培养的任务就需要多方面的共同合作参与，其中大学教学与科研是大学人才培养的共同载体，而且两者应首先致力于学校的人才培养。培养人才是大学的“原生功能”，也是大学教学的本体功能。课堂教学是大学校园里占据学生时间最多的、最主要的也可谓唯一的目的性、计划性、组织性极强的理性活动，大学课堂教学与生俱来就闪

① 水原克敏. 现代日本教育课程改革[M]. 方明生，译. 北京：教育科学出版社，2005：444.

② 联合国教科文组织国际教育发展委员会. 学会生存——教育世界的今天和明天[M]. 联合国教科文组织总部中文科，译. 北京：教育科学出版社，1996：2.

耀着理性的光芒，其内涵包括明确的教学目标、科学的传授内容、严谨的课堂组织、规范的教学用语、融洽的教学氛围等。

3.2 大学课堂教学的特点

知识经济时代，信息技术、能源技术、生物技术、空间技术、新材料技术、海洋技术等成为新技术革命的标志。人类社会已从工业化社会步入信息化社会。以国际互联网、环球网为代表的网络媒体的出现，改变了人们传统的工作、学习、生活的思维习惯和方式。信息化、数字化、网络化已悄然成为当代人生活的一大特色。从教师教学到学生学习，从课堂管理再到后勤服务，时刻都离不开计算机网络。在信息时代，经济增长不再取决于自然资源或人力资源，而主要取决于创造性运用知识和信息。知识具有无限性、发展性和再生性，可通过生产、传播、扩散和应用得到不断创新，已成为政治、经济和社会发展最重要的资源，知识经济具有全球化竞争与合作的特征，表现为知识全球范围的即时传播和应用，科技与文化全球化的交流与合作，全球范围内人才的流动与竞争等；知识经济促使人类的行为习惯、生活方式和思想观念发生很大转变，人们的各种消费将进一步呈现多样化、个性化、创造化和艺术化。知识经济的核心元素是科技，而关键结构却是人才。教育是知识经济的基础产业，培养具有创新精神和创造能力的高素质的劳动者及各种专门人才，是发展和适应知识经济的先决条件，知识经济是要求不断学习、不断创新的经济形态，对教育发展提出了前所未有的新要求。经济全球化使世界经济融为一体，各国经济交往和联系加强，全球人才市场、教育市场的形成将使人类社会进入一个新的历史阶段。全球化已影响到世界上所有的国家、地区以及个人，同时又对高等教育提出了严峻考验和挑战。对中国高等教育的培养目标、教学内容、传授方法、管理体制等提出了新的要求，以更加开放的姿态和海纳百川的胸襟，加强同异国文化的交流、融合、学习与对话，才能在文化全球化和多元化共同发展的进程中，夯实中国高等教育的竞争力。高等教育能否尽快培养更多、更优秀的适应新科技革命的人才，将决定着中国能否持续快速地发展。

大学是整个教育体系的最高层次，是信息时代的发展中心，是知识经济时代产业的孵化器，是知识经济发展的人才库，是知识经济发展的动力源，显然，知识经济时代推崇知识的功能和价值，它是一个凸显人性、张扬个性的时代，它要求人类具有更丰富而厚重的精神世界，作为知识结构和培养人才的大学，应全面审视自身在未来社会中的责任和作用，把握知识创造过程中的本质过程，积极参与创造过程与高科技运行中的社会道德建设，同时要求未来大学更重视对人格知识能力的全面培养，应更重视基础，鼓励创新，激励批判、发展个性、完善人格。大学是学术与精神的最高殿堂，是人类文化积累传播与创新发展的中心，大学建设更应当成为时代前哨，不仅在科技上占领研究前沿，在思想文化上也要主导社会潮流，应致力于从人类文明中提出更高更丰富的精神内涵，从而成为社会文化精神的守护神，成为感受时代脉搏的先知文明的创造者。

大学在知识经济型社会中发挥着越来越关键的作用，大学将从社会边缘区域走向社会中心舞台，世界各国均对大学质量提出了新的标准和要求，同时加大了对大学方面研究的力度。根据 2013 年全国教育事业发展统计公报，全国各类高等教育在学总规模达到 3 460 万人，高等教育毛入学率达到 34.5%。普通高等学校 2 491 所（含独立学院 292 所），比上一年增加 49 所。普通高校中本科院校 1 170 所，比上一年增加 25 所；普通高等教育本专科共招生 699.83 万人，比上一年增加 11.00 万人，增长 1.60%；在校生 2 468.07 万人，比上一年增加 76.76 万人，增长 3.21%。

20 世纪末，随着“科教兴国、人才强国”理念的提出，社会对大学的关注程度升高了。在中国，5000 年文明古国在近代以来的屈辱历史，坚定了其奋发图强奋力发展的决心，既对大学抱着超乎平常的期望，又对大学有着超乎平常的批评。教育、医疗、住房被誉为当代中国人的三座大山，而教育中对大学教育的批评声又更为集中。社会越来越关注的大学教育公平问题，教育产业化问题，争创世界一流大学问题以及一拥而上的兴建大学城洪流，在面对令人眼花缭乱的问题和大学发展的同时，怎样解释大学的使命，怎样调整大学的行为，为人类社会和人自身的发展找到大学责任的切入点显得十分重要。信息时代对知识的新的需求不断增长，科技成果产品化的周期的缩短，使人们更注重于知识的外在有形价值，忽视人文精神的养成。在经济全球化的过程中，知识多元化和文化多样性面临不断丧失的危险。

大学过于推崇职业化，而淡化了学术化。美国教育家沃尔夫（Robert Pan Wolff）在《大学的理想》中曾对大学的职业主义倾向提出批评：“在大学包含职业学院或职业教育计划，必将损害并最终摧毁这个学术共同体的整体统一性。任何一个职业学校，都是在力图为他的学生在更广大的社会中谋求一张职业入场券做准备。于是，关系的发展超过了大学的界限。医学院与地方医院建立了联系，在那里学生可以从事实践工作，教授可以有时间去医疗所，法学院的教师会因为州律师协会的需要而调整课程。难以计数的职业学院的教师和学生的超越大学范围之外的行为，不可避免地使他们的忠诚分裂。这些教师，不可能像规规矩矩地教艺术与科学的教授那样，把自己的全部精力无条件地献给大学。所以，在哥伦比亚大学危机期间，学院和研究生院的艺术和科学学科的教师，最大限度地全身心投入处理当时的事情，而法学院、医学院、商学院的教师，则很少有人能比参加少数的几次校长召集的全体教师大会做得更多。”① 南方一所私立大学的一个二年级学生说，每个学生脑袋里装的只是好好学习，只想毕业后找一份好工作，大家更关心他们个人的计划，而不太关注社会上正在发生的事情。有相当多的学院被狭隘的系所利益分割，无法进行更高质量的教学。教师和学生都成为一个临时集体的成员，如同飞机上的乘客，教学就如同旅行，在这个旅途中，他们更多的是由于日程上的而不是具有实质性的日程安排被带到了一起。而对大学教学的内在含义则各持己见。学生在职业训练的主导思想之下去完成学业，而不是获得正确观察事物的一种能力。

① Robert Pau Wolff：The Ideal of the University[M]. Transaction Pub!ish，1969：13.

美国高等教育家厄内斯特·博耶（Ernest L. Boyer）颇有感触地引用了《心灵的习性》的作者罗伯特·贝拉（R. N. Bellah）的一段评论："自从第二次世界大战以来，无约束的个人主义传统的力量已变得更加强大，而个人的社会传统却在减弱。那种完整集体的观念已经丧失。在一个强调狭隘的职业教育的主张统治许多学校的时代，对于大学的挑战就在于如何帮助学生把他们的所学与自己利益之外的世界联系起来。"①

3.2.1 教学目标的时代性

我们究竟要培养什么样的人，这是教育中最为根本最为核心的问题。因为我们究竟要培养什么样的人，决定着我们用什么方式去培养和通过怎样的途径去培养。在《国家中长期教育改革和发展规划纲要》第十八条、第十九条中提出要全面提高高等教育质量。高等教育承担着培养高级专门人才、发展科学技术文化、促进社会主义现代化建设的重大任务。提高教学质量是高等教育发展的核心任务，是建设高等教育强国的基本要求。到2020年，高等教育结构更为合理，特色更为鲜明，人才培养、科学研究和社会服务整体水平全面提升，建成一批国际知名、有特色、高水平的高等学校，若干所大学达到或接近世界一流大学水平，高等教育国际竞争力显著增强。①提高人才培养质量。牢固确立人才培养在高校工作中的中心地位，着力培养信念执着、品德优良、知识丰富、本领过硬的高素质专门人才和拔尖创新人才。②加大教学投入。把教学作为教师考核的首要内容，把教授为低年级学生授课作为重要制度。深化教学改革。全面实施"高等学校本科教学质量与教学改革工程。③严格教学管理。健全教学质量保障体系，改进高校教学评估。充分调动学生学习的积极性和主动性，激励学生刻苦学习，增强诚信意识，养成良好学风。同时，《上海市中长期教育改革和发展规划纲要》中明确提出高等教育的宗旨是让学生更具创新精神和实践能力。高等教育担负着培养高级专门人才和推动经济社会发展的重要使命。要推进高等教育内涵建设，全面提高高等教育质量，坚持走创新型、开放型、特色型、服务型发展之路，提高创新人才培养水平，增强知识创新和知识服务能力。综上所述，在两份规划纲要中均对大学的发展和培养目标提出了新的要求，尤其是强调学生的创新能力。

美国教育家布卢姆（B. S. Bloom）曾经作过较为深入的研究。他认为，完整的教育目标应包括以下三个主要部分。

第一部分是认知领域，包括知识的回忆或再认，以及理智能力和技能形成等方面的目标。

第二部分是情感领域，其目标包括兴趣、态度和价值等方面发生变化，以及鉴赏和令人满意的顺应的形成。

第三部分是动作技能领域，其目标强调肌肉或运动技能，对材料的操作及肌肉的协调活动。

在布卢姆看来，以知识为目标的教学是低水平的，因为它强调的只是记忆过程。教

① 博耶.大学：美国大学生的就读经验[M].徐芃，等，译.北京：北京师范大学出版社，1993：63.

学应该培养学生的能力等全面的发展，应能教会学生运用所学知识解决实际问题，做生活和自己的主人。①

1. 教学目标的制定

教学目标是师生教学过程的出发点和归宿，它对整个教学过程起着支配、协调和控制的作用，任何教学活动都是围绕着某种教学目标展开的，教学目标是指在教学活动中，由教师预先确定的，在具体教学过程中所要达到的，利用现有技术手段可以检测的教学结果。它表现为对学生学习结果及终结性行为的具体描述，或对学生在教学活动结束时其知识和技能等方面的变化的说明。一般说来，教学目标具有以下几个特点。

第一，预设性。教学目标是师生在教学活动中预期达到的教学结果，是教师主观上的一种期望，也就是说在每一次开展教学活动之前，都可以预见到教学活动可能促使学习者身心等方面发生哪些变化，所以在施教之前预先制定教学目标，它应该是以教师的教为出发点，以学生的学为基点。

第二，灵活性。教学目标的灵活性体现为因校、因课、因班制宜，而且因师、因生、因教制宜，由教师根据具体教学实际编制，内容和水平可以有一定的弹性，以便灵活掌握，获得最好的教学效果。教学目标的灵活性是由教学活动的复杂性决定的，同时它为教师创造性地开展教学工作提供了新的挑战和机遇。正因为教学目标具有灵活性，所以才能更好地符合教师的教学风格并最大限度地适应学生的学习特点，使其通过教学目标的实现而获得相应的身心方面的发展。

第三，激励性。目标是激发人们动机的诱因。在教学活动开始前，向学生明确地陈述具体的教学目标，以此来激发学生对学习新内容的期待和达到学习目标的欲望，从而调动学生学习的积极性和主动性。教学目标的实现所带来的价值对学生的吸引力越大，其实现的可能性越高，这个目标的激励作用就越强。

2. 培养“精神成人”

要想使社会更好地朝着为全人类谋幸福的方向发展，大学不仅要提供科学技术应用的知识，而且应该提供道德引导和精神动力，以便培养一种健全的人文精神。

大学应该适应社会发展的需要——这是一个一直以来被认为毋庸置疑的命题。就社会需要而言，狭隘的意义就是当政治需要占主流时，就培养“政治人”；当经济需要占主流时，就塑造“经济人”。“教育的目标不是‘成人’，而是‘成才’‘成器’。”② 当今社会——一个政治多元化的社会，一个经济迅速发展的社会，一个民主与法制体系日益完善的社会，一个社会变迁和社会流动日益加速的社会，一个呼吁竞争与合作的社会，一个其发展潜力与综合国力取决于全民创新能力的社会，在这样的时代，我们更需要大学培养的是具有理性精神、具有广博深厚的文化功底、具备基础文明的品质涵养、具有某一领域的专

① Rothk E，Billington M. Goal[J]. -guided Learning from text：Inferring a descriptive processing model from inspection times and eye movements. Journal of Educational Psychology[J]，1979（71）：310-327.

② 杨平.《试题猜想》的热销说明了什么[EB/OL]. http：//harbin. northeast.en/system/2007/04/10/050769022.shtml。

门知识和技能、具有有效的表达自我的能力、具有自我延伸的能力、具有自我批判的能力、具有责任的意识和能力，概括地说，就是有意识、有头脑、有专长，能够追求幸福生活、创造幸福生活的有幸福感的精神成人。

所谓理性精神，主要涵盖以下两个方面。

一是指理智的好奇心，强烈的求知欲，寻根究底的探索精神。

二是指质疑精神，有合理的怀疑能力和批判能力，不轻信、不盲从、不唯上、不唯书，而是具备尊重事实、实事求是的科学态度，乐于分享、善于沟通，以多元的视角看待问题、思考问题。

所谓自由与责任的意识和能力，意指具有自主选择并勇于承担后果，不逃避，不推卸责任的意识和能力。所谓精神成人，意指了解当代社会的基本特征，能够批判性地认识自我、认识人类，深切认识人的命运、人存在的意义、人的价值和尊严、人的发展与幸福；能够尊重并接受人的完整性和差异性，尊重并宽容对待身边的另类甚至是异端，反对将人物化、异化甚至兽化，反对将人简单化、机械化；重视德行锻炼，具有叩问心灵、反思追问的意识和能力，能够自主判断、自主抉择和自主担当。

3.2.2 教学对象的个性化

1996 年，国际 21 世纪教育委员会在向联合国教科文组织提交的报告中指出："个性的多样化、自主性和首创精神，甚至是爱好挑战，这一切都是进行创造和革新的保证。"[①]

1. 学习方式的自主

联合国教科文组织前助理总干事纳伊曼认为："学会学习是意味着受过教育的人将会知道从哪儿能很快地和准确地找到所不知道的东西。"当代法国著名思想家埃德加·莫兰认为，人类不仅需要学习，而且需要学会如何学习。[②]学习方式的自主就是要求学生学懂怎样去学习，掌握基本能力，透彻了解学习概念，而不是死记硬背学习内容，并能把学到的知识转化。因此，学会学习对学习方式也有了一定的要求：从单一的接受学习向多样化的学习方式转变；非自主学习向自主学习转变、由接受学习向探究学习或发现学习转变、由独自学习向小组学习转变；由只注重学习结果向注重学习过程转变；由只注重知识的掌握向能力的形成转变，等等。

大学学习活动是学校教育与学生自我教育的辩证统一，大学生学习的主要目的是满足自己的探究欲和求知欲，并从中获得相应的个人需求和满足感，以获得自我的尊严并实现自我的价值。因此，大学生必须充分意识并发现自身已经形成的学习内部动机，不断加以培养、挖掘，并进行自我强化，将知识转化为能力，内化为素养，使它处于持续的激起状态，才可能获得学习的成功。大学生学习的自主主要体现为以下几个方面。

第一，具有较强的独立性。大学生主要靠自学和独立思考掌握知识，在学习过程中，

① 拉塞克，维迪努．从现在到2000 年教育内容发展的全球展望[M]．北京：教育科学出版社，1997：106.

② 莫兰．方法：天然之天性[M]．北京：北京大学出版社，2002：16 -17.

学生自主构建新的知识结构，去讲演、去感受、去体验，学生在教师的引导下主动地、独立地表达自我，自我激发头脑中的思维活动和潜力，增强自信心，充分展示自己的个性、认识别人、发展自己，以便能真正地唤醒自我的主体参与意识和参与能力。

第二，理论联系实际。大学学习是学生将高度抽象的专业理论知识运用于实践活动，以培养学生的应用技能与改造世界的能力。

第三，学习与科研相结合。大学有经常性的课外科研活动，学生边学习边研究，在研究中学习，在学习中研究，在研究的过程中思索。

总之，大学的学习特点转变为由老师引领、激发，但主要还是学生的自主学习，学习内部动机成为大学生从事学习活动的根本动力。如果有这种自身产生的学习动力，大学生的学习活动就会积极主动，因此学习的内部动机在大学生学习活动中占据主导地位。

2. 教学模式的灵活

现代大学教学强调以培养创造能力为目标，培养学生问题意识、批判性思维、创新思维，发展学生创造精神和创造能力，使教师和学生双方都能够善于联想，敢于批判和质疑，善于表达自我，勇于探索和实践，促使教学成为一种想象性的、创造性的、实践性的活动。因此，大学必须摒弃传统的教学模式，对学生进行多样化、多模式的教学，在教学活动中创造性地开展教学是大学教学改革的重要使命。大学教学模式分为以下几种。

第一，差异教学。差异，即不同、差别。“差异”（Differentiation）指“多种”“有区别”“不同”之意。德国哲学家莱布尼茨（G. W. Leibniz）曾说：“世界上没有两片相同的树叶。”同样，世界上也不会有两个完全一样的学生。随着政治发展和经济改革的逐步推进，尤其是计划经济向市场经济的逐步转型，中国社会文化在反思和总结的基础上开始发生变化和转型，逐步打破了传统的“一元”文化格局，进入一个文化“多元化”发展时期，逐步出现不同文化价值观的激烈冲突，如现代工业文化与传统农业文化的冲突、理性文化与感性文化的冲突、东西方文化的冲突、高雅文化与通俗文化的冲突、科学文化与人文文化的冲突等。应该说，多元文化发展已成为当今中国文化的显著特征，多元意味着开放、民主、差异、平等、个性。于是，促使个体有差异地发展不仅是当代中国经济发展的强烈要求，也是当前中国社会文化转型的迫切需要。没有差异，就不会有多样，也就不可能有多元发展。而在多元文化背景下生活和发展的个体，由于在选择、吸纳、重整、融合文化的差异，其发展必然会呈现出不同的样态和模式。因此，尊重文化差异是基础，多元文化的发展就意味着尊重个体发展的差异，意味着个体的差异发展。

差异教学，也就是个性化教学，指的是在教学过程中，教师尊重并承认学生的兴趣、爱好、意志、特长等因素存在着不同的差异性，并从这种差异着手，在教学中因势利导、因材施教，促使每个学生在他原有的基础上有差异地发展，在每个人天赋范围内充分发展。大学教学要给学生更多的选择机会，允许每个学生遵从自己的兴趣，发挥自己的特长。例如，教学内容上可以适当减少某些必修课程，增加全校性选修课的比重，让学生根据自身的需要和兴趣来选择课程的学习；教学方法上，采取灵活多样的方法贯穿教学过程；教学环境上，增加隐性课程和各种课外的学生能力训练计划；教学管理上，对休学、转学、转系、转专业、免修、选修第二学位、跳级、提前毕业等方面实行弹性制度。通过个性化教学，营造个性发展的环境，激发学生的创造意识。

由于遗传素质和社会、家庭文化背景等因素的影响，世界上不存在两个完全相同的人。因此，学生是有差异的群体，在先天、后天、生理、心理、家庭、社会等方面都存在着非常明显的个体差异。这些差异不仅表现在学生的主要实践活动即学习活动中，而且对教学活动产生巨大影响。学生间的差异是客观而又普遍存在的。每一个学生的气质、禀赋、情感、兴趣、思维等潜质都是独一无二的，每一个大学生都具有鲜活的生命个体，具有独特的灵魂，具有不一样的灵气、智慧、思想和个性，教师要通过教学活动唤醒学生内在的活力。在每一个学生的心灵深处，都深藏有一根特有的琴弦，拨动它就会发出独特的旋律。教师要真正了解学生，发现学生，体会学生的喜怒哀乐，摸透学生的脾性，以便与学生的心弦对准音调，使学生的心弦与自己的表达发生共鸣。学生在获取信息、掌握知识、理解表达所学内容等方面都存在着依据学生自身准备状态作出选择的现象，这必然要求教育为他们提供适合其状态的教学。因此，必须敢于承认学生的差异，敢于根据学生差异而教，敢于教出“差异”来，而不能按照一个标准搞“一刀切”。

差异教学，指的是在班集体教学中以学生差异为基点，照顾到每个学生个别的需求，以促进学生在各自已有基础上得到充分发展的教学。美国教育学者汤姆林森（Carol Ann Tomlinson）在《多元能力课堂中的差异教学》中指出：“差异教学的核心思想是，将学生个别差异视为教学的组成要素，教学从学生不同的准备水平、兴趣和风格出发来设计差异化的教学内容、过程与结果，最终促进所有学生在原有水平上得到应有的发展。”[①] 美国教育学者戴安·赫克斯也指出，实施差异教学意指为适应学习者的需要、学习风格或兴趣，教师改变教学的速度、水平或类型。

美国学者黛安 · 荷克丝认为，差异教学是指为适应学生需要、学习风格或兴趣爱好，教师调整并改变教学的模式、进度、水平或类型。另一位美国学者汤姆林森认为：“在差异教学课堂中，教师会根据学生的准备水平、学习兴趣和学习需要来主动设计和实施多种形式的教学内容、教学过程与教学成果。”[②] 课堂教学中的差异现象应包括三种：学生之间的基础性差异，作为教学活动终点或目标的学生之间的目标性差异，以及作为学生发展主要推动力量的学生之间的课堂活动性差异。对这三种差异的全面关注是有效教学的前提，也是探究差异教学内在意蕴的出发点。差异教学是指在课堂教学活动中，从尊重学生的个体差异出发开展差异性教学活动，以促进每个学生主体性的个性化发展。差异教学包含以下三方面。

（1）基于差异。学生原有的个体差异是教学活动的起点或前提，一切有效的教学都必须充分尊重学生原有的个体差异。同时，学生之间丰富的个体差异也是一种巨大的可供利用的教育资源。

① 汤姆林森. 多元能力课堂中的差异教学[M]. 刘颂，译. 北京：中国轻工业出版社，2003：2.

② 同上书，第10页。

（2）为了差异。教学目标是要促进学生主体性之个性化的发展，这是教学活动的核心追求。因为教学的宗旨不在于教给学生统一的生活规范，而在于引导学生建构自己独特的生活习惯和思维方式。

（3）发展差异。教师要针对学生的不同差异，计划、设计、制定并组织灵活的、弹性的、动态的教学活动，让学生在自主选择、差异共享中，实现个体的差异发展。

第二，对话教学。日本教育学者佐藤学认为，学习是一种文化的、社会的、伦理的实践活动，是学习者主动地与客观世界对话、与他人对话以及与自身对话的过程。在总结西方对话教学理智传统的基础上，美国伊利诺伊大学的伯布勒斯（Nicholas C. Burbules）与布鲁斯（Bertram C. Bruce）曾给"教学中的对话"定义为："对话（Dialogue）是一种教学关系，它以参与者持续的话语投入为特征，并由反思和互动的整合所构成。"[①] 对话是一种主体交互的、相互动态的、有机联结的教学活动，而非几个教学要素间的简单静态的机械连接，对话教学是一种植根于关系之中、以追求关系价值为目的的参与性的、开放性的和探究性的教学态度、行为和思维，它具备丰富多彩的表现形式和灵活多样的方法取向，它既可能表现于一个人面对自身的反思情境中，又可能表现于面对他人和世界的沉默之中。"课堂话语的对话性不是由于讲话者的喋喋不休，而是因为不同会话者之间、自我与他人之间持续建构的紧张甚至冲突。这时，一种声音折射了其他声音。"[②] 通过对话教学，实现大学教学的"新启蒙"，尊重并肯定中华传统文化的价值尊严，体现中华传统文化的道德情怀与美丽精神，恢复教育的生活基础与道德本性。[③]"对话教学"是一种以人为本、彰显人性、丰满人性，完善人性的教学，意即"人本"是对话教学的出发点和归宿。在对话教学中，师生之间充满互相爱、互相尊重、互相谦让、互相信任、互相批判，从而共同成长。[④] 在对话教学中，倡导教学要建立在工具理性的反思与批判之上，促进课堂教学的顺利开展以及教育的民主、公正。同时，"对话教学"是一种"批判教育学"。"批判教育学"的基本内涵是基于"批判意识"的概念来揭示社会压迫和不平等的总根源，包括国家、阶级、种族、文化、性别等各方面，通过批判性思维和反思性实践，在教学活动中积极变革世界、创造世界、完善人生。

第三，问题教学。问题是大学教学的开端，也贯穿于大学教学的整个过程，意即在大学教学活动的整个过程中都应该体现问题的存在。马列主义认为，科学的认识绝不只是从感性认识到理性认识，个体能依据概念、原理、范畴和规律来对客观现实作出理性反映，这种反映会以不同的问题形式呈现在人的脑海中。问题教学模式是根据教学目标

---

① Burbules N C，Bruce B C. Theory and Research on Teaching as Dialogue[M]. In Richadson，V.（Ed.）（2001）；Handbook of Reasearch on Teaching（Fourth Edition）[M].Washington D C：American Educational Research Association，2001，pp.1112−1113.

② Nystrand M，Gemoran A，Kachur R，etal. Opening Dialogue ： Understanding the Dynamics of Language and Learning in the English Classroom[M]. New York，Teachers College Press. p. 8，Quoted in burbules. N. C. Bruce. B. C，1997，op，cit p. 1106.

③ 张华. 教育重建论[J]. 全球教育展望，2008（1）.

④ 张华. 对话教学：涵义与价值[J]. 全球教育展望，2008（6）.

和要求，由师生双方共同创设问题情境，以问题提出、发现、探究和解决来激发学生的求知欲、探究欲、创造欲，培养学生的问题意识和创新意识，以问题为主线，使学生在探究过程中，不断促进思维的高水平活动，以便主动建构知识、提升水平、提高质量、最终完善思想。问题教学主要是以“以问题为中心”“学生为中心”等为主线，通过问题的探讨和研究来培养大学生自主学习的能力、提高大学生的问题意识，发展其问题能力，促使其思维的活跃和逐步发展，提升其探究能力和创新能力。

3.2.3 教学评价的多维度

大学是塑造灵魂、涤荡心智、彰显个性的活动场所，也是一个赋予师生精神成长的活动场所。在学校中更多关注师生的心灵成长，是人文主义的基本要求，是“以人为本”的真实写照。学校的一切教学活动及其教学评价应该在师生的内心世界打下一个亮丽的底色，让师生感到生命的美好和人性的可贵。

大学课堂教学的评价，是评价者对本校开发的课程进行质量分析和监控的过程，也是对大学课堂教学进行跟踪管理的过程。只有采取行之有效的评价策略，才能在评价的基础上进行反思，总结经验和教训，不断调整、丰富和完善大学课堂教学，真正使大学课堂教学促进本校学生的发展，使他们愿意参与，主动承担，自主判断，活泼向上。大学教学评价，应该以学校课程资源为基点，以开发与实施过程为核心及主线，以学生发展为目的，因此，既要评价大学课堂教学开发的程序和内容，又要评价教师和学生在课程实施过程中的行为和情感体验，还要评价大学课堂教学作为教学活动载体在学校发生的作用。本书试着以理解和发展为基点对大学课堂教学进行有效评价。

1. 基于理解的大学教学评价

大学教学评价应该向何处去？应选择什么样的发展方向？ 这是每一个关心大学教学评价发展的人必须思考的问题。理解是解释学研究的重要内容，就是使客观存在的本文意义结构得以自然展现的过程，是理解者在心理上重新体验他人心理的过程，是精神的复制和重构的过程。对课程学习的结果的评价固然重要，但也要更多地关注学生的参与意识、研究能力、合作能力等各方面。本书从评价主体、标准和内容等方面来探讨基于理解的大学教学评价。

第一，评价主体的多元化。大学课堂教学是一个以学校为主要阵地对课程进行开放民主的开发和决策过程，参与对象不仅是校长或教师个体，而且是校长、教师、课程专家、学生以及家长和社区人士等共同体，他们共同参与学校课程计划的制订、实施和评价活动。鉴于此，大学教学评价的主体应体现多元性，教育行政机构、校长、教师、课程专家、学生以及家长和社区人士都是大学教学评价的主体。

第二，评价标准的个性化。传统的大学教学评价采用的是统一的标准规范，注重的是教师某一方面或某一时间范围内的单项指标评价；学生考试成绩；某次公开听课的印象等单维度的指标，这种评价不但不能真实全面地反映课程的教学效果，而且忽视了学生的个性特征和教师的教学特质，不利于师生的专业成长。大学课堂教学具有鲜明的学校个性特点及灵活的课程风格。为此，大学课堂教学的教学活动因人而异，生动有灵性，丰富多彩。所以，在评价的时候应重视不同教师的个体差异，不可使用单一的指标来评价，而应该制定个性化的评价标准，既要体现对课程的基本要求，也要关注课程间的差异性，注重学校发展的特色和需求，促进其在原有水平上的提高和发展的独特性，促进学校的综合发展。

第三，评价内容的全面化。任何课程评价内容均需从该课程开发设计、生成发展过程所涉及的背景、方案、过程、结果等 4 方面提出相应的具体问题。大学课堂教学是一个内涵较广的概念，根据每所学校的课程开发特点和学校的实际教学情况，大学课堂教学可以作为选修课，也可以作为必修课；可以是活动性课程，也可以是学科类课程；可以是综合课程，也可以是分科课程；可以是显性课程，也可以是隐性课程。因此，大学教学评价的内容和其他课程相比较，显得更为丰富、广阔，具体表现为不仅有对结果的总体评价，更有对过程的阶段性评价；不仅有对学生成长的评价，还要有对教师专业发展的评价；不仅有对设计开发的总体评价，还要有对发展阶段的评价。

2. 基于发展的大学教学评价

正如美国教育家杜威（John Dewey）所言，只有对我们从事的活动不断反思，才能真正做到“做中学”，大学课堂教学开发具有过程性、开放性、生成性的特点，因此，对大学课堂教学的评价应该体现评价方式的灵活运用和评价结果的人文关怀，才能体现可持续发展的理念。

第一，评价方式的灵活运用。大学教学评价主体的多元化和评价内容的多样性，要求评价方法也应多样化。大学教学评价的具体方法有访谈评价、问卷评价、课堂观摩、教学录像、教学日志、教学档案、学生学业情况、师生成长档案等。与此同时，发展性大学教学评价强调学校对大学课堂教学的分析与反思，要求评价者制订专门的评价计划，记录有关事件以及建立大学课堂教学活动档案，并与其他评价者交流、分享与合作。各种评价方式有其优缺点，有其适用的范围。因此，大学教学评价的方法要兼顾多样化，以质的评价统整，与量的评价结合，形成多元的评价方法，通过不同的形式收集课程在整个教学实践活动中的信息，这将有利于更清晰、更准确、更全面、更客观地描述大学课堂教学的开发与发展状况，从而真正发挥大学课堂教学的作用，最终促进教师和学生的专业成长与发展。

第二，评价结果的人文关怀。人文精神是一种普遍的人类自我关怀，它是整个人类文化所体现的最根本的精神，以追求真善美等崇高的价值理想为核心。这种精神形成于人类认识自我、发展自我、完善自我以及自我需要的过程中，并规范、指导和约束着人类自身的各种活动。人文关怀就是对人的生存状况的关怀，对人的尊严与符合人性的生活条件的肯定。人文关怀就是关注人的生存与发展，无论是在人类整体还是个体的进步中都扮演着“使人成其为人”的重要角色。但在技术社会和信息社会的背景下，人文精神的缺失成为人类文明进程中的一大缺憾，也是学校教育的一大缺憾。关注人的生活质量，是人类文明进步的重要标志，是人类自觉意识提高的反映。大学教学评价应该注重学校在情感、人格方面对学生的深远影响，不能只注重学生的学习成绩和教师的教学效果，而应该关心师生、爱护师生、尊重师生，从而使整个评价过程和结果充满人文关怀。在体现人文关怀的同时，借助于实证科学的优势，适当注入测量和数据描述的方式，使评价的结果更加真实、有效，从而使评价本身更加科学、完善。教师在和谐的人文评价环境中能够减轻心理压力，轻装上阵，发挥自身潜能力量，更好地为教学服务，同时，学生也能在轻松和谐的氛围中自主学习，积极参与，提高教学的有效性。当下，国际竞争的加剧、科技知识的快速发展与高度融合更要求以合作、关心、综合为主要特征的人文精神和科学技术一起推动人类社会的可持续健康发展。中国政府和公众已经开始意识到这个问题，大学教学评价的人文价值追求可以说是此问题的一个积极应对。

大学教学评价应该坚持全面客观、辩证融合的课程价值观，并将学生和教师的主体地位放在突出重要的位置上，应辩证地将个人与社会、学校与社区、人文与科学、公平与效益等各方面进行整合，每个学校都是一个独特的个体，因此，大学课堂教学开发的内在本质必然是追求学校发展的个性化和特色，追求学生精神成长和教师的专业发展。大学教学评价作为课程开发和发展的重要部分，既是保证大学课堂教学开发质量的前提条件，也是一个充分体现学校和师生首创精神的过程，还是要求学校、教师增加自我责任意识和增强自身适应性的过程。

大学教学评价是课程系统的重要因素之一，其发展趋势为课程理论与实践提供有益的激励与导向。本书主要从以下两方面探讨其发展趋势。

（1）评价主体的转变，即从对象化关系走向主体间性关系，这种对象化关系在具体的大学教学评价过程中表现为政府部门评价学校，学校评价教师，教师评价学生，学生被排斥在评价主体之外，这使得评价活动在各个层面上大部分是一种单向度的活动，而新型的评价，在本质上是一种通过“协商”而形成的“双向心理建构”，突出被评价者在评价过程中的参与身份与主体身份，从而使评价打破评价者独断的声音，同时出现了被评价者的声音。评价者和被评价者在评价过程中不再是对象性的主客关系，而是一种“主体间性”的关系，这就使得双方的内心世界得以相互开放、互相接纳。这种主体间对话、协商、民主、平等的关系无疑使评价活动情境从单向走向多向，使被评价者的主体性更充分地得到发挥，因而更凸显被评价者在评价活动中的自觉性、能动性、创造性、社会性，进而实现评价的预期目标与过程目标。

（2）评价方法的转变，即从客体化的量化评价走向主体化质评与客体化量评的整合，质化评价通过不断反思使评价者与被评价者都成为评价的主人，评价者与被评价者都有参与选择决策的机会和权利。同时，在评价过程中，质化评价要求评价者能够根据现场的情况及时调整评价计划，因而评价过程本身就是评价主体能力与素质的提升过程。

大学课堂教学目标是促使学生个性潜能的充分发挥，促进学生的个性全面和谐的发展，促进教师的专业成长，这是大学课堂教学的最终归宿。每所学校必须基于自己课程实践，创造性地进行大学课堂教学的评价，让每一位教师在评价中获得专业发展，让每一位学生在评价中体验自身的成功，让每一门大学课堂教学质量在评价中得到提升。

3.2.4　师生关系的和谐性

当下大学课堂教学中的师生关系，不但具备一般教育过程中师生关系的特点，同时又有其自身独有的特征。在教学活动中，老师和学生为一个伦理实体，师生关系是伦理关系，大学教育中的师生关系也是如此。教育被视为崇高美好的事业，教师被誉为人类灵魂的工程师，中国人将老师称为“春蚕”“蜡烛”，将老师和学生的关系甚至概括为“一日为师，终身为父”。产生于20世纪70年代德国的交往教学理论，由沙勒和舍费尔首先提出，是一种注重探讨师生关系的教学思想，其主要观点是在教学活动中，教师和学生同时作为主体，他们之间相互作用、相互交流、相互沟通和相互理解。哈贝马斯（Jurgen Habermas）认为交往是主体间的相互关系，而不是主体与客体之间的单向关系，交往行为是主体之间通过符号协调的一种相互作用，它以语言为媒介，通过对话，达到人与人之间的相互理解。交往教学把教学过程诠释为一种交往过程，是种种思想、观点、态度、价值、情感的交流，要实现真正的教学就必须有交往活动，各种教学活动、学习活动都是在教师与学生、学生与学生之间的交往中进行并实现的。针对大学教学的种种弊端，交往教学中以发挥个性教学注重小组合作的模式的特点更为适合有助于实现师生合作的有效性。

教师和学生关系如图3-2所示。

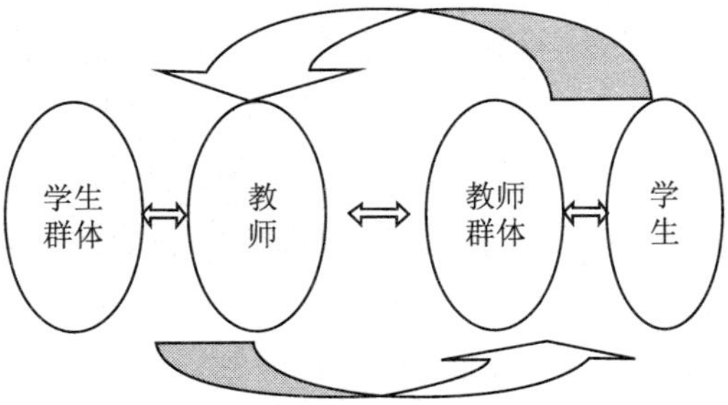

图3-2　教师和学生关系

1. 民主平等

美国心理学家罗杰斯（C. R. Rogers）认为，成功的教学依赖于一种真诚的理解和信任的师生关系，依赖于一种和谐的课堂气氛。因此要提高大学课堂师生关系的和谐应该构建一种平等、合作和互为主体的师生关系。

（1）平等和谐的师生关系。在信息多元化时代，随着以网络传播为核心的信息技术的应用，大学教师的权威性受到极大冲击。现代化的社会生活、现代化的信息传媒直接解构着大学教师的知识和信息的权威性。在新型的开放式学习情境中，每个学生都主动积极融入学习过程，教师的制度化权威受到前所未有的挑战，指令性、专横性师生关系不再有生存空间。教师不再是知识的灌输者和教学活动的主宰者，在与学生的平等对话中，指导学生学习、开发信息资源、促成意义建构以及进行自身的反思学习。同时，传统的功利主义和工具主义教育态度受到批判，教师所面对的并不是可以任意塑造的物化人，而是具有自身价值的生命体，师生双方必须以独立的、完整的人格持续发生交互作用，通过积极的课堂教学互动放开彼此的思想和灵魂，以质疑、解疑、析疑的方式达到彼此的首肯并得以发展。由此，教师和学生形成的“学习共同体”，一起进入“相互学习的关系”，通过“象征性经验”接受“文化洗礼”，最终获得师生的共同发展和彼此的自我完善。教师应有学生权利意识，保证每个学生在课堂教学中得到平等对待，树立课堂教学公平观，并唤醒、培育学生的公平意识和民主精神。

（2）合作开放的师生关系。正如《教育——财富蕴藏其中》所指出的，把学会共同生活作为教育的重要支柱之一，这也正是现代建构主义学者所反复强调的合作学习的观念。

以笔者所授课程“比较初等教育”为例，为提高大学课堂教学效果，努力构建一种合作式的师生关系，笔者采取了小组合作的研讨式教学方法，主要是由学生自行组成4~7人小组，小组自行选择研究主题，完成研究计划设计，小组成员向全班同学作课堂中心发言而后进入答辩研讨阶段，教师起引导作用，为学生创设学习环境。正如小威廉姆·E.多尔指出，这种关系将更少地体现为有知识的教师教导无知的学生，而更多地体现为一群个体在共同探究有关课题的过程中相互影响。这种合作探索的过程，打破了学生被动接受知识的惯例，重视学生获得解决问题的过程，尤其注重培养小组内成员相互合作，相互协商，共同努力的能力，激发学生创新意识和创新能力的培养，并更加促使一种合作性、开放性师生关系的生成。

2. 共生发展

（1）促进教师教学省思。在交往教学过程中，主体双方敞开自身、接纳对方，相互吸引，相互合作，从而达到对问题的新认识和创造性的发展，交往教学促使课堂上的对话和交流，不但让学生获得很多信息，而且能让教师从学生那里获得反馈信息，从而及时调整教学内容、方法和目标，使教学效果达到最大化。师生双方通过交往分享彼此的思想、经验，有助于扩大双方的知识面，使课堂内容在每个人脑中获得持续生成、转化和内化，是交往与创造的有机统一。

（2）利于师生心理健康。以现象学为哲学基础的人本主义心理学家马斯洛的需要层次论表明，人本身就有一种渴望交往的需要。美国心理学家罗杰斯在《人与交往》一书中也指出：人们之间的交往接触极有利于人的正常生活，如果我能将自己的内心实在传达给别人，从而与对方建立更密切的“余－汝关系”，我就感到非常高兴。交往行为使每一个人都在社会中成长，促使其为完成个人人格的同一性即“社会化”发挥了重要作用。师生交往倡导的是民主平等、互相尊重的教学理念，教学活动中师生通过合作探索体验到友谊和支持、理解和宽容，彼此增进相互了解、相互认可，师生双方都能在交往中获得归属感，利于心理健康，正是在交往的教育实践中，教师和学生以完整的人格相互交流，以彼此真诚的心灵相互撞击，不断构建“自我”，完善“自我”，以获得发自内心的幸福感和需要的满足感。

3. 互为主体

发挥学生主体作用。由于受师道尊严的影响，课堂教学中专制作风盛行，导致师生地位不平等，教师是控制者、主宰者，学生是顺从者、被动接受者，教师问，学生答，学生很少有主动权，教师根据自身设想设计教学方式。交往教学凸显学生在教学过程中的主体性地位，唤起学生积极思维，改变传统教学中由教师“满堂灌”的讲授式教学形式，强调学生学习方式的转变，尊重每个学生在学习过程中所获得的独特的感受、体验和理解。杜威就指出：受教育的个人是社会的个人，而社会便是许多个人的有机结合，一切教育都是通过个人参与人类的社会意识而进行的。交往教学使学生主动参与课堂讨论，积极参加小组学习活动，乐意与教师和同学交流思想，从而调动了学生的探究精神和创造能力，促使学生的个性和灵性在教学活动中得到最佳体现。在大学课堂教学中，不少教师为了体现学生的主体地位，往往误读了学生的主体性，而采取了“放羊式”教学，一切由学生自己做主。师生之间都是教学过程的主体，一方不应该把另一方看作客体，他们进行的是两个主体之间的互动活动，是生命存在的交互共生状态。互为主体的师生关系旨在打破主体的封闭性，形成主体间性，强调师生相互之间的关心、理解和共生，摈弃主体和客体之分，中心和边缘之分的观点，主张教师尊重学生，注重培养学生宽容、理解、协作的社会意识。只有在这种互为主体的师生关系中，师生才能走进彼此的内心世界。

巴西教育家保罗·弗莱雷（Paulo Freire）说过，没有了对话，就没有了交流；没有了交流，也就没有了真正的教育。影响师生合作有效性的因素是多方面的，但要有效提高师生合作的功效，应该致力于创建活跃有效的师生交往和努力构建民主平等的师生关系，才能促进师生合作的最大效率，真正实现高校大学课堂教学的优化。

3.3 大学课堂教学的功能

克尔（Clark Kerr）在《大学的功用》一书中描述了美国典型的现代大学——“多元巨型大学”（Multiversity）。这种大学是社会发展的“服务站”。大学的组织不仅限于院、系，还包括各种研究中心、出版社、交流中心。大学的知识活动不仅是教学、研究，还包括咨询、国际合作等。

3.3.1 社会功能

随着政治多极化、经济全球化、文化多元化和信息网络化的趋势越来越明显，人类社会已经进入信息时代、全球化时代、多元化时代，并正在逐步从工业经济社会转向知识经济社会，大学也日益处于现代社会发展的中心。一直被视为传承和创造知识的文化机构的大学，应该是社会的“知识库”“信息库”“人才库”“知识的孵化器”，而且应该为知识的创生和发展提供价值导向，并逐步发展为“思想库”和“智囊团”，应该主动自觉承担起以新思想、新理论、新文化引导社会前进的神圣使命。

1. 知识传承

“大学是围绕知识而建立起来和进行活动的社会组织，大学具有多种知识功能、知识组织，进行着多种知识活动。”[①] 哈贝马斯（Habermas）认为，“生活世界”，是一个充满前见的原发境域，是“灌木丛”，它的各个枝条（自然、社会、历史、当下、真假、善恶、美丑、是非等）缠绕在一起，形成一个错综复杂的整体，是一个良莠不齐的世界。而人类的教育自诞生以来，便担负着传递、创造人类文明的责任，并且有择优秀文化而传承的传统。[②] 大学课堂教学在文化科学知识的传播和普及过程中，在提高民族科学素质及在文化知识再生产中，都发挥着重要的作用，具有传递、继承、积累、发展和再生产科学知识的功能，是文化传承、建设、发展和创造的重要阵地。知识是人们在改造世界的实践中所获得的认识和经验的总和。

中国科学家竺可桢说过，大学是社会之光，不应随波逐流。大学作为促进社会发展和经济振兴的加速器和“孵化器”，并非意味着把学校办成一个大公司或复杂的开发中心，而首先是指大学作为社会的人才库、智囊团和思想库所承担和发挥的功能。大学应致力于成为一个向公众开放的、资源共享、富有效率的学习中心、科研中心和创造性源泉，甚至成为社区乃至整个社会的知识文化中心。大学在去除了与社会间的藩篱，涤清了污浊之后，应保持其作为文化先驱、知识先驱的精神之塔的作用，仍应是一个具有高尚气质和浓厚感召力，而且生机盎然的具有书香的知识社会。

2. 社会服务

大学课堂教学的社会服务功能就是其对国家的发展提供服务，对社会用人单位以及其他社会机构提供教育服务。大学所提供的服务产品，主要是人才及其理念。在知识经济时代，大学应承担更多的社会服务功能，要同大社会和小社区紧密联系，使其成为解决、探讨各类社会问题的中心。大学师生应把自己视为社会的一员，共同解决所面临的社会问题，如政治稳定、经济发展、资源枯竭、生态恶化、可持续发展、民主化进程、环境污染等。这些问题的解决都离不开大学师生的积极参与，而大学师生积极参与这些问题的解决，必定能更好地服务于社会，为社会的发展繁荣作出贡献。大学的社会服务功能正在被越来越多的人认识并逐步获得肯定。近年来，中国许多城市以大学为依托而得到发展并能逐步走出困境，就是强有力的证明。大学课堂教学的社会服务功能具体体现在以下两个方面。

（1）政治稳定作用。大学的课堂要自始至终地用邓小平理论教育学生，用马列主义和毛泽东思想武装学生的头脑，使学生认清中国共产党在社会主义初级阶段的基本纲领、基本路线和全国人民共同奋斗的目标，树立建设中国特色社会主义的共同理想；要深入持久地开展以为人民服务为核心、以集体主义为原则的社会主义道德教育，加强法制教育和纪律教育，引导学生树立正确的世界观、人生观和价值观；要坚持不懈地提倡共产主

① Akira Arimoto：University Reform and Academic Governance：Report of the 2000[M]. Three-Nation Workshop on Academic Governance，Higashi-Hiroshima： Research Institute for Higher Education，Hiroshima University，2001.

② 傅永军，张志平.“生活世界”学说：哈贝马斯的批判与改造[J]. 山东大学学报（哲学社会科学版），1997（4）.

义道德，防止和克服拜金主义、享乐主义和个人主义，同时把思想道德的先进性和广泛性要求结合起来，鼓励一切有利于国家统一、民族团结、经济发展和社会进步的思想道德。大学必须大力提高全民族的思想道德素质和科学文化素质，为经济建设和社会全面进步提供强大的精神动力和智力支持，培养适应社会主义现代化要求的一代又一代有理想、有文化、有道德、有纪律的大学生。大学要自觉维护国家的稳定和民族的团结，自觉服从国家大局，以国家的强大、民族的振兴为自己义不容辞的责任。

（2）经济发展作用。大学是科技成果转化的重要推动者，是高新技术产业的重要创造者和高新技术企业的孵化器。大学是探索有中国特色高新技术产业化道路的重要生力军。大学对知识经济的贡献应体现在推动创新知识的应用上，即大力推进科技成果的转化和高新技术产业化。实践证明，大学不仅是知识的生产基地，而且是科技成果的重要转化者。例如，上海新黄浦公司出资几亿元，与复旦大学联合进行基因技术研究，致力于中国基因科技研究的产业化发展。尤其引人注目的是，一批大学组建的企业集团，以其高新技术的特殊优势和源源不断的创新活力成为中外闻名的企业集团，如清华紫光和同方、北大方正、东大阿尔派、同济科技等。这些企业集团不仅成功地实现了从知识传递、生产、创造到转化成为高科技产业，而且以高新技术产品促进了国家经济的发展，因而，具有模式探索的深远意义。

3.3.2 个体功能

爱因斯坦曾说过，任何一种伟大高尚的事物，无论是科学成就还是作品，都来源于独立的个性，只是在文艺复兴时期使人有可能不受束缚地发展自己的时候，欧洲文化才在打破窒息的停滞状况方面取得最重要的突破。马克思关于全面发展思想的本质并不在“全面”二字，全面发展的实现表现在个性发展、自由发展以及自由个性（独立个性）的发展。马克思、恩格斯所论述的共产主义的理想之一就是人的个性充分而自由的发展。马克思在看到人的社会本质的同时就追求一种使人彻底摆脱人对人的依附、人对物的依附的社会，那就是区别于封建社会、资本主义社会的共产主义社会，也就是一个使人更富于创造的社会。

学校教育的根本宗旨是把学生培养为“成人”，教育学乃是“成人之学”。《教育——财富蕴藏其中》则又进一步指出：“教育不仅仅是为了给经济界提供人才——它不是把人作为经济工具而是作为发展的目的加以对待的。使每个人的潜在的才干和能力得到充分发展，这既符合教育从根本上来说的人道主义的使命，又符合应成为任何教育政策指导原则的公正的需要，也符合既尊重人文环境和自然环境又尊重传统和文化多样化的内涵发展的真正需要。”① 人是价值的存在，教育的个体功能是倡导以“人”的方式来把握人、认识人、理解人、培养人、塑造人。它以“人是目的”为最高原则和出发点，尊重人的选择性、超越性和创造性。依据康德的说法，人的存在本身就是自足的。人和物的根本不同之处在

① 联合国教科文组织. 教育——财富蕴藏其中[M]. 北京：教育科学出版社，1996：70.

于"人是目的"，而且是终极目的，亦即他的成为可能是不需要以任何其他目的为条件的。自然界的事物，由于其本身并不是目的，所以它的价值是相对的，是使用价值，即它只有被人使用作为工具时才具有价值；但人不同于其他任何事物，人的存在本身就是目的，一切其他事物作为手段都是为人服务的，因而人也就成了价值的源泉。

1. 个性发展

教育的对象是人，教育的目的是对人的培养。智者学派的创始人普罗泰戈拉指出"人是万物的尺度，是存在者存在的尺度，也是不存在者不存在的尺度"[①]。由此得出，教育，尤其是大学教育必然要重视人性，重视人的自主性、独立性、创造性，在教学过程中必然要反映人的特性，发展人性。然而，正如《学会生存》所指出的，传统教育有两个根本弱点，"第一个弱点是它忽视了（不是简单地否认）个人所具有的微妙而复杂的作用，忽视了个人所具有的各式各样的表达形式和手段。第二个弱点是它不考虑各种不同的个性、气质、期望和才能"[②]。

个性发展首先意味着教育对人性的尊重，它包括教育理念和教育手段、教育方式和教育环境等方面的人性化。教师要在头脑中真正树立起学生之主体地位的意识，敬重受教育者的人格。"人是价值的存在"——对此话最深刻领悟就是"教育爱"，也就是说，不能再把学生视为"知识的容器"单一地进行知识的灌输，所谓人性化就是在这种加工、改造、训练的过程中要体现人与人之间的平等性。整个教育环境都要针对"人"的不同特点来制定、规划和设计。无论是教育内容、教育方法，还是师生关系等，都应该自觉地渗透一种人文意识和关怀情结，亦即以关怀意识为底蕴，让学生在整个教育过程中感受到人文情怀。这种关怀意识对于"教育"非常重要，以至于我们不得不再次强调教育事实的属人性，亦即一种价值关涉。从根本上说，没有这种价值关涉，教育就根本不成其为教育，而在缺乏人性或人性淡漠的环境中，我们所能培养出来的只能是冷漠的个性和病态孱弱的人性，因为教育过程本身就是一种人的活动，只有在人性充盈而完满的情景下，才能生长并培育出健康的人性和有尊严的个性，这就意味着大学教学活动应该自觉培养具有健康人格的个性和完满人性的人，也就是把价值主体的培养放在根本位置，强调价值主体，并不是要排斥知识，而是在传授知识的同时注重融入教育教学价值。由此，对受教育者情感、意志及人格等品质的培养也就必然得到关注——它们比知识本身更有价值。

在凸显"教学"的完整内涵的同时，才有可能培养出相对完整意义上的个性丰满的人。针对教学过程的唯知识化倾向，美国学者杜威提出了"道德即教育"的著名命题："道德意味着行为意义的增长，至少它意味着这样一种意义的扩展——在道德这个词的最宽泛的意义上说，道德即教育。"[③] 而这一点实际上已为世界各国的学者所认同。《学会生存》确立了一个教育发展方向的基本指导思想，即人类发展的宗旨在于使人日臻完善；使他的人格健全丰盈，表达方式丰富多彩，使他作为一个完整的人，作为一个家庭和社会的成员，

① 北京大学哲学系. 古希腊罗马哲学[M]. 北京：生活·新知·读书三联书店，1957：138.

② 联合国教科文组织. 学会生存[M]. 北京：教育科学出版社，1996：105.

③ 万俊人. 现代西方伦理学史（下）[M]. 北京：北京大学出版社，1992：309.

作为一个公民和生产者、研究者、发明者和创造性的理想家，来承担不同的责任。而从一个更深的层次来说，了解个性、关注个性、发展个性对于每个民族的腾飞发展意义重大。对人的个性重视不够是中国传统文化的一个根本缺陷，也可以说是抹杀个性，没有了个性的内在支撑的“人”，其实也就不是真实意义上的“人”。从价值论的角度，人性之于人本身具有不可侵犯性，处在发展关键期的大学教育，从某种意义上说，以培养人性、发展人性、完善人性、丰盈人性为重大使命的大学教学能否成功，正是取决于我们对“人”之个性的认识、了解和把握，并更加取决于对“人”之个性的解放和发展程度。

2. 人格养成

在功利主义思想的影响下，人逐渐被异化成了现代化机器的奴隶，人们抱怨象牙塔内一大批皓首穷经的学者们只会所谓的传授知识，收集整理现成的文献，传承播诵着他人的思想，却很少创造出自己的思想。尼采（F. W. Nietzsche）认为：“由于这种‘非人格化’的机械和机械主义，由于工业的‘非人格化’，由于错误的‘分工’经济，生命便成了病态的了……作为达到文化之手段的现代科学活动，产生了野蛮化。”[①] 尼采也指出，现代教育违背并抹杀了人的第一天性，即泯灭了人的本能和本性，培养了一大批知识的奴隶、权威的奴隶、金钱的奴隶，把人培养成了机器，唯命是从，扭曲了人格。现代教育，尤其是培养精英的大学教育应该“关注”人，而非“关住”人，推崇以人为本，以全人的视角研究正常人，其目的在于发现那些人之“为人”的东西，实现人格的完整发展，获得幸福，最大限度地追求人的最大价值。人本主义教育提出以人为本研究人的本性、思维、特征与价值，进一步地说，其目的是研究人的动机、本性、潜能、经验、情绪、价值、意向性、创造力、自我发展、自我选择和自我实现，注重人的独特性的心理活动，强调人的经验价值和主观经验。

在中国历史上，对人格的诠释丰富多样，无论是儒家主张的人格，还是道家、佛家以及宋明理学的人格，它们虽然有着不同的思想主张和行为规范，但它们在人格的某些特质的追求上却有着异曲同工之妙。儒家学派创立的圣贤人格主要体现在三个方面。

第一，“仁”，即“仁者爱人”，反映出儒家人格主体的内在自觉，把“泛爱众”作为日常行为标准。

第二，“怪人与我同类”精神。在儒家看来，只要是社会化的人，一个正常的人，经过一定的人生磨炼和修行，都可以成为一个人格高尚的圣人，即“人皆可以为‘尧舜’”。

第三，“礼”，是对人和事物的尊重和敬畏，反映了一种社会秩序和行为。[②]“仁”和“礼”是儒家也是各家学派对人格理想的主要体现。在《现代汉语词典》中，“人格”具有三个方面的意思：①人格是人的性格、气质、能力等特征的总和；②人格是个人的道德品质；③人格是人的能作为权利、义务的主体的资格。[③]

有学者提出，现代人格必须是把个人、集体和国家紧密结合在一起的，即具有集体

---

① 夏基松. 现代西方哲学教程[M]. 上海：上海人民出版社，1985：83.

② 郝翠英，张建华. 人格论纲——兼论当代大学生的人格塑造[J]. 齐鲁学刊，1999（2）.

③ 中国社会科学院语言研究所词典编辑室. 现代汉语词典[M]. 北京：商务印书馆，2002：1062。

主义、大局主义、爱国主义的现代意识；现代人格应该首先包含传统人格中的优良品质，如诚实守信、乐于助人、济贫扶困、勤劳勇敢、吃苦耐劳和坚忍不拔等品质；现代意义的人格要求人的眼光既要了解历史又要关注当下，更要把握未来;对于新事物的接纳态度，以及开拓进取、勇于创新，对社会和时代变迁有充分的思想准备，在突发事件或意外事故面前能沉稳、冷静；心理上不依附或依赖他人，不依从于任何权威，不将自己的命运、权利随意转移给他人，坚定自己的思想和立场，在处理任何事情上有足够的自信心和自主观念，有独立的人格尊严，敢于承担责任，承认错误；有高度的民主意识和清晰的法制观念；节约时间、讲究效率，不会无偿占有任何他人的劳动成果；远大的理想和抱负，脚踏实地的工作作风，虚怀若谷的胸襟和乐观主义态度。

21 世纪的大学课堂教学，其最终的理论诉求就在于塑造人的健全人格，避免因重大人格缺陷而造成的生存危机。在“技术理性”文明中，人格的沦落和缺失已陷入十分困难的窘境之中，让我们深刻地感受到物质文明越是进步，人格障碍和扭曲就越来越明显，似乎文明的代价就应该是人格的付出，人变得越来越自私、越来越势利、越来越功利，人与人之间的关系冷漠和紧张化，进而导致人与自然、人与人以及人与社会的不和谐发展，由此导致人类在生存过程中的困惑与曲折。大学课堂教学应该以个体的“人格塑造”“人格养成”以及“人格完善”为目的，进行不断反思和重新建构。在日趋紧张和淡漠的生存危机面前，如果人们在生活中不善于认识自己的人格特质，不善于自觉反思自己的人格遭遇和提升自己的人格境界，那么人类的生存危机将会越来越严重，并有可能酿成人类自取灭亡的惨剧。大学,作为培养人才的最高学府理应明白并对此承担重要的历史责任，以避免上述灾难性的状况出现。

3.4 大学课堂教学的价值

教学，作为一种培养人、成就人的社会活动，它是一种价值实现的过程，教学活动的最终价值是体现人的价值，教学过程是围绕个体的价值生成与实现而展开的。关注大学课堂教学过程中教师和学生的意义及其价值实现，就应当回到教学的本真状态，即回归教学的原点，回归人的生命本真状态。何谓“教学价值”？教学价值就是教学作为一种存在，其属性对社会主体和个人主体的需要满足的效用或者作用，它是教学与主体之间关系的范畴。教学作为教育活动中的一种重要现象，其本身就有一定的特殊属性，教学的属性如果满足主体的需要，那么教学价值就会因此而产生，假如教学属性及过程不能满足主体需要，教学也失去了其应有的价值。主体可以分为社会主体和个人主体，假如主体没有需要，那么教学即使有丰富的属性，那仅仅是教学属性，一种客观存在，对于主体没有任何价值可言。教学如果满足社会主体的需要，那么教学价值就体现在社会价值方面，如果满足个人主体的需要，那么教学价值就反映在个人价值方面。实质上，它们之间是相互联系、统一的，并不存在仅仅作为教学的社会价值或教学的个人价值，也就是说，教学价值是社会主体价值和个人主体价值的统一。

教学是一种人为的和为人的社会实践活动，正是这种人为性决定了教学是一种价值负载的活动，因此教学是事实存在与价值存在的统一，而不是与价值无涉的纯粹事实。关于“价值”，马克思和恩格斯早已从哲学层面作过界定：价值是个普遍的概念，产生于人们对待满足他们需要的外界物的关系中，是被人们所利用的并表现出对人的需要关系的物的属性，价值意味着物为人而存在，价值不是一个实体范畴，而是反映主体人与客体物之间关系的范畴，是客体物的属性与主体人的需要之间的一种特定关系。有学者将教学价值分为基本价值和最高价值两类，其中基本价值主要是指学生掌握知识、获得技能、发展能力、形成良好的品格、掌握科学合理的方法，而最高价值就是培养学生的创造力。大学是人才的养成之所，而非静态知识传达之地，所谓“养成”之源即表现为个体的气质锻造、个性感化、情感渗透，性情陶冶等。北京大学的许智宏教授指出，大学的另一个重大问题是如何教学，如何体现教学的价值。一些学者认为，通过互联网用文字和其他方式进行交流和交换的知识只是我们需要的知识的一小部分；其余的部分，甚至更重要的部分则必须以非文字和非概念的形式，必须通过人与人之间的直接接触才能转化，并由此强调了大学课堂教学的重要性。因此在人们提倡利用互联网的各种优势的同时，必须冷静地看到其局限性，并研究解决的方法。

任何大学都应该有其存在的价值，也就是说，作为一所大学应该做什么，能为社会和人类提供什么？这就牵涉到大学理念的问题。大学理念是指人们对大学的理性认识、理性追求及其形成的观念体系。作为大学的灵魂，大学理念总是伴随着时代的发展、社会的变迁而不断发生变革的。不同的人对大学理念又持有不同的观点。无论大学是一个教学机构，还是一个提供博雅教育、培养绅士的场所，德国的学者洪堡认为，大学应该重在“发展”知识而非“传授”学问，教师的首要任务是自由地从事“创造性的学问”；美国教育家布鲁贝克提出，高等教育是一个研究高深学问的机构，或是一个社会服务站；这些观点都体现了大学的价值。香港中文大学副校长金耀基在其著作《大学之理念》中提出：真正的大学必须具有三个组成部分，一是学术性之教学，二是科学与学术性之研究，三是创造性之文化生活。[①] 大学理念的发展实质上也就是大学职能演变的过程。今天的大学必须承担起教学、科研、社会服务这三大职能。从大学职能以及大学发展角度来讲，科学研究即学术研究始终是推动大学和社会前进的重要动力。当然，这并不是不把教学看作大学的重要职能，只是认为，大学应持学术研究的核心理念，进行科学研究才是大学生命的根基。同时，大学只有通过学术性教学才能为社会提供高级人才，更进一步推动社会向前发展。教学是大学的最核心工作，而课堂教学又是教学的重要组织形式。

大学课堂教学活动不是单一的活动，而是一种复杂性的存在，既是文化存在、精神存在，又是社会存在，它是人的物质活动和精神活动的统一存在，其本身具有“不确定性”的教学属性。这些属性可以给社会带来政治价值、经济价值、文化价值等，也可以给个人带来

① 金耀基. 大学之理念[M]. 北京：生活·读书·新知三联书店，2001：5.

知识价值、方法价值、文化价值、科学价值、审美价值、品格价值、心理价值和精神价值等。教学属性是多元化的，不同的历史时期、不同的时代、不同的国家和民族，其教学属性都会随之发生变化。正因为教学属性的客观多元化，才不断地满足价值主体的需要。本书认为，大学教学活动的价值主要体现于学会创造、学会关心以及走向幸福等。

3.4.1 学会创造

大学课堂教学究竟应该让学生学会什么，如何才能体现其教学价值，才真正无愧于社会各界的关怀、支持和参与呢？众多的教育学专家指出，应该体现三个学会：学会做人、学会学习、学会创造。学会做人无疑是最基础最基本的，而且学会做人和学会学习，又是各级各类教育共同的基本使命，大学教育阶段最本质的要求是学会创造，这是知识经济时代最突出的特点，也是高级专门人才最重要的品质。信息时代的核心竞争力就是人才，人才的核心竞争力就是创造，因此，“学会创造”不但是未来社会发展的需要，而且是21世纪经济和科技竞争的需要。大学课堂教学不应该只是教给学生知识，更应该侧重培养学生的能力，包括实践能力和终身学习能力，而在这两种能力的培养中都必须融入创造性元素，大学生只有具有创造能力，才可能在激烈的竞争中站住脚，社会才能不断发展和进步。“学会创造”要求学生在掌握基本知识的基础上，注重动脑动手能力的培养，锻炼科学思维，培养创新能力和批判能力。

1. 创新能力

创造是人类所特有的属性，是与人类同时诞生的，人类社会的创建及其发展足以证明人类的历史就是一部辉煌且色彩斑斓的创造史。法国当代著名思想家埃德加·莫兰强调在人类个体和群体中出现了非凡的新形态，人是有意识的主体，人类是具有意识、思维、语言和文化的，能够进行选择、制定政策、作出决定、进行创造。大学课堂要培养学生的创造能力，应该注重学生思维多样性的培养、保护学生的想象力并在教学活动中激发学生的灵感等。

（1）思维多样性。

鼓励思维多样性是从不同角度与途径去猜想或设想，探求多种答案，力图使问题得到最终解决。细菌学家弗莱明提炼出青霉素就是使用发散思维的方法，贝尔发明了电话，可他只是把莱斯制作的传声装置里面的一个小螺丝往里拧了半圈，并把莱斯所用的交流电改为直流电；发散思维是进行创造的基本技能，如果没有发散思维，头脑可能就会受到禁锢，就会拘泥一处，墨守成规，特别是教师的教学方法。美国学者帕尼斯提出的创造性问题解决教学模式大量使用了发散思维，以便培养思维的多样性。

（2）保护想象力。

物理学家爱因斯坦说过：想象力比知识更为重要，因为知识是有限的，而想象力却是无穷尽的，它概括着世界上的一切，推动着进步，并且是知识进化的源泉。有想象力的人是幸福快乐的，毁灭一个人最有效的办法即遏制并抹杀他的想象力，想象力的破碎远比躯体的残缺毁灭更让人心灰意冷。特别是学生的梦想，那个梦想远比教师想象的要远、要大、要广。保护学生想象力即教师在教学活动中不改变不给予，只是静静地站在旁边，默默地看着学生，让他们在那条自己追寻的路上一路磕磕绊绊地探索，只是在必要的时候叮嘱他们几句。创造性强的人也是想象能力比较强的人。在现实的基础上进行必要的想象，然后再回到实践中来，是创造性思维在解决问题时的基本逻辑规律。教师在引导学生解决疑难问题时，应有接纳学生错误的度量，给学生充分的时间思考，特别是欢迎学生提出不切实际的种种设想。美国人在讨论怎样清除高空电线上积雪问题时，与会者提出150多条建议，其中大多数是用现代化技术来解决，而这些方法用起来都比较复杂。此时有人提出：准备一架直升机，穿上皮衣裤坐在机舱门口用长柄扫帚沿线路清扫。而恰恰也就是这条不切实际的设想，引发了后来用直升飞机作为运载工具清除积雪的办法。由此可见想象力的重要性。

（3）激发灵感。

阿基米德在浴缸里想出了求不规则物体体积的方法，并进而发现了浮力定律；凯库勒在朦胧睡梦中悟到了苯环结构；汉密尔顿在与妻子散步时捕捉到对代数学具有重要意义的四元数方程；德利尔趁着浓烈的酒意谱写了法国国歌《马赛曲》。这些都是源自于灵感的发明创造。在教学活动中，教师要运用多元化手段激发学生的灵感，才能有助于其创造力的养成。

2. 质疑能力

袁振国教授在其《反思科学教育》中曾精辟地指出，中国衡量教育成功的标准是解答学生的问题和困惑，将有问题的学生教得没问题，"全都懂了"，而美国衡量教育成功的标准是激发学生的问题和困惑，是将没有问题的学生教育得有问题——中美教育的差异可见一斑。怀疑精神、批判精神和质疑精神的薄弱使得学生的创造力大大削弱。马克思主义是科学，原因之一是它充分体现了批判精神，同时，它又最能容纳怀疑、批判和质疑精神；马克思主义是人类历史上的伟大创造，同时它又最能激发和鼓励创造。一个最优的创造环境，是怀疑与肯定的统一，是批判与继承的统一，失去怀疑，失去批判，也就没有了这种统一，更谈不上创造了。批判的本性在于对过去或现存的道德理念、价值观念、行为习惯和生活方式等进行理性的反思和质疑，凸显的是一种超越阶级意识、阐释终极意义、关怀社会大众的丰厚内涵，具有强烈的理想主义情怀。批判本性的核心要素是追求理想和诉诸理性。创造是勇敢者的思想和行为，创造必须打破常规，标新立异，它需要足够的勇气，而大学课堂教学更习惯于按部就班，习惯于平淡和平庸，所以也不愿意给大学生怀疑与批判留下太多空间。

质疑能力是优秀人才尤其是创造型人才不可缺少的素养。所谓质疑能力，包含4方面的内容：一是"有问"。给予学生时间、空间和机会去阅读、讨论、思考、提问。二是"敢问"。敢于怀疑所谓的传统权威，包括教师和书本知识，敢于向它们挑战。三是"会问"。在学习中善于发现问题、找出困惑并提出问题。四是"乐问"。以找问题提问题为乐趣，在问题中寻找乐趣，乐于发现和提出问题。许多科学家的重大发现、发明和创造，都离不开他们的质疑能力。在教学过程中，教师要在以下几方面注意培养学生的质疑能力。

（1）教师鼓励学生发散思维。

在教学中，教师要尽量引导学生用发散的眼光，立体地、多角度地、多方位地审视学习材料，引导学生尽量发挥自己的想象，表达自己的独特见解，激发学生谈看法、说见解，对学生的探索、朦胧的创新意识要热情鼓励，要善于发现学生思维的闪光点，与学生交流思想、讨论问题，鼓励学生争辩、反驳、反问、更正、补充教师的意见，允许他们发表意见，即便是一些稀奇古怪的问题和想法，也绝不嘲讽否定、“一棍子打死”，应该珍惜学生的“任何问题”，欢迎学生对老师的课挑刺、提意见、说困惑，肯定正确的意见，修正偏颇的意见，满腔热情地肯定学生的创造精神。

（2）教师引导学生学会质疑。

爱因斯坦说：提出一个问题往往比解决一个问题更重要。因为解决一个问题也许仅仅是一个数学上或实验上的技能而已，而提出新的问题、新的可能性，从新的角度去看旧的问题，却需要创造性的想象力，而且标志着科学的真正进步。因此，培养学生的质疑能力，可大大提高学生的创新素质。古人云：学贵知疑，小疑则小进，大疑则大进。问题的提出总是以一个人的知识作为前提，产生于学生已知知识与未知知识之间出现差异或矛盾的基础之上。学生质疑的胆量不仅来自教师的直接鼓励，更来自于自身扎实的基础知识，因此教师要夯实学生的基础知识，为学生质疑鼓足底气，对学生打破沙锅问到底的勇气进行大力嘉奖。爱思考、爱质疑是创造性思维的实质特征，多思出智慧，深思能创新，教师要在教学中促进学生多想、多思，激发学生智慧的火花，培养学生质疑的能力，提高学生的创新素质。

问题意识其实是不需要培养的，可以说它是人的天性，我们的教育尤其是大学教育只不过是保护和发展这种天性。在大学课堂教学活动中既要采用“教师—学生”“学生—教师”这种纵向提问的形式，也要多采用“学生—学生”横向提问的形式，鼓励学生个体之间和学生群体之间相互质问、讨论、辩论，从而造成一种既有独立思考，又有相互探讨；既有自主学习，又有相互合作的良好氛围。

3.4.2 学会关心

德国哲学家马丁·海德格尔（Martin Heidegger）将关心界定为人类的一种存在形式，他认为，关心既是人对其他生命所表现的同情态度，也是人在做任何事情时严肃的考虑。关心是人内心最深刻的一种渴求，它既表现为一瞬间的怜悯，也表现为人类所有的担心、忧患和苦难，它是生命中最真实的存在。教育，尤其是大学教育，应该围绕着关心来组织计划教学：关心自己、关心身边最亲近的人、关心与自己有关以及无关的人或事。美国学者内尔·诺丁斯在《学会关心——教育的另一种模式》中写道：“人们对关心的需要深刻而迫切。在医院，病人们感受不到关心；在社会福利机构，顾客们感受不到关心；在养老院，老人们感受不到关心；在学校，少男少女们感受不到关心。人们渴望多一点关心，呼唤一种充满关心的新型人际关系。”[①]中国著名学者班华教授就曾经说过:“学会关心”教育的核心思想是对人的关心，尤其是对人的精神生活、精神发展的关心，强调教师要对学生进行人文关怀、精神关怀，追求以精神关怀培育关怀精神、以爱心培育爱心。笔者认为，大学课堂教学的价值要体现学会关心，应该教育大学生会尊重、会理解和会爱。

1. 会尊重

当代美国著名的心理学家马斯洛把尊重视为是人的重要需要。他在“需要层次论”中，就深刻阐释了人的5种需要，即生理的需要、安全的需要、归属和爱的需要、尊重的需要和自我实现的需要。基于此，马斯洛把人获得尊重的需要放到了很高的位置，仅次于自我实现的需要。尊重是人的需要和本性追求，是人际关系融洽的基础，也是人与人、人与社会、人与自然之间平等相处的基本准则。只要是正常的社会人，都想时时刻刻获得来自他人的尊重。

在中国教育史上，孔子在教学过程中十分尊重学生资质、性格、才能和志趣等方面的差异，提出因材施教，对不同的学生进行不同形式、不同内容和不同方式的教育。孔子的学生有三千人，贤人七十二，同样学习诗书礼乐，文行忠信，但每个人学习的程度不同，能力各异，有的“千乘之国，可使治其赋”，有的“千室之邑，百乘之家，可使位之宰也，不知其仁也”，有的“束带立于朝，可与宾客言”。[②]孟子尊重不同的学生的个性差异和性格特征，针对不同的情况采取不同的教学方法。他说：“君子之所以教者五，有如时雨化之者、有成德者、有达财者、有答问者、有私淑艾者，此五者，君子之所以教也。”[③]在西方，古希腊学者苏格拉底（Socrates）的“产婆术”，开启了西方尊重学生的教育先河。他用讨论问题的方式和学生进行交流，不是直接把结论教给人家，而是十分尊重他人对问题的看法，以问题的方式进行探讨，学生在和苏格拉底对话的过程中，进行积极的独立思考，来获取问题的结论。古罗马学者昆体良(Mareus Fabius Qulniilianus)在教学中注重尊重学生，他主张教师要善于观察学生的个性特征，要根据学生的天赋来组织教学，以培养优秀的“雄辩家”。他曾强调，教学要能注重并培植各人的天赋特长，要顺着学生的自然倾向最有效地发挥他的能力。

由此可以看出，赋予学生尊重是成功大学课堂教学的基石，德国哲学家莱布尼茨有句影响深远的名言：“世界上没有两片完全相同的树叶。”树叶是这样，作为万物之灵的“人”，更是如此。在大学课堂教学中要注意以下几方面。

首先，教师应该做到尊重大学生的个性，要鼓励学生在教学活动中生动活泼地表达自我，主动发展自我、尊重学生的兴趣、爱好、个性和人格，以平等、友善、宽容的心引导学生。

其次，教师要尊重大学生的思想。大学生已经是成年人，他们的心智、人生观、世

---

① 诺丁斯. 学会关心——教育的另一种模式[M].北京：教育科学出版社，2003：1.

② 《论语·公冶长》。

③ 《孟子·尽心上》。

界观相对较为成熟和稳定，他们对事物已经有了自己的思想、看法、观点或见解。因为每个学生的学习体验和教育环境不同，所以显示出不同的思维水平、特征和方式。学生的思想都是以自己已有的图式结构为基础，对教育过程中的事物和现象的看法，都带有个人气质和成长烙印。

最后，教师要尊重大学生的个体差异。教师要保护大学生的自尊心，进行差异性教学，而不是“一刀切”，更不是统一标准。体验成功的教学，要求教师善于观察学生，要拿学生的“闪光点”和优点说话，并给予“闪光点”赞同，让学生时时刻刻都感受成功并享受成功的喜悦。

学生获得了尊重，他就会以强大的动力、十足的自信心和积极的情感反馈到学习过程中去，并在生活中学会尊重老师、同学及接触的每一个人。学会尊重一定是一个求善的、美好的、健康的、本真的教育；丧失尊重的教育，则一定是一个价值观的诉求丑陋的、异化的和病态的教育。学会尊重是一个开启真、善和美相统一的新的教育境界，高扬了以人为本的价值理性；蕴含着人文关怀教育的时代走向。[①]

2. 会理解

德国哲学家狄尔泰认为，理解就是使客观存在的文本意义结构得以自然展现的过程，是理解者在心理上重新体验他人心理的过程，是从作为历史内容的文献、作品、行为、记载出发，通过直接感受或移情，在想象中处于他人的地位和情境，进入他人的个性，把握他人的意图、情感和观念，从而更好地理解他人的原意。理解作为人的存在方式和特征，无疑是对理性人的认识，对理解的超越，是对“理解”的理解，它超越人与万事万物乃至自己的“主体—客体”的生存模式,使得人的“理解”建基于“主体—主体”或者“我与你”的存在模式之中。大学课堂教学要教学生会理解主要体现在以下几个方面。

（1）宽容。

何谓“宽容”？《大不列颠百科全书》将宽容界定为，容许他人的行动和判断的自由，对不同于自己或传统观点的见解耐心公正的容忍。《布莱克维尔政治学百科全书》则将宽容界定为，宽容是指一个人虽然具有必要的知识、能力和权力，但是也不干涉、妨碍，更不会阻止自己不赞成的行为。宽容是个人、机构和社会的共同属性。宽容是当自己与他人的某些观点、思想和行为不一致甚至产生矛盾和冲突时，所表现出对他人的容忍、接纳和尊重，它是人与人之间相处的重要原则，是展示人文精神和社会文明的重要体现。在教学活动中，师生之间的宽容能让教师教得更轻松，学生学得更放松。

（2）信任。

德国学者卢曼（N. Lulnan）认为：“在任何情况下，信任都是一种社会关系，社会关系本身从属于特殊的规则系统。信任在互动框架中产生，互动既受心理影响，也受社会影响，而且不可能排他地与单方面联系。”[②] 信任是人与人最基本的关系，在各种社会活动中，人

① 柳海民. 尊重的教育：21世纪基础教育的基本理念[J]. 社会科学战线，2005（2）.

② 卢曼. 信任：一个社会复杂性的简化机制[M]. 瞿铁鹏，译. 上海：上海人民出版社，2005：6.

与人之间相互给予信任，期望将来能达到某人所需要和所向往的境地。信任，给人以信心和力量，充分体现尊重的思想。在教学中，教师赋予大学生以信任，是学生生命本性的需求，因为任何一个学生都希望得到教师的信任。教师信任学生意味着教师尊重、宽容学生。在信任的氛围中成长的学生也具有信任的品质，而这一品质是学生一生的宝贵财富，对于大学生今后的生活和工作都是一种积淀。

3. 会爱

孔子关于“仁”的思想，即从人性中寻找仁爱的根源。孟子认为：“爱人者，人恒爱之；敬人者，人恒敬之。”① “老吾老以及人之老，幼吾幼以及人之幼。”② 弗洛姆认为：“在最一般的意义上，爱主要是给予，而不是接受。”③ 笔者认为，爱并不只是日常生活中人们所理解的一般生理上的性爱或者动物式的爱，它更多的是指人类所特有高级形式的爱，不仅包括爱自己的身体和心理，还包括爱亲人、爱朋友、爱陌生人、爱社会、爱自然乃至爱宇宙万物等；爱不仅体现在人的思想中、观念上，更体现在人类的日常行为中，如果爱只体现在思维意识和观念状态中，那么这就不能称为爱，爱应该是一种善的行为，一种对自己和他人及社会负责任的行为，在这种种行为中当事人都可以体验到幸福、快乐和甜美。教学活动应该是一种充盈着爱的活动，没有爱就不会有真正的教育，学生在爱的教学氛围中成长，也能将这种爱回报社会。

3.4.3 学会幸福

幸福是一个亘古而崭新的话题，是个体生活和人类群体生活的永恒目标，也是个体人生的永恒主题。教育作为培养人的事业，其最高宗旨是追寻人的幸福。古希腊学者亚里士多德（Aristotle）认为，幸福是满足需要的终生实践。“一只燕子或一个好天气造不成春天，一天的或短时间的善也不能使一个人享得福祉。”④ 费尔巴哈（L. A. Feuerbach）曾说：“一切有生命和爱的生物、一切生存着的和希望生存的生物之最基本的和最原始的活动就是对幸福的追求。人也同其他一切有感觉的生物一样，他所进行的任何一种意志活动，他的任何一种追求也都是对幸福的追求。”⑤ 又说：“生活和幸福原来就是一个东西。”⑥ 心理学研究者开启了心理发展意义上的幸福感研究，他们认为，幸福不仅意味着因为物质条件的满足而获得了快乐，更包含了通过充分发挥自身潜能而达到一种完美体验。幸福感更多地表现为一种价值感，它从深层次上体现了人们对人生的目的与人生的意义的追问。笔者认为，大学课堂教学的终极目标是导向幸福，是师生共同享受着快乐的生活体验和实现着自我价值。

① 《孟子·离娄下》。
② 《孟子·梁惠王上》。
③ 弗洛姆. 爱的艺术[M]. 北京：商务印书馆，1987：18.
④ 亚里士多德. 尼各马可伦理学[M]. 序申白，译. 北京：商务印书馆，2003：20.
⑤ 唐凯麟. 西方伦理学名著提要[M]. 南昌：江西人民出版社，2000：292.
⑥ 费尔巴哈. 费尔巴哈哲学著作选[M]. 北京：商务印书馆，1984：543.

1. 快乐的生活体验

"快乐是人对于某种需要满足、欲望实现、目的达成的心理体验，因而也就是对于得到某种利益的心理体验。"[①] 伊壁鸠鲁认为幸福即快乐体验,他说:"幸福是一种快乐的体验。"[②] "快乐是幸福生活的开始和目的……我们的一切取舍都从快乐出发；我们的最终目的乃是得到快乐。"[③] 德国哲学家莱布尼茨（G. W. Leibniz）也说："幸福是一种持续的快乐。"他曾指出："幸福就其最广范围而言，就是我们所能有的最大快乐。"[④]

大学课堂上的快乐体验是指让学生在学习的过程中，积极参与到课堂教学环节所创设的各种情境中，投身于各种活动中，创设快乐体验形成的情境的途径是多种多样的，如角色扮演、课堂演讲、相互辩论、现场讨论、文艺表演、问题探讨等方式，通过学生发现问题、提出问题、分析问题、讨论问题，创造性地运用书本知识解决现实生活问题，将抽象的理论知识转化为具体丰富的快乐体验。通过自身实践和亲身感受获得积极而快乐的情感体验，从而使学习不再枯燥、不再迫于异己的力量去学习，而是积极主动地学，使自己真正成为学习的主人。大学课堂要求教师给学生机会去自主感受、积极理解、不断体验，引导学生构想并创建可能的生活理想，与人交往、互动，从而逐步创造可能的理想生活，要使学生从这样的特殊生活中获得更多与现实生活相关联的体验，在大学课堂教学过程中，由于大学生的个体性、自主性、独立性明显增强，必须注重让学生全员参与，全程参与，注重亲身经历，经过感受、理解、体验等步步转化阶段，才最终形成快乐的体验、成功的体验和愉悦的体验，使教师和学生都能充分感受教学生活中的真、善、美，提升精神生活，过一种真正意义上的完整生活。

2. 自我价值的实现

人的自我价值是指人的各种活动对自身需要的满足，也就是说客体自我对主体自我的意义关系，它是以主体需要在自身活动中得到满足的强度大小为内涵。人的自我价值的实现关乎一个人在社会中的生存发展的意义。在不同的社会现实中，不同的人对自我价值的理解不尽相同，因而也就出现了不同的生活理念、生活习惯和生活方式。

人的自我完善和自我实现过程与人为社会做贡献的过程是同步的，人在改造世界的同时就塑造着自我，在创造社会价值的同时就实现了自我价值。因此，衡量人的能力性自我价值必须以人的社会价值为圭臬。在中国传统文化的影响下，我们历来重视个人对社会的责任和义务，着重"大我"观念的培养，认为"大我"的幸福是"小我"幸福的先决条件，在实际的大学课堂教学活动中，教师实际上是以"传声筒"和"代言人"的角色进入教学过程的。与此同时，大学生则成为"储存器"，社会各界以及大学师生对教

① 孙英. 幸福论[M]. 北京：人民出版社，2004：14.
② 罗素. 西方哲学史（上卷）[M]. 何兆武，译. 北京：商务印书馆，1981：305-319.
③ 周辅成. 西方伦理学名著选辑（上卷）[M]. 北京：商务印书馆，1996：103.
④ 莱布尼茨. 人类理智新论[M]. 陈修斋，译. 北京：商务印书馆，1982：187.

学本质的曲解，使原本充满创造性的教学活动变成了一种简单、被动的知识和信息输出、输入的单向活动，成为教师将自己的知识无私地迁移到学生身上，而大大忽视了教学的复杂性、艺术性和创造性，从而不可避免地导致大学教师和学生的自我价值的缺失。

正是由于主体需要的不断产生，以及主体通过自身活动对需要的不断满足，从而实现了人的自我价值的生成和发展。人的自我价值的实现可以分为三个不同的层次。其一，满足自身物质生活的需要，可称为物质性自我价值。其二，满足自身文化娱乐的需要，可称为精神性自我价值。其三，满足自我完善、自我实现的需要，可称为能力性自我价值，等等。这些内容深刻地表明了人的自我价值的丰富内涵及其在社会历史中所必然产生的复杂性。

第4章 大学课堂教学危机的表征

这是最美好的时代，这是最糟糕的时代；这是智慧的年头，这是愚昧的年代；这是信仰的时期，这是怀疑的时期；这是光明的季节，这是黑暗的季节；这是希望的春天，这是失望的冬天；我们全都在直奔天堂，我们都在直奔相反的方向。

—— 狄更斯 :《双城记》

本书通过对不同年级、不同专业学生的访谈、对教师的访谈、走进课堂听课以及针对学生开展课堂教学情况座谈会等各种形式，以便更加深入地研究大学课堂教学危机的表征。有人评价中国的教育是在“学答”，我们把学生教得没有问题了，这就是教好了；而美国的教育是在“学问”，在开放民主的教学氛围中学生总有解不完的困惑和问不完的问题。《中国青年报》等多家单位曾组织的一项社会调查显示，有 34.7% 的受访者在谈到自己的大学生活时都觉得“后悔”，无论是想学习的还是想找工作的，对大学的满意度都严重下降，这一问题折射出公众对大学教学质量的质疑和对大学教学功利化倾向的焦虑。正如数学大师丘成桐所言，中国大学生缺乏对知识学习的最基本的热忱，只要自己的学习足够为自己谋得一份像样的工作或薪水，他们就会停下来，不再继续学习，谋得工作或薪水远重于人的情感体验、兴趣天赋。

哈佛大学的一句名言是：The only real object of education is to have a man in the condition of continually asking questions（教育的目标就是使学生始终处于问题之中）。 而我们的学

冯建军. 教育：为了生命的事业[J]. 教师之友，2004（5）：47-53.

生的"问题意识"、质疑精神又是如何呢？有被访谈者A[①]在论及大学课堂教学危机时说："我们学校在省内是有一定名气的，招生的分数线也是比较高的，这就确保了学校的生源质量。既然学生没有问题，那么问题出在哪儿？出在学校的教学上。但是我们可以发现，有的老师上课，学生是'组队'开溜；而有的老师上课，教室里人头攒动。从这里我们可以看出，问题的关键还是老师的水平。就我的个人经历，有的老师水平确实不敢恭维，教学方式落后，思维僵化，上起课来完全是照书上念，而且'音质'还特别差，造成台下有的同学根本不知道老师在讲些什么。既然我不上课学不到东西，上课还是学不到东西，那我干吗要来浪费这个时间？"当问及是否对大学课堂教学满意时，学生B[②]说："对当前的大学课堂教学不满意。现在的大学课堂上，很多时候老师只是照本宣科，我认为，上这种课纯粹就是浪费时间，糟践青春。照本宣科大家都会，既然你讲的东西我都会，我又何必要来浪费这个时间？我认为，大学老师在上课的时候，书本上的知识大部分只需带过，一些重点、难点应该与同学们多探讨，引导他们自己找到答案，而不是简单地告诉他们为什么是这样。大学每一门学科的课程本来就不多，书本上的知识讲不了多少，老师教会学生的应该是一种学习和思考的方式，就像授人以鱼不如授人以渔。"

我们的教育称为"答案教育"，从一开始受教育起，教师都在传授答案，学生在默默地接受答案，笔者从教师的教学精神、学生的学习状态和师生关系等方面来探讨大学课堂教学危机的表征和实质（见图4–1）。

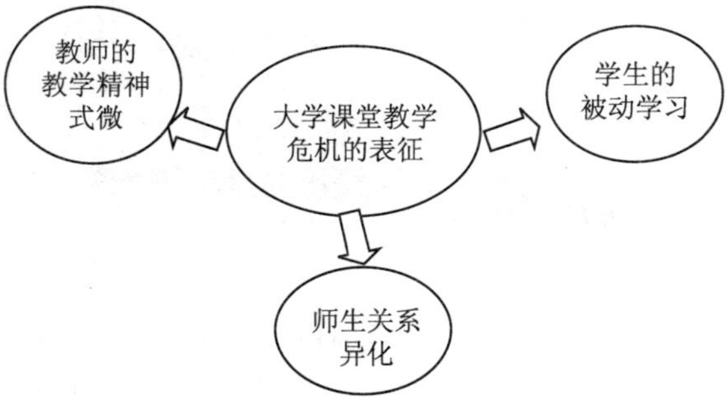

图4–1　大学课堂教学危机的表征

4.1　教学的精神式微

教师的教学精神是指教师从业者在开展教学活动中所表现出来的专业性向、态度、情感、价值观、信念与能力等方面高度融合状态，是教师从业者在施教过程中所特有的品质和境界，是教师在实现教育理想、追求教育幸福过程中表现出来的风范与活力，是教师内在素养在教育教学活动中合理有效外化的表现，是一种奋发向上、积极进取、定业信业、勤业乐业、爱业敬业的精神，是教师提升专业教学能力、改善专业形象与地位，

① 被访谈者A为某师范大学二年级学生，男生，工科。

② 学生B为某综合性大学三年级学生，女生，理科。

提高课堂教学效果和质量的内在力量。有被访谈者指出："关于大学课堂危机，我认为有两点原因，第一是现在大学的老师对教育的态度不对。现在的大学老师对教育的问题就是上完课就离开的态度，没有与同学互相交流以至于同学对学习失去了兴趣。第二是现在的大学生对自我的教育认识不够，大学生都认为大学就是放松的地方，是玩的地方，所以现在的大学生对旷课、迟到是抱着无所谓的态度。"一位在杏坛上工作三十多年的老教授C[①]在接受访谈时说："大学课堂教学危机主要表现在：课程本身缺乏吸引力，学生能从中汲取的东西有限；师生交流互动少；学习纪律松散，学生对教师没有足够的尊重；教师的教学目标和学生的学习需要、学习兴趣脱节。从上到下对'学习'的解读太过狭隘，将学习体验与收获和考试结合紧密，导致学生功利心强，浮躁等。其中最大的危机在于形式主义。一直在尝试改变，在做各种调研、总结工作，但总是没有看到真正的改变。"

中国有13亿人口，人口世界第一，大学生人数世界第一，然而，极不相称的是，从1901年诺贝尔奖第一次出现到2013年，美国历史上所获得的诺贝尔奖人数为347位，诺贝尔奖已经先后颁发给了来自72个不同国家的获奖者。这之中，超过一半的人都来自美国、英国以及德国三个国家，而中国只有一位本土作家获得诺贝尔文学奖。从思想文化来看，中国传统的儒家文化机制既不利于培养标新立异的科技人才，也不利于科学知识的积淀和学术传统的传承。在几千年的儒家文化的熏陶下，已逐步形成了强调形象思维、逻辑思维，忽视直觉思维，强调思维集中性，忽视思维发散性，强调思维连续性，忽视思维跳跃性，强调思维单一性，忽视思维复杂性等传统思维特征。更重要的原因是，中国的传统教育不利于创造性人才的培养，并严重影响甚至阻碍了科技的创造和发明。美国之所以能够拿到大部分的诺贝尔奖，一个重要的因素就是美国教育鼓励创新精神和向各种权威质疑，向各种假设提出挑战，鼓励以不同于常人的思维方式去探究问题，反对死记硬背的机械式的学习方式。而中国传统教育太注重教材和文本的作用，忽视学生独立思考能力的培养，不注重训练学生的动手能力。鉴于此，似乎可以将零诺贝尔奖的课堂教学归因为：轻视科学素养的规训、轻视思维启发、轻视质疑能力的培养、轻视独立思考、轻视动手实践等，尤为突出的是，传统教育在培养学生时存在着"严师出高徒"和"安分守己"的误区，整个教育教学的重心都向知识技能和应试能力倾斜，呈现出注入式、灌输式、教条式、理性泛化式、单向纵深式、苛严管束式等几个明显特征，控制学生的独立性，压制学生的思维批判性与自发性，压抑学生的主动性与创造激情，这样严重阻碍了学生创造才能的发展。从大学的实际教学情况看，我们大多数教师都能在育人岗位上兢兢业业，并具备良好的职业道德和专业精神。但是近年来，面对市场经济、网络经济的形形色色的诱惑，以及社会转型时期价值多元化和功利取向的明显增强，使得一些教师把专业工作当作一种谋生的手段，消极懈怠，对教育和教学应付差事，例行公事，缺乏专业教学精神，这不仅严重影响了教育教学质量，也严重地影响了教师形象。教学精神式微主要表现在以下几个方面。

① 老教授C为某师范大学教授，男性，58岁，文科。

4.1.1 教学理想的缺失

理想，源自于对现实的一种不解、一种批判，一种憧憬、追求和向往，正因为对现实的不满意才使我们产生对理想的追求。作为一名教师，现实与理想的冲突并不可怕，可怕的是理想对现实的屈从或附庸，从而导致了理想的丧失。倘若我们的大学教师仅仅为了“饭碗”，放弃了应有的教学理想，蜕变为现实世界的“应声虫”，最终成为积弊深厚的传统教学的保守力量，那么教师本身就成为现实教学改革的障碍。教师的教学精神在很大程度上来源于教师的职业理想。职业理想是引导人朝着既定目标不断追求的力量源泉和动力，有职业理想的支撑，人就可能有追求，锲而不舍，获得成功。目前，中国正处于社会转型期，在这个转型期的过程中，教师的教育观、道德观念、教学理念、学生观、价值观、人生观及思维方式等都相应发生变化，教师的教学理想是不可或缺的，如何追求并逐步实现教学理想，是多数教师所困惑的问题。仅有教学理想又是不够的，教师还必须增强对教学理想的认识，加深对教学理想的理解，寻求实现教学理想的知识和手段。众所周知，教学理想是基于教学现实而又超越教学现实的，因此，教师应该努力寻求教学理想与现实之间的一切可能联系，构建起教学理想和现实之间的桥梁，不能一味地要求教学现实客观条件和环境的改善，而是要为自己注入完善、改造和改革教学现实、实现教学理想的现实力量——教学精神。

亚里士多德曾经提出“求知是所有人的本性”。人既有追求理想和力量的本性，也具备追求知识的本性。人在追求知识的基础上追求理想、追求力量乃至追求精神。教师放弃了对教学知识的追求，教师的教学理想就失去了实现的力量和支撑，或许只能成为不能实现的空想、幻想，追求教学知识也包括钻研教学业务，探寻教学方法，运用教学技能，等等。

4.1.2 教学伦理的迷茫

美国的《教育专业伦理典章》中开宗明义地提出，因为相信每个人享有其价值和尊严，所以教师的第一天职即为求索真理，达至卓越，孕育民主。要达成这些目标，核心是让每个人都享有平等的受教育权。为人师者的责任就是以最高的标准恪守这些伦理原则。教师工作就是要激发他们的质疑精神，提高其理解和获取知识的能力，精心设计出有价值的目标。对于学生，教师的义务是：不应毫无理由地限制学生的独立学习和探索；不能毫无理由地阻止学生获得不同的观点；不能蓄意歪曲或压制学科知识，影响学生的进步；保护学生的学习、健康和安全，免受不利因素的影响；不应故意羞辱或贬低学生……[①] 事实上，在部分大学教师身上存在着不同程度的师德失范、教学伦理的沉沦现象，主要体现在：职业理念失范、学术道德失范、教学行为失范。[②]

---

① 斯特赖克. 教学伦理[M]. 洪成文，译. 北京：教育科学出版社，2007：1.

② 沈强，李国华. 高校师德建设中的问题与对策[J]. 现代教育科学，2003：（6）.

1. 职业良心的缺失

有调查显示，20% 的教师认为是为了教育事业而工作，70% 的教师是在凭着良知教书，10% 的教师对工作持无所谓的态度，这是一个令人吃惊的数字，80% 的教师没有把教学工作视为个人毕生追求奋斗的事业，没有全身心地投入。① 教师在教学过程中没有积极启发学生的思维，发展学生的智慧，不注重学生的学习目的，不关心其学习兴趣，不重视开拓学生思路，对学生提出的各种问题，不是热情解答，以便掩饰自己的无知或不足，这给学生思维活动筑起了一座精神围墙，堵截了学生思索问题、探究问题的可能，更湮灭了学生好学的欲望，同时践踏了教师的职业道德的基本精神。大学教师的职业良心的缺失主要表现为功利主义浓厚和责任意识不强等方面。

（1）功利主义浓厚。

大学教师作为人类灵魂的工程师，“以高尚的灵魂锻铸高尚的灵魂”，教师肩负着教书育人、传道授业解惑的重任，把大学生培养成有创新意识、有创新思维、有创新能力的新型人才。然而，部分大学教师并没有把教育教学工作视为传承文化知识、传播科学真理、塑造美好心灵、培养创新人才的综合性的系统性的活动，部分教师以狭隘的功利眼光来看待教学，争名逐利、见利忘义，教学活动不是以学生需要为准则，而是以是否对自己有利为原则；不安心教学工作，在千变万化的市场和五彩缤纷的世界面前，通过种种方式利用自己所学到的知识和一技之长参与“市场竞争”；有的教师利用学校培养而获得的资本，置教学质量和学生成长于不顾，擅自离职离岗，追逐个人私利等②；部分教师不能妥善处理理想和现实、功利和实用之间的关系，他们的人生观、价值观发生了偏差，消退了教学热情、淡漠了教学准则，削弱了教学勇气，淡化了教学精神，减退了教学勇气。

（2）责任意识不强。

大学与社会发展有着相互促进、相互制约的关联，并承担着社会功能和育人功能。育人功能是社会功能的基础，社会功能是育人功能的拓展和延续。然而部分教师过分注重业务发展，特别是在科研工作上，更是投入过多的精力。同时有些教师认为，自己的任务就是“教书”，只注重书本知识的传授和灌输，不注重对学生品格的熏陶、思维的开拓、智慧的启迪，大学教师在课堂之外几乎没有其他时间与学生接触，不愿花力气去研究学生心理，掌握学生差异，不能针对学生进行个别教育；有的教师着装不整，举止粗俗，语言不文明；有的教师上课自由散漫，迟到早退，备课不认真，照本宣科；这些教师没有认识到大学教师最为重要的责任是培养真正的“ 大”学生，即“有思想有担当的人”，而有思想有担当的大学教师才是培养合格大学生的前提。

2. 教学公平的缺失

教学公平是社会公平价值在教育领域的延伸和体现 ，教学公平体现为教学活动中的起点公平 、过程公平和结果公平三种类型。美国的詹姆斯·科尔曼在 1968 年发表的著名的报告《教育机会均等的概念》中提出了教育公平的 4 条标准：进入教育系统的机会均

① 余文森. 基础教育课程改革的四大支柱[M]. 福州：福建教育出版社，2002：145.

② 安身健. 当前高校教师职业道德建设存在的问题与对策[J]. 教育探索，2009（1）：93- 94.

等；参与教育的机会均等；教育结果均等；教育对生活前景机会的影响均等。教学公平是教育公平的一个组成部分，是教学层面上的教育公平的直接体现，目前高等教育的扩张，使课堂教学中的公平性成为无法回避的问题，主要体现在以下几个方面。

（1）师生互动交流不够。

课堂互动是一种特殊的人际互动，是师生之间存在于课堂教学之中的互动，是教师和学生之间发生的各种形式、各种性质、各种程度的相互作用和影响，是教师、学生各自人际互动系统中的一种特殊和主要的形式 。课堂教学的各项任务主要就是通过教师与学生之间的互动完成的 。包括中国在内的各国教育研究都表明：课堂互动通过影响课堂气氛、课堂信息反馈以及学生的参与程度等，进而影响课堂教学效果。由于学生的自主学习和相互讨论以及教师对每名学生的关注度不够，在某种程度上易压抑学生主体性和个性的发展，不仅使每名学生获得的关注度普遍降低，而且容易使得教师对学生的关注不公平。有被访谈者 D ① 在访谈中指出："大学课堂氛围沉闷。总会看到这样一种现象，一个大教室里，前几排的座位总是空着，学生总是倾向于坐靠后远离教师的位子。师生之间的距离较大。这首先与教师的学识、技能与人格有关。有些教师上课形式单一，照本宣科；语言平淡，缺乏激情；缺乏与学生的交流。学生的学习动机也归咎于其中。而且我们中许多学生在课堂上不善追寻'事实'、反思'现状'、质疑'真理'、挑战'权威'，相反，而是承认'事实'、赞美'现状'、接受'真理'、维护'权威'。"

（2）学生的参与机会不均衡。

课堂教学，包括学生向教师提问、教师向学生提问、学生课上发言、师生共同讨论问题等形式。某项研究发现，当参与课堂发言和提问的学生比例达到 20%~25% 时，所有的学生都会积极地思考，为自己发言或被提问做准备。如果教师处在专心致志上课状态时，他的教学控制范围很小，就教室的物理空间而言，如果学生与教师的物理距离太大，势必会相应加大师生间的心理距离。坐在教室后排与两侧的学生，总感觉与教师距离很远，认为教师不可能注意到自己，因而造成学生的自我约束力降低，上课时更容易走神，甚至扰乱课堂秩序。访谈中，有被访谈者 E② 说："解决大学课堂教学危机的关键取决于大学生自己对大学课堂的认识和参与程度。因为无论制度怎样修改，教师怎样引导，大学课堂危机始终需要我们大学生参与解决的，没有大学生自身态度的转变和实际行动，大学课堂的危机就没有办法解决。只有人的主观能动和客观因素同时起作用时，目前的情况才能改善。"

（3）教师期望的不公正。

教师期望（自我实现的预言效应）主要是指教师可能向他们相信具有高成就潜力与低成就潜力的学生传递不同的成绩期望（Perfomance Expectation），即是指教师的期望能够激发学生的潜能，从而使学生取得教师所期望的进步。教师期望一经形成，便直接表现出对不同学生的差别对待，作为教师，理应公平公正地对待不同学生及其表现出来的

① 被访谈者D为某综合性大学三年级学生，文科，男生。

② 被访谈者E为某师范大学四年级学生，理科，女生。

不同的学习方式和学习活动，使所有学生获得提高，但规模过大的班级往往无法实现教师的期望，也就是说，班级规模越大，越容易形成教师期望的“空白区”，造成班级中学生获得教师不公正的期望，从而影响学业成功。

3. 教学情感的缺失

教学情感意指对教学事业的热爱和对受教育者的关爱。所有的教学活动都是以“人”的身心和谐全面发展为旨归的，这里的“人”不是单向度的、生物学意义上、抽象意义的人，而是多向度的、具体现实的、个性丰盈的、人格完整的人。大学生是具备思想、精神、感情和体魄等统一的完整的人，不是无感情的物，不是概念的人，更不是一个器物。面对有血有肉的活生生的生命个体时，要求教师应该敞开博大的胸怀，倾注关爱的情怀，充满爱的情感，投射尊重的目光，在教学活动中用饱满的热情、强烈的生命意识来关注学生。教师在教学过程中往往坚守认知目标而忽视非认知目标，“见书不见人”，只重认知轻情意，重智力养成而轻非智力的培养，多是以知识传授代替思维发展，课堂教学目标就是让学生掌握文本知识和技能训练，不重视培养学生的学习动机、兴趣和态度以及情感。由于教师本身教学情感的沉沦，无法在教学活动中投入真实情感，因此原本具有丰厚内涵的教学变成了单一的认识性任务的完成。

目前，不少教师尚不能正确理解教师的主导性包括知识的主导性和情感的主导性，只认为教学是教师的事，“教师说了算，学生跟着转”，只注重自己的讲解和传授，忽视学生的感受，把学生只当作容器，没有把教学建立在学生的认知和情意基础上，忽视学生学习的主体性，没有让学生参与到学习研究、活动探索的过程中来。忽视学生的个性的差异性，过分强调统一性，忽视学生的思维方式和理解能力以及自尊、兴趣等情感特性，把学生培养成同一标准模式的制成品。这样的教育教学活动最终压抑了学生创造性思维，阻碍了学生主体性的发挥，这也使得教学活动成为一种机械操作，使得教学工作本身丧失了创造性和灵活性，失去了教学本真的意义，因为当教师没有关注学生个体的同时也不可能会关注到自身的生命和情感。原本应该活力四射和情意丰富的大学课堂变成了机械、死板和反复单调的“工厂车间”，师生成了教学机器。学生纯粹地接受知识，学习是知识技能的堆积，过程是重复的机械训练，整个过程缺乏情感体验、激情追求和个性的满足，因而人的原本丰富的情感世界和精神世界被简单地用客观的知识、规律、规则来套用。

教师应该以对生命关爱和敬畏的态度去关注自己的身体、心理和情感，应该将教学过程视为自我实现的过程，并体会创造的快乐和生命的美好。在第 28 届国际心理学大会上北京师范大学许燕教授指出：教师是职业枯竭的高危人群，职业枯竭是在工作的重压之下身心俱疲的一种状态，是身心和情感能量被工作耗尽的感觉，人处于一种身心耗竭的状态，被称为心理枯竭。职业枯竭感一旦产生，不仅会导致情绪衰竭、感情漠然，对自己没信心，自我同一性混乱，对他人不信任、充满无序的批判性，甚至还可能会自伤或自杀。如果我们把这种期许放在人类文明发展的语境下加以考量，就会发现，它缺乏对每一个作为独立生命个体的教师的人道主义关怀，我们不能要求教师为了照亮他人而燃尽自己，因为高尚的精神都需要栖居于健康的身心，才能蓬勃生长，脆弱的心灵难以承受崇高的重负，只能崩溃或是枯竭。正如保罗·弗莱雷所言："教育变成了一种储蓄行为。学生是保管人，教师是储户。教师不是去交流，而是发表公报，让学生耐心地接受、记忆和重复存储材料。"①

现代师德理念的核心因素是"以人为本"，强调的是民主、平等和公正地认识学生、对待学生。而这些民主、平等和公正均来源于教师对教育事业的热爱和对学生的关爱。由于目前许多教师缺乏对教师职业的兴趣和热爱，缺乏对学生的热爱，导致很多教师不能充分认识教师和学生的地位，师生间不讲平等，教师总是摆出知识权威的架子，不厌其烦地说教，高高在上地论道，或是以自己的喜好评定学生，不能实事求是地看待学生，对自己喜欢的学生一味偏袒纵容，对自己不喜欢的学生存有偏见，甚至排斥打击，不尊重学生的人格，或是轻视、讽刺、指责和挖苦，随意剥夺学生学习和做人的权利。

课堂教学中非认知性目标迷失的结果之一表现为：很多大学生不具备学习的内在动机、兴趣、热情，也不具备积极的学习态度。面对这些，就需要教师投入大量的情感来挽回学生对学习的态度和情感，大学教育应该是专业教育而不是职业教育，因此，大学既要使学生达到一定的专业目标，又要使其成长为全面发展的个体，大学教学的目的绝不仅仅是知识的积累、能力的增长，更重要的是形成某种态度、情感和倾向，即对事物、人生和世界的普遍观念——价值观、人生观和世界观，从而改进个体的行为、实现社会的发展和个人的进步。

4.1.3 教学智能的欠缺

教师面对的是不断变化的环境和发展的个体，只有不断研究新教学、新环境、新问题，并反思自己的教育教学行为，才能使教育教学工作有效地开展。学生 F② 在访谈中说："老师总讲些死知识，课堂缺少活力，学生逃课严重；在我看来这些主要是由于中国学校的制度不合理，现在的很多高校，尤其是一些普通大学更加追求批量制造大学生，尽给他们灌输些死知识，而没有真正把对他们、对社会更加有用的东西教给他们，最近造出来的也尽是高分低能所谓的'人才'。"还有学生 G③ 反映："老师只是纯粹为了赚钱，在课堂上讲的都是些无关紧要的东西，自己在外面开个培训班，以此来赚取钱财。老师讲课没有激情，对课堂的纪律也没有严格的要求，以致课堂上乱七八糟。"就学生所谈的情况来看，教师教学智能的欠缺主要体现在以下几个方面。

1. 知识结构的不完善

教师的专业知识结构不合理，包括学科知识、教育学、心理学知识和综合学科知识，有待优化；更重要的是要重视对学生的心理素质的培养，关注学生的心理健康，部分教师不能利用已有的知识和能力对学生进行充分沟通，并进行必要的心理疏导；部分教师

① 弗莱雷. 被压迫者教育学[M]. 顾建新，等，译. 上海：华东师范大学出版社，2001：73.

② 学生F为某综合性大学二年级学生，男生，理科。

③ 学生G为某综合性大学一年级学生，女生，文科。

尚未具备与家长、学生良好、有效沟通的能力；教师对课程教学的实施能力比较薄弱，教师自身的组织能力，包括课堂组织能力、课外活动组织能力都有待提高等；教师应具备较好的语言表达、沟通能力；能够运用现代教学技术，采取灵活有效的教学方式、课堂气氛活跃的教学模式。

舒曼尔教授提出，教师要取得教学成功，必须把已掌握的知识转化为学生能理解的表征形式。他认为，教师的知识结构由以下 7 个方面构成。

①学科知识，包括该学科具体的概念、定义、规则和原理及其相互之间的关系。

②课程知识，指对所教学科课程、教材文本概念的演变、发展及其应用的掌握。

③学科教学法知识，指学科所需要的专门教学方法、教学手段与教学策略。

④一般教学法知识，指各学科通用的课堂教学管理与组织的一般原则、手段与策略，如教学大纲、教学进度表、考核方式与各种教学方法，对学生的评估方式等。

⑤受教育者的知识，即关于学生的知识，如学生已有的知识基础、认知心理活动等。

⑥教育环境的知识，指学生的成长环境，如家庭、学校以及生活的社区等。

⑦关于教育的目的、目标和价值的知识。

另有学者认为专业化教师必备的知识结构包括：自身的知识，即了解自我；学科知识；课程知识，即学习经验、内容构建；教学知识，包括课程管理、教学常规、对学生的了解等；教学管理知识，即对课堂的管理；教学环境的知识，即对学校及其社区环境的了解等；实践知识，即隐性的、经验性的、个体性的、情境性的知识等。

被访者 H[①] 在论及对大学课堂是否满意时，指出不满意的首要原因是“教师素质不高”。笔者通过自己 4 年的大学课堂学习体会到，碰到自己欣赏的老师屈指可数。究其原因是上课的内容乏味，学不到东西。例如，大学英语课程持续两年 4 个学期，但学到的东西不及高中一个学期。

某些教师的教学内容与实际脱节，这也体现了相关排课环节出现了较大失误。例如，大四有一门课要求制作教具。暂且不论教师教得怎样，作为本专业学生，我们在深入学习、实践过后，明显感到这样的课程是多余的，实际工作生涯中完全用不到，就算有也是美术等相关老师需要锻炼的能力。作为主课语文 / 英语教师，如何提升我们的专业化程度和核心竞争力才是关键。当然，相信相关负责教师安排这门课的出发点是好的，也是希望我们能有一技之长。可是中国的教育制度有别于欧美国家，我们想要靠一己之力来改变现状就如折戟沉沙。并不是说我们不具备前瞻性的教学理念和行为，只是社会需求是有针对性的。除此之外，某些教师的上课可以说是相当不尽如人意的，他把教学内容直接截取网络视频放映给学生看（学生搜索网络信息、资源的能力很强，需要的时候我们自己就能看着视频动手制作，实在没必要开这个课），稍作讲解后就是我们漫长而艰辛的动手环节了。之后，该教师不是拿这个相机到处拍就是消失得不见人影，未免给人作秀的感觉。这

① 被访者H为某综合性大学四年级学生，理科，女生。

堂课所使用的材料既不环保又耗费钱财。

教师的专业素养有待提高。有一门课的教师可谓全专业红人，因为上他的课轻松简单，期末考试也很容易，记住范围中的内容就能轻松拿高分。而与之形成鲜明对比的另一门文学性较强的课程的教师却被大家嗤之以鼻，因为他设置的教学内容翔实，需要花很多精力去完成。但笔者是欣赏后者的，因为这才是大学的学习，这样的教师才是好教师。这样的教能给我们以深刻的思考和启发，使我们真正学到东西，学会思考，学会质疑，成为一个有独立人格而非人云亦云的准老师。

2. 教学能力的欠缺

（1）教学方式的不灵活。

后现代课程的代表多尔（William E. Doll）曾指出：迄今为止的课程基本都在训练我们成为预定真理的被动接受者，而不是知识的积极创造者，教师成为传授知识的主体，学生便成为一个被动接受的容器。讲授法是大学教师在大学教学中最常用的教学方法。以知识灌输为教学目的使得教师忽视能力、情感和个性的培养。然而，学生是独立的个体，是由见识不一、思想各异、个性差异的个体组成的群体，所以教学中要充分发挥学生的灵性和个性，但在大学课堂中，教师更多地侧重讲授法，注重满堂灌，很少灵活运用多种教学方法，没有遵循教育学、心理学的基本规律，使大学课堂在思考、讨论和交流中活跃起来，焕发生命的色彩。教师按部就班、照本宣科，很少设置疑问，进行提问、思考、讨论、辩驳、交流、反思等形式，没有让更多的学生广泛地参与教学，引导学生解决问题，调动学生的积极性，培养学生主动参与意识和主动参与能力。

（2）课堂生态的不和谐。

课堂生态环境由物理环境和心理环境两部分组成。物理环境包括教室的布置、教学设施以及课桌椅的摆设等硬件设施，心理环境是指师生共同营造的学习氛围和课堂文化等软件设施。课堂文化是指在长期的课堂教学活动中形成的，并为师生所自觉遵循和奉行的共同的课堂精神、教学理念和教学行为。通常在小班教学中比较容易营造和维护和谐的课堂生态环境，而在大学教学中，课堂生态环境容易失衡，因为师生比例严重不对称的状态使得学生“人多势众”，假如教师对课堂把握失当，就很容易演变为人多嘴杂的混乱局面。教师始终关注的是完成教学任务，不顾学生的情感和需求，调查中显示有37%的学生认为课堂气氛死气沉沉，课堂秩序差，纪律涣散。很多学生把大学课堂当成放松的“休闲课”，上课看课外书、聊天、玩手机、趴在桌上睡觉等现象司空见惯，更有甚者无故旷课，而这些无疑会引起教师厌教、学生厌学，严重影响教学质量。笔者就此问题采访了一位大四学生I[①]：

访谈者：在您所接受的大学学习中，老师是倾向于讲授还是倾向于激发学生思考？

学生I：在我所接受的大学学习中，大部分老师比较倾向于讲授而非激发学生思考。

① 学生I为某师范大学四年级学生，文科。

这一点可以从以下几个方面来理解。

首先，大学课程的内容多、课时紧，有些教师计划上课的内容很多，在时间上根本不够用，这是导致教师单方面地加速讲授灌输知识而无暇顾及学生们的反馈及其思维状况的一个原因。

其次，教师对自己所教的课的定位也不尽相同。有些课程对于同学完全是陌生的领域，故教师们往往先想把学生领进门，即把这门课最基础的部分传授给同学以方便他们以后凭兴趣自行拓宽和探索。不管怎样，最基本的知识都需要扎实地掌握，所以如果教师是把教学目的定位在这个层次上，那么将多数时间用于讲授知识也是可以理解的。

再次，从广义上来看，讲授课程与激发学生思考两者并不对立。即使是在单纯地讲授新课的过程中也充斥着能够处处给予学生思考的东西。当然，在这其中学生的积极思维以及教师的有意引导也是十分重要且必要的，但我们不能把讲授和激发学生思考当作两件事来看待，讲授的过程也可以是激发学生思考的过程，两者密不可分。

最后，就狭义的激发学生思考的教学而言，其对任课老师在教法上的要求是很高的。大学是一个专业性较强的高等学府，教师可能在其自身研究的领域是一把好手，是权威的专家，但在专业领域强并不等于教法上也精通。怎样在把计划教授的知识教给学生的同时又单独设计好与之相配的激发学生思考的教学环节，对于各个非教育领域的教师而言是不容易的。故，笔者认为将激发学生思考的过程整个贯穿在讲授的过程当中，而不是刻意为之，效果可能更好些。毕竟，在下面听课的都是大学生，有一定的辨别思维能力，他们更看重讲台上那位教授者的人格魅力、对自己所学领域的一腔热情以及课上课下和学生的交流情况等因素，而这些微妙的说不清道不明的缘由可能正是触动台下学子给予其以积极回应的触发点。

笔者认为，真心喜爱自己所学领域的教师，可以很容易地将他对其专业的热情传达给台下的学生，潜移默化地影响学生的同时顺其自然地引发学生们的思考。这才是一位真正的大学教师在课堂中激发学生思考的方法及策略。

4.2 学生的被动学习式微

学习是丰富多彩的大学生活的中心内容，更是学生最重要的职责和使命。正如托夫勒在《未来的冲击》中所指出的，能推测出知识会越来越快地陈旧过时，在今天人们认为是“正确”的知识，或许到明天将成为“错误”的信息。大学生必须学会主动学习，学会摆脱陈旧的概念、快速更新知识，并且知道如何去代替那些过时的概念，然而在当前教育国际化、社会期望高标准化、高等教育大众化普及化、教学手段信息化技术化、学生就业市场化等复杂背景下，面对各种压力与诱惑，一个普遍现象是大学生都不会学习，不懂得学习，不知道为什么学习，学习什么以及怎样学习，因而在学习上出现了这样或那样的困惑和问题，主要体现为学习理念的陈旧、学习过程的被动、学习结果的淡漠等。

4.2.1 学习理念的陈旧

学生进入大学后尚未树立明确的学习目的，也未具备科学的学习观，这样的学习理念直接影响学习效果。

1. 学习目的不明确

中小学阶段，多数学生都有明确具体的学习目标——考大学，因此，在漫长的求学路上，教师的希望、家长的期待和自己所设目标形成的强大动力，使学生必须埋头苦学。进入大学，不少人开始有“船到码头车到站”的放松心理。进入大学的最初一段时间，高考的巨大压力自然消解，没有了题海战术，大学生一下子失去了学习的动力和目的，学习动力强度发生极大落差，学习进入了一种“无计划、无目标状态”。由于缺乏正确的学习目标、学习计划与学习动力，又没有掌握正确的学习方法，一部分学生有意无意地放纵自己，把大量学习时间用于享乐性刺激，或迷恋上网游戏，导致得过且过，没有计划，纪律松散，甚至无聊散漫，荒废堕落，致使刚进大学考试成绩就不理想，甚至不及格，自信心受挫，情绪低落，自卑感上升，养成不良习惯，直至影响今后的学习与工作。

学习目的缺乏、逆反心理等是目前常见的心理问题，表现及原因综合起来如下：在学习过程中怕苦怕累，不愿深入思考、动手探究、不想学习，只要求及格；厌学，期望老师放松，得不到预期的生活就开始对学习厌倦；注意力不集中，经常参加各种活动，没时间学习，不能集中注意力钻研学习；缺乏正确的学习方法；自觉性差，不能独立思考和学习，在学习过程中过分依赖别人的帮助；过度焦虑。形成的原因有主观的，也有客观的。主观方面，大学生的个体特征会对其学习目的产生影响。客观方面有来自家庭环境的影响、学校方面的因素、老师教学质量的高低等，社会生活也是影响大学生学习目的的因素之一。部分大学生丧失了学习目的，成为新知识的器具，只懂技术而缺乏人文素质，只有知识没有能力，只有文化没有文明的畸形人才。这样的大学生进入 21 世纪，难以事业有成，因为 21 世纪需要的是全面发展的人才。

尽管市场需求、家庭等因素均能影响学生的学习动机，但大学生很少对自己的学习行为及其目的进行反思，他们受中小学学习习惯的影响，较少考虑学习目的，头脑中只有分数，只有课程，导致大学学习中学化。如果说大学生有比较明确的学习目的，那么这种目的也往往是功利性的，主要受市场、社会影响较大，而真正能把学习看作是自身修养的需要的观点还没有形成气候，说明学生普遍比较“务实”，存在着急功近利的浮躁心态。

2. 学习观不科学

“价值观是人们用来区分好坏标准并指导行为的心理倾向系统。价值观往往容易被看成仅属于认知的范畴，其实它通常是充满情感和意志的。价值观为人自认为正当的行为提供充分的理由，是浸透于整个个性之中支配着人的行为、态度、观点、信念、理想的一种内心尺度”[①]。在学习活动中，为了什么目的而学习，学习对于自己的意义何在，也都是由学生的价值观支配的。在奥伯雷时代，安东尼·伍德在他的牛津日记中写道：我们的学院变得越来越死气沉沉了。学校门可罗雀，酒店却人满为患。在吉本时代，诺克斯也尖锐地指出，没有哪一所学府的学生能显得更奢侈更浪费；没有谁能比我们的学生更快地学会喝酒；没有谁能比我们的学生更有能耐地摆脱羞耻感，学会以耻为荣。

大学生的学习观是指学生个体对知识经验、学习活动所持有的直觉感官认识，是学生个体对知识和学习所持有的一套认识论系统，它涉及对知识性质、学习性质、学习态度、学习过程与学习条件等维度的直觉认识。[②] 大学生学习观可表述为学生对学习过程及其问题的总的、根本性的看法，即在学习活动和社会生活中形成的对学习的总的看法和认识。[③] 在现代大学生中则表现为：学非所学，学非该学，经常旷课，束书高阁，甚至整日沉迷于游戏厅、网吧等不宜场所。在高中阶段过早分科，学生未曾认真关注过所学的“专业”问题。然而高考志愿的填报及最后的高考录取，在一定意义上，都是“专业”因素在起作用，并且在其后时间中，“专业”会持续地产生影响。大学4年是在不同的院系和专业学习及生活，现在的专业对毕业后从事什么职业至关重要。华东师范大学李家成副教授在他的调查中发现，大一学生对自己所在专业的态度大致有以下情况：过一年的学习，再重新反思，真正认为自己喜欢这个专业的大一学生只占28.5%，这个巨大的数据差异，可能暴露出选择专业时不清晰状态。而且，真实状态中，53.7%的“无所谓”比例是非常令人吃惊的。

有大学生模仿小品《不差钱》的经典台词写道：“眼睛一闭一睁，一堂课过去了；眼睛一闭不睁，一上午就过去了。人生最痛苦的事你知道是什么吗？是下课了，但人没醒。人生最最痛苦的事你知道是什么吗？是人醒了，但没下课。最最最痛苦的事你知道是什么吗？是上课了，但睡不着。”时下在高校中广泛流传着关于“逃课”的顺口溜：大一是“实习生”，观察积累，瞅准机会，偶尔逃之；大二是“熟练工”，分轻重缓急，酌情逃之；大三、大四是“老油条”，逃课没商量。网上则盛行诸多逃课版经典广告语，如高露洁说：我们的目的是天天逃课；好迪说：大家逃，才是真的逃；脑白金说：今年开学不逃课，逃课就逃专业课……当然，并不是所有的学生都这样混日子，大学里还是有很多人依然比较用功地学习，但是他们也一样困惑，让他们努力学习的原因主要是“恐惧”和压力：怕找不到好工作，怕考不上研究生，而不是真正的学习。

学生问卷调查的结果显示，影响本科教学效果的主要因素集中在教师的学术水平、学校的教学管理举措和教材三个方面。并且“985”高校、“211”高校、一般高校和新建高校四类学校学生的选择具有比较高的一致性（见图4-2）。

① 黄希庭. 心理学导论[M]. 北京：人民教育出版社，1991：207-208.
② 刘儒德. 大学生的学习观[J]. 高等教育研究，2002（4）：74-78.
③ 宋毅，王言根. 大学生学习改革刍议[J]. 中国高教研究，2003（9）：60-62.

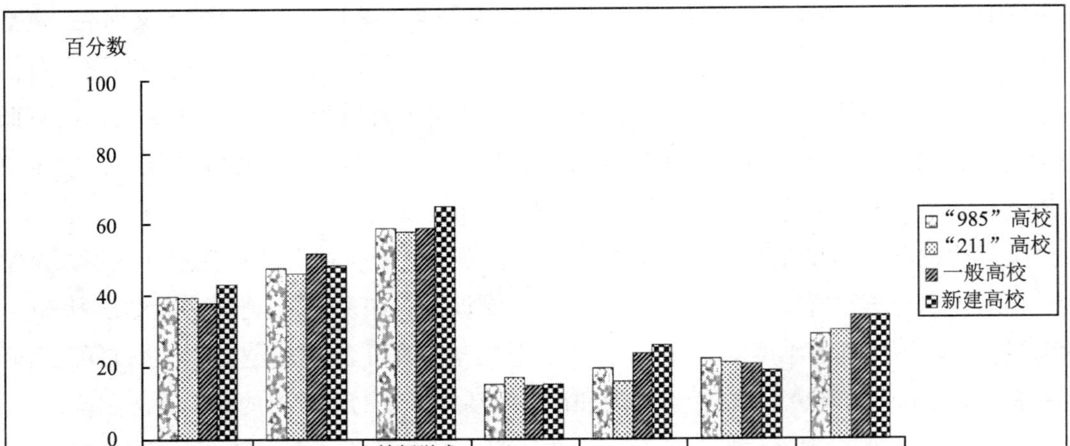

	教材内容	管理举措	教师学术水平	课时	教学设备	学生来源	校风
"985" 高校	39.9	47.4	58.9	15.1	19.7	22.2	29.1
"211" 高校	39.5	46.0	57.6	17.1	16.0	21.2	30.2
一般高校	38.1	51.8	58.9	14.7	23.7	21.0	34.3
新建高校	43.0	48.4	64.9	15.2	26.0	18.9	34.1

图4–2　学生认为影响本科教学效果的主要因素 ①

为什么而学习？进入大学后，面对这个问题，很多人都会心生迟疑。低年级的同学觉得毕业还遥遥无期，学习依然散漫毫无目的，为就业而学习显得有些无力；高年级的同学觉得毕业就在眼前，任何学习都已经富有功利性，大学的大部分时间好像都在荒度，和大家一样考了这个证那个证，没有明确的学习目标，没有必要的生涯规划，使很多同学一进入大学就迷失方向，一毕业就面临失业。

4.2.2　学习过程的被动

1. 学习的被动性

高等教育大众化过程中一个不可回避的问题就是数量与质量的矛盾问题。近年来，随着中国高校入学人数的增加，大学入学标准呈下降趋势（以高考分数为衡量指标），学生综合素质有所降低，学习质量出现严重滑坡，具体表现在：学习态度不端正，学习风气不浓厚，学习方法不科学。有些大学生不知道怎样安排自己的学习，自我控制力差，平时不抓紧学习，到考试时搞突击，整个学习凸显的是被动、消极。

杜威曾指出，教学活动并不是一个简单划一的"告诉"和"被告诉"的活动，而是一个教师和学生主动参与和积极共建的活动。② 杜威既指出了学生参与教学的重要性，也指出了主动参与的重要性。只有调动起学生学习的主动性，才能使教学发挥有效的作用。"真正的'参与'不应该是被动的、被给予的、被要求的或受条件驱使的，而应该是参与

① 2008年上海市高校本科培养工作调查报告。

② 郭法奇. "学生参与"：一个历史与现实的话题[J]. 高等师范教育研究，2003（15）.

者主动发起的、自愿的、平等互动的行为。”[①] 大学课堂本应是一个激起大脑风暴的地方，本应是一个激发灵感、碰撞思维的宝地，但是它沉寂得令人可怕，中国大学课堂普遍的沉闷气氛不得不令人担忧，大学课堂中教师是主角，在教学活动中既充当“导演”又充当“演员”，学生缺乏积极主动参与课堂教学的时间和空间，课堂上学生屈指可数的参与次数都是在教师指挥下完成的，是消极被动的参与。在这种参与中，学生主要是服从和依赖于教师，处于一种学习的边缘和被动的状态，根本无法激起学生的主动性，这种被动的和机械的参与，只不过是在行动上跟教师表面呼应而已，并没有真正达到和教师的思维同步、情感共鸣。

大学课堂教学活动中，讲台成为教师独自精彩表演或是黯然演出的舞台，学生则成为“循规蹈矩”的沉默而忠诚的观众，在这出戏里，学生缺乏自主性，不仅没有自主确定学习目的，自主选择学习方式、方法，自主进行学习评价的机会，而且只能唯师是听，丝毫没有研究、探索、质疑和提问的时间与空间，学生完全被视为接受知识的容器，容器里盛装的几乎是一些“无活力、无生命力的概念”，“教师注重的是如何出色地表演自己，关注的是教师自身的成功——忽略自身精彩讲课背后付出的是学生自主性的丧失、体验成功感的消解以及灵性的逐渐泯灭。这种无‘人’教学导致学生的被动学习，是严重违背现代教学规律，阻碍学生自主性发展的。”[②]

2. 学习的功利性

“现代教育陷入功利主义，这带来了两个弊端：一是学习演变成政治和经济的工具，失掉了原有的主动性，因而也失去了尊严性。二是认为唯有实利的知识和技术才有价值，所以做这种学问的人都成了知识和技术的奴隶，由此产生的结果是人类尊严的丧失。”[③] 由于受功利主义思潮的影响，大学生的学习从学习目的、学习内容的选择到学习方式都染上了强烈的功利色彩。学生 J[④] 在访谈中说：“在我看来，我的大学教育模式与初高中的应试教育模式没有太大的区别。这里我指平时的上课形式和考查方式。整天抓宿舍清洁、物品摆放、上课出勤的学校，对于学术的重视度不够，对于创新的鼓励机制更不够。就算有创新意识的学生想要按照自己的想法做些什么，还是会被条条框框限制住。我认为我的大学培养的是能找到工作的大学毕业生。”

能教会做事但教不会做人——是当前教育的一大不足，而教会做人又是大学教学的主要目的。在课堂上，部分大学生社会公德失范，有的学生不懂得基本礼貌，上课迟到早退从不向教师打招呼，进出课堂如入无人之境；洁白的墙上无故留下一串串黑黑的脚印；整洁的课桌上写下一行行密密麻麻的字句；校园里果皮、纸屑、食品袋及饮料罐满地乱丢；

① 曾琦，杜蕾. 参与式学习的本土适应性分析[J]. 教育理论与实践，2005（25）.

② 曾琦. 学生课堂参与现状分析及教育对策——对学生主体参与观的思考[J]. 教育理论与实践，2003（23）.

③ 宋德如. 高校课堂教学不良操作及其导控[J]. 江苏高教，2000（4）.

④ 学生J为某师范大学四年级学生，男生，理科。

为争一口气而冲动打架斗殴；为泄私愤而破坏公物等恶劣行径时有发生。这说明在当代大学生中存在一些不文明现象，反映出部分大学生的基础文明素质低下，遵守社会公德的自觉性较差。部分大学生自我感迷失、人生观迷茫、价值观混乱。当前，面对市场经济大潮，在片面追求科技的进步与发展，而不注重人文素质教育的影响下，部分大学生的人生观、价值观迷失了方向，个别大学生认为“人不为己，天诛地灭”，不赚钱的就不干，能赚钱的就干，不利已的就不学，使学习带有浓重的功利性，对于人生价值，一些学生是以赚钱多少来衡量的。不少大学生信奉金钱至上主义，正是这些现象，影响着大学生的心态，使一部分学生对学习为了什么，以及知识的作用及价值产生了疑惑。

学生把大学学习过程视为就业准备，他们只关注考试内容，只关注就业需要，把掌握知识、学习技能作为用来达到某种目的的手段，无视自身人文素养的提高。雅斯贝尔斯更是明确指出，大学生应具备对自我负责的观念，并带有批判精神和质疑理念从事学习。他指出，学生会在为精神发展不可少的困难和错误之中，从大学广阔的学术天地里，凭着他的选择和严格的学习找到自己发展的路。由此可见，大学是培养高级专门人才的重要场所，在学术中谨慎选择和严格学习是大学对大学生提出的应然要求。毫无疑问，大学生学习态度的功利趋向并不符合这种要求。试问，“大学四年学习仅为找一份好工作”这样的功利思想何以关注“广阔的学术天地”“积极的学习思维”以及“严谨的学习态度”？更何以养成“批判精神”？若其学习的视野仅仅局限于一个好工作所要求的知识和技能上，那么其“精神发展”何以可能?

正如哈佛大学引为校训的那句名言所倡导的那样，“我爱我师，但我更爱真理”。“求真”，是大学学习的题中要旨，应该是大学生学习的首要目的。因此，如果大学生普遍没有一种追求真理的态度，没有追求真理的价值理想，那么大学培养高级专门人才的目标就难以达到，大学教学的基本功能就不能实现。如果培养人才目标尚且不能实现，那么就难论及创新发展科学了。美国著名教育家赫钦斯曾指出，大学精神不应该是功利的，大学之精神在于批判、在于引导社会前进，它不能为迎合眼前的实际需要而失去传播和发展高深文化的主旨。

培养人才之含义是指培养高级专门人才，所谓“专”即指“专业性”，但同时还具有“高深性”的特性。正如美国著名的高等教育专家弗莱克斯纳所指出的那样，大学教育的“专业性”和“职业性”存在着本质区别，高深学问才是专业的内涵。因此，“大学学习”不能仅抱着功利之目的，不能仅仅为了找一个好工作而学习。一言以蔽之，失去了专业含义中学问的高深性，大学也就不成为专业教育，而沦为职业教育，如果目的仅仅如此，那么大学也就成了职业训练所，职业培训机构，没有了大学应有的品性和独具光芒的色彩。然而，在访谈中，学生K[①] 认为：“到了国外留学，才发现在国内所受的大学教育完全是

① 学生K为比利时某大学留学生，曾毕业于国内某综合性大学，女生，文科。

职业训练，是为了让学生找到一份好工作，课程设置也是以此为基点，没有照顾到学生的个人需求和喜好。在这样一个职业训练场上，我们只了解与本专业未来从事职业相关的知识信息，个人的能力、素质及修养方面却没有得到拓展。”

4.2.3 学习结果的淡漠

心理学的研究早已表明轻松的教学气氛能促进学生心理的放松，从而导致其个性的充分发扬，易于提高创造力能力，反过来，紧张、压抑、受限制的教学气氛会使学生心理紧张，会阻碍个性发展，扼杀创造力。传统教育中教师所营造的教学气氛，许多时候不但不能激发学生积极探索、挖掘问题、提出困惑和发展创造性，相反可能阻碍了学生潜在创造力的发挥。[①] 大学生在学习中看重的是分数，因为他们认为分数是门面，而分数背后的实质如何，自己是否消化、掌握并运用了知识成为其次。

1. 分数主义

对待学习，大学生往往以应试为主要学习策略。访谈中发现，大学生像高中生一样非常看重分数，在学习过程中，可能有三分之二的学生会去考虑哪些内容会考，一半的学生为了取得高分即使不喜欢这门课程也会努力迎考。部分大学生在进入大学之后还受到初中、高中时应试教育的影响，一味追求高分，而忽视了自己全面素养和各方面能力的培养，仍然狭隘地把学习定位在专业课程、知识课程的学习上。同时还有一些学生则走另一个极端，不重视学习，不把学习作为学生的基本使命，而认为在大学里最重要的在于参加了哪些社团，认识了多少朋友，以此来彰显所谓的自我能力，“据调查显示，在对于‘大学的学习关键是否看最终成绩’的问题反馈中，53.4% 的同学认为考试只能考查学习的某些方面，不能用来评判学习的整体效果，说明同学对于学习的考查目的有着较为清楚的认识，不仅仅局限在书面考试”[②]。就现状来看，帮助学生养成科学的学习观、掌握正确的学习方法仍十分重要，尤其在大学低年级阶段实为关键。值得注意的是，仍有 2.9% 的学生对最终成绩持无所谓的态度，认为只要混一纸大学毕业证书就行，每个年级中都有一定比例的学生持有这一想法。有一部分学生存在“分不在高，及格就行”的想法，他们认为大学生不必辛辛苦苦地学习，“60 分万岁”。学生在心理上对学习活动产生消极、懈怠甚至否定的负面情绪，具体表现为：兴趣匮乏，学习积极性低落，求知欲缺乏、学习目标“短视”、学习行为懒散、不愿意学习、纪律松弛等。还有一部分学生倒是追求高分，关注教师课堂中所传授的每一个重点难点，考前花很多时间和精力来记忆知识，所有的出发点都是为了获得高分，却并不注重对知识本身的认识、提炼和内化，一般很少主动了解问题，更不会探究知识给自身带来的潜在变化，不会主动运用自己所学来思考问题，分析问题的意识不够，更谈不上在学习的过程中主动地发现问题、提出问题了。

---

① Wiggins，Jacqueline H. Teacher control and creativity[M]. Music educators Journal，1999，85（5）：30–35.

② 李薇玲. 大学生学习问题分析及教育对策研究[J]. 科教文汇，2008（1）.

例如，在对某法学院大学生的调研中发现，“身为法学专业的学生，是否会从法律角度去思考问题、分析问题、解决问题”一题中，选择 A“经常”的占 36.6%，选择 B“偶尔”的占 50.9%，选择 C“很少”的占 8.6%，选择 D“从不”的占 3.9%。[①] 由此可见，学生对教师在课堂中所传授的信息、知识、理论、经验、思想就无法通过逻辑防线、伦理防线和情感防线达到“最近发展区”而产生教学“共鸣”，在这种情况下，学生往往不能通过教师所给的信息，超越自我，并根据具体实例的变异性而获得知识的重新自主建构。由此，知识就不仅不能转化为智慧，相反，只能蜕变为一堆没有意义没有价值的信息。学生的内心自然就无法呈现出“茅塞顿开、豁然开朗、内心敞亮、思想飞跃”等感触。

2. 无问题主义

梁启超曾指出：“能够发现问题，是做学问的起点；若凡事不成问题，那便无学问可言了。……所有发明创造，皆由发生问题得来。如何才可以磨炼得眼光快，脑筋快，凡别人注意不到的地方，自己都怀疑研究，这是做学问的第一步。”[②] 什么是问题呢？“问题意识指学生在认识活动中意识到一些难以解决的、疑惑的实际问题或理论问题时产生的一种怀疑、困惑、焦虑、探究的心理状态，这种心理状态驱使学生积极思维，不断提出问题和解决问题。”[③] 现代科学之父的爱因斯坦曾指出，提出一个问题比解决一个问题更加重要，因为解决一个问题也许只是一个数学上或是实验上的技能而已，而提出新的问题、发现新的可能，从新的视角去对待旧的问题，却需要有创造性的想象力，这才是标志着科学的真正进步和人类的发展。

胡适曾多次提及：“问题是知识学问的老祖宗；古今来的一切知识的产生与积聚，都是要解答问题——要解答实用上的困难或理论上的疑难。”[④] 在这一点，胡适与马克思有着惊人的一致性。1842 年，马克思在《集权问题》中指出：“一个时代的迫切问题，有着和任何在内容上有根据的因而也是合理的问题共同的命运：主要的困难不是答案，而是问题。因此，真正的批判要分析的不是答案，而是问题。……问题是时代的格言，是表现时代自己内心状态的最实际的呼声。”[⑤] 在当前的实际课堂中，大学教学活动却鲜有问题的发生，有价值的问题的提出更是凤毛麟角：教科书中缺乏问题，因为其中收入最多的是大量被视为真理性的知识，课后习题也是围绕掌握书本中真理性知识服务的，是一种简单的再现或复述；教学过程中没有问题，教师积极传授教科书中的知识，致力于消灭一个个问题；学生学习中没有问题，学生学习的主要目的在于掌握、记忆、理解教科书中的知识。

一般来说，问题意识是一种问题性的思维品质，体现了思维的深刻性、广阔性、批

① 李薇玲. 大学生学习问题分析及教育对策研究[J]. 科教文汇，2008（1）.

② 梁启超. 指导之方针及选择研究题目之商榷[A]. 戴逸. 二十世纪中华学案综合卷[C]. 北京：北京图书馆出版社，1999：119.

③ 姚本先，论学生问题意识的培养[J]. 教育研究，1995（10）.

④ 胡适. 赠与今年的大学毕业生[J]. 独立评论，1932（7）.

⑤ 马克思恩格斯全集（第1卷）[M]. 北京：人民出版社，1995：203.

判性，也反映了个体思维的独立性和创造性。当个体在认知活动中难以用自身已有知识体系来解决碰到的新问题时，所产生的一种认知不平衡的状态，一种困惑焦灼的状态，这是元认知对认知活动的调整、监控、评估能力，表现出个体的反思能力和提出问题的能力。

目前，大学课堂教学中普遍存在的三种现象如下。

第一，学生不敢向老师提问，即便有困惑也不知该提什么问题。原因何在？一方面，大学生在提问时存在心理障碍，自尊心和传统文化使他们把“提问”视为“无知”的一种表现，再加上师生间缺乏必要的理解和沟通，教师使学生产生畏惧心理，学生纵然有问题也不愿问或不敢问。另一方面，我们的教育一直都不重视引导学生提出问题，使很多大学生不重视如何去发现问题，即便发现问题也不会提出问题。部分大学生由于基础知识较差或缺乏思维能力，对问题只能意会不能言传，无法表达出自己的意思，不知怎样提出，更提不出有深度、有新意、有意义的问题。

第二，学生不想向老师提问，认为没有必要提问。一方面，满堂灌的传统教学使课内没有学生提问的时间，课外也缺少提问环境，老师上完课就离开了教室，甚至离开了校园，学生很难找到老师，久而久之，造成学生思维惰性，不想提问，又由于教师教学水平不高、效果不好，或由于学生对专业不认同、不满意可能影响其专业兴趣，导致学生因不喜欢本专业、本课程或任课教师而产生抵触情绪，从而拒绝提问。另一方面，学生从不怀疑书本知识或老师传授的知识，根本不愿去质疑，有些问题存在多种答案，有些问题仁者见仁智者见智，不深入探究就无法得出多元化的结论。

第三，学生没有时间去思考问题。大学生每学期所学课程数量之多，每门课程学时数、每周上课时数和每天完成作业的时间之多在世界各国大学中是非常罕见的，据专家统计，中国多数大学每学期课程超过 10 门，有些大学低年级学生每周上课时数竟高达 40~50 学时。

大学生的学习负荷如此之重，以至于他们每天都在赶场子，从一个教室赶紧奔向另一个教室，从一座教学楼奔向另一座教学楼，机械地忙于记笔记，上课时只是记录老师的讲授内容，课后整理笔记、背笔记，没有思考问题的时间和空间，更没有思考问题的任何机会和热情。

访谈者：对一个大学生来说，您认为传承知识与质疑知识哪个更重要？请说明理由。

被访谈者 L①：我觉得传承知识固然重要，但质疑知识更为重要。“美国人提出问题，中国人解决问题”，由此可见中国人解决问题的水平与能力是举世公认的，可提出问题确实人家美国人的专长，为什么呢？

提出问题、质疑知识应该是大学学习的起点，但事实并非如此，也远非我们想象的

① 被访谈者L为某综合性大学四年级学生，理科。

那么简单。首先我们要了解知识、懂得知识，甚至精通知识，这些是我们能够达到的，特别是在如今这个信息高度共享的时代，我们接受、处理信息的水准不输给任何人。但我们缺乏的是对于现成的知识成果提出不同看法与异议的能力，更加准确地说是一种眼光，一种从寻常中找到不寻常、简单中发现复杂的眼光。从这个角度出发，所谓“标新立异”是一种能力，并非人人都能做到。世界远非完美，知识也永远处于未完成的更新状态。我们要做的是在巨人的肩膀上继续向前，所以质疑前人、推翻前人、批判地继承前人的知识是一切开拓创新的起点与基石。而这样一种在人们习以为常的“真理”之中发现问题提出质疑的能力，不仅取决于个人的学习的品质和眼光眼界，而且和整个社会的大环境也息息相关。如一味不假思索地“按规矩”办事、机械地“背”考……都使人的思维受到常识的禁锢，质疑知识变得遥不可及，甚至连这种行为都被视作可笑之举，这无疑是发展知识道路上的阻碍，也是整个社会的悲哀。

众所周知，创新源于问题，没有问题就没有创新，现实中充满了问题，或者说现实就是问题与问题之间的相互链接。如果学生缺乏问题意识，那么教育创新就成了一句空话，创造力的培养就是海市蜃楼，因为创造力的培养和发展都是基于问题的存在和变化的。无论是知识、价值观念的创新还是学生品质、能力的提升，都需要以问题式学习为方式，所有的探究活动都围绕着问题进行的，没有问题则无所谓研究，也就无所谓真正的学习。因此，挖掘问题、寻找问题、提出问题成为大学生学习活动的基点和切入点，也构成了大学生探索生活、发现生活、研究生活和创造生活的起点，从而构成大学发展和大学学习的支点。但是，在大学课堂教学实际活动中，却存在普遍而奇特的现象：大学生在学习中没有问题的提出和发生。没有问题似乎成了学生学习的理想状态，也是努力方向；所以，大学课堂教学中没有问题的现象成为大学教学中的大问题大症结。无问题的教学活动折射出大学教学中的一系列问题。

4.3 师生关系的异化

被访谈者 M[①] 指出：“老师几乎上完课就走人，当前大学最大的危机之一在于师生的沟通越来越少，关系淡漠。师生关系淡漠，既影响教学效果，也让学生没有归属感。读大学 3 年了，从未与老师有过什么交流，大学生与老师的关系有点‘商业化’。有些教授上完课就走，看不出对学生有任何关心。课堂反馈少，自然会影响到教学质量，更别提教学生做人了。”还有学生 N[②] 指出：“我想最主要的是老师对学生的学习动机和学习困难了解不够，无法贴近学生需要。教师备课、讲课形式单一，不注重学生的需要，没有互动，课程吸引不了学生。”

① 被访谈者M为某综合性大学三年级学生，男生，工科。

② 学生N为纽约大学留学生，毕业于四川大学，男生，理科。

4.3.1 沟通交流的空泛

1. 关系淡漠，师生互不关心

作为教师最为基本和起码的职业道德和基本素养是对学生关心，关心学生的成长与进步。否则，就不是一名真正的教师或者就不符合成为一名教师的必要条件。“爱是教育最原始的动力”“爱把生命提升到真正存在的境界，它超越了感官的直观。爱迫不及待地要在世界、教育和人类实践中表现出来，并把所看到的本质画像刻印在此中；爱即是美的证人。”[①] 关心的核心元素是爱，在教学过程中没有教师对学生的关心，那将是一个僵化的、冷冰冰的、没有生机的教学，也必将是一个没有灵魂的空壳教学。一位资深教师O[②]很坦率地说：“交流，现在的学生和从前不同，知识面窄，还不愿意思考。你想，交流和知识面以及对问题理解的透彻程度有很大关系。面对这样的学生，连平台都没有，怎么可能交流呢？”因此，有人提出“关心是一切成功教育的基石”[③]。当前，我们经常听到大学生抱怨的声音：“老师一点都不关心我！”“老师根本不了解我”“老师对我们很冷漠”“别说关心，老师连我们的名字都不知道”等。从这样的怨气中，显露出大学生渴望得到教师的了解、关心、理解和热情。关心和被关心是人类的基本需要，人类的教育活动实践早已经证明，当学生经常处于被关心的氛围中，他的心灵都是活的，有生机的，就会充满对生活的热爱，会具备学习的动力和兴趣，就会显现出积极的人生态度，就会成为一名具有爱心和丰富人格的人。学生Q[④]在访谈中反映：“师生关系危机、课程安排不合理，教学内容脱离当前趋势危机、教法陈旧危机、教师教学观念落后危机等原因，教学体制监督不力、教师和学生也都有一定责任。最大的危机我觉得是课程安排不合理，比方说我们的小学教育专业，实际上很多同学在大四实习完后对我说，我们四年白读了。”

只有在充满关心和爱的学习状态下，学生的全面发展才成为可能。然而，我们今天的教学却离这样的关心状态的距离还十分遥远，还需要很长的过程。在教学世界中，这是一个关心日渐式微的时代。

2. 人情缺乏，师生成教学机器

目前，教学设计的理论依据主要是适用于认知和技能目标的系统控制论和信息加工理论。我们可以看到，大学课堂教学设计虽然名目繁多，但基本上都侧重于如何使学生系统掌握书本知识，以传播知识为主线，这种设计路线明显缺乏以学生的意志、情感及心理健康为目标的教学。各种教学设计往往强调教学怎样整体、系统、有序地建构学生的认知结构，而忽视了教学设计中的艺术性和人文性，特别缺乏关注情感活动和情感培养；主要从教师“教”的角度进行设计，而没有“为学习设计教学”；主要以“技术”的眼光

① 雅斯贝尔斯. 什么是教育[M]. 邹进，译. 北京：生活·读书·新知三联书店，1991：92.
② 教师O为某综合性大学教授，60岁，男性。
③ 诺丁斯. 学会关心——教育的另一种模式[M]. 于天龙，译. 北京：教育科学出版社，2003：1.
④ 学生Q为某师范大学四年级学生，女生，文科。

处理教学，强调教学方法、手段、媒体等“物”的因素，而忽视人的兴趣、态度、价值和情意等感情因素，这样往往容易导致将师生关系蜕变成一种工作关系、职业关系，教学被演绎为一个机械、僵化的过程，忽视了兴趣的培养、动力系统的激发，忽视了师生探求真理的乐趣和师生交流的和谐，教学缺失情感。在学生座谈会①上，学生提出教师要改革教学：“改变教学模式；不要照本宣读，在轻松的气氛中完成教学任务；教师讲课不要一直盯着 PPT，可以利用一下黑板资源，与学生多点互动；可以更放得开些，视野更开阔些，结合课外知识；所讲的内容最好在立足于教材的基础上，扩展而不是远离教材。老师上课不要过于死板；对作业要求一次次提高，不要前几次就基于过高期望，讲课能更具体些；语速放慢，普通话再标准一点；让学生尝试不同的东西，多一些锻炼的机会，耐心并慢一些授课，不要对学生要求太严格；思路清晰，心地善良，关心学生，降低难度；希望课程能够更加生动、形象；教学方法更多样化些，不要就书而读；PPT 内容抓住关键词，不要整张 PPT 都是文字；PPT 上最好有点自己原创的东西，不要老是在‘百度’上直接复制粘贴。”

4.3.2 权威意识的横行

1. 教师的话语霸权

正如沃勒所言，教师和学生之间常会产生欲求与希望的矛盾和冲突，无论这种冲突的程度如何，有时可能是隐而不显，但它总是存在。教师和学生各自所持的文化存在某种程度上的差异，教师是按照既定教育目的筛选并整理出来的，是一种大众预期文化；而学生是正在成长过程中的文化群体，在选择、吸收各种文化时，产生了与教师不同的文化机制与特点，从而形成新的文化特质。当两种文化碰撞在一起时很难交融，并且很容易产生冲突和分歧。在教学中，突出表现为双方在评价标准上存在不一致，教师往往试图以自己的权威角色来规范学生的行为和观念，学生则坚持自己的立场。教师摆出的“圣人”“权威”形象无益于教学，妨碍师生间平等交流，而师生之间价值观、文化观的差异，则变成了一道无形的交往障碍，把师生相隔在时代两端，难以沟通。

“话语”，在现代汉语词典中意味着人平时说话的语言或者人们在交流中的语言，但是从哲学角度上，却具备更深层的，具有政治性质的历史文化概念。它背后隐藏着复杂的权力和利益关系，是个人或者集体权力的表达和证明。福柯提出，“话语”是一种具有历史、社会和制度独特性的陈述、术语、范畴和信仰之结构。话语系统表达了话语者对非话语者在思想、情感、行为等方面产生影响与控制，蕴藏于文化、制度、理性等载体中，它是一种隐蔽的控制系统，具有一种无形的权威性和主导性。

毋庸置疑，拥有了话语就等于拥有展开人的部分属性和全部属性的权力，话语是一种权力的象征，相反，也就是人性的部分压制或全部压制，使人处于被控制、被统治甚

① 在某师范大学某学院举行大一至大四各学生课堂教学反馈会。

至被压制的状态中。事实上，课堂就是由话语构成的世界，教师和学生的话语权力的状况直接决定课堂教学的效果。何谓“霸权”？它意味着暴力、操纵、控制，意味着以权力操纵和控制别人的行为。“话语霸权”主要是指语言的封闭和保守、粗暴、专制及暴政，它只承认某一种语言的正当性与合法性。教师的“话语霸权”是指教师借着在教学中所谓的绝对地位和支配作用，牢牢控制着课堂教学话语的内容和形式，尤其是思想倾向和观点，在教学中逐渐形成“一言堂”的文化和制度。教师的话语霸权是一种语言暴力，压制了学生个人化、个性化的认识、理解和追求。当前，在中国大学课堂教学活动中，教师的话语霸权是一种普遍存在的教学事实，并已经形成了一种具有相对稳定性的“教学文化”，渗透和弥漫在课堂教学中。

教师的话语霸权教学现象的存在，凸显出教学活动失去了民主，丧失了公平，挤压了个性，抑制了思想，从而使教学暴露出以下“症状”。首先，控制了学生的话语权力。在教学活动中，教师常常标榜自己是知识信息的“代言人”和“权威者”，将学生视为简单的接受者，教师总是通过话语从自己的视角来理解世界，而很少能设身处地去看待学生，以一种“单一声音”统一控制整个教学过程。这种教师的话语霸权导致学生产生了一种惰性，习惯了接受来自教师的“真理”，习惯了生活于教师的“话语殖民世界”，致使教师通过自己的话语严格控制课堂活动的“权力意志”，并会因学生不愿倾听或不会倾听而排斥其话语的权力，造成师生话语交流陷于一种“单向度”的困境。其次，排斥了学生的“意见”和“批判”。在课堂教学过程中，很多教师认为，自己在学科方面拥有绝对的阐释权，在本学科学习方面，学生是一个“弱势者”，因此，学生就要遵从教师的“意见”，服从教师的“安排”。一旦学生对教师的话语产生批判或者发生质疑，教师往往不是不理，就是“不屑一顾”“敷衍了事”。即使学生提出自己的“意见”，也往往被教师泯灭于刚刚萌芽之中。久而久之，学生就丧失了提出“意见和批评”的兴趣和能力，逐渐屈服于教师的话语控制。最后，控制了学生的想象力。课堂教学过程中，在一个活泼的话语体制下容易激发学生的想象力，因此，需要教师真正地赋予学生话语权力。这是一个最为基本的条件，然而，在教师话语霸权的控制下，这一实现学生想象力的基本条件，却被无情地扼杀了，学生想象力的培养就成为不切实际的“空谈”。

在访谈中，有教师R谈道[①]：“在课堂上是如何跟学生进行交流的？主要通过提问交流。我这个提问，它一般有两种形式。一种是随机的，主要是用来引导学生跟着你的思路走，或者是看看他对有关问题的掌握情况。另一种是事先安排的，就是在一节课上布置一个问题，让学生课后思考、查资料。过一段时间后，在课堂上提问，看看他们对这个问题的研究程度。 在进行后一种提问时，很少有学生向我质疑，学生不喜欢被问，也不习惯向教师提问，尤其是在课堂上向教师提问。现在的学生最关心的是考试，担心在课上向教师提问，

① 教师R为某综合性大学教师，45岁，副教授，男性。

考试被挂。”

教学过程中，教师的话语霸权是通过教师的“独白”来实现的，这体现出教师的话语霸权是造成课堂教学过程中“对话”缺失的主因。对话以世界为中介，是人与人之间，人与事物之间进行意义交流理解和分享的活动。它不关注对话者谁对谁错，谁赢谁输，也不在乎对话是否达到一个预期的目标和最终的协议，而是要追求平等和公正地交流和沟通，对话者彼此尊敬个性、观点，形成信任和友谊。每个人都认真地倾听他人的意见和想法，主动地表达出他们内心深处最真实的想法和看法，然后让不同的观点和意见之间互相碰撞、激荡、交融，从而让真理脱颖而出。

教育教学活动，如果不能触及人的灵魂深处，不能引起人的灵魂深处的激荡，它就不能称为教育。教育就是在师生间持续不断地交流中实现彼此对话、获得相互理解，达成教学的共识。教学主体形式主要分为：教师个体、学生个体、教师群体和学生群体等，构成了师生间交流和生生间的交流互动，在目前以讲授式为主要手段的大学课堂教学中主要采取的是教师主动和学生知识传授的交流，而学生与教师的主动的多方面交流非常薄弱，即便有些课堂中倡导合作教学，但学生并没有真正成为学习和师生交流的主体，教师并没有激发其学习的能动性、主动性和创造性。

在课堂教学中，教师和学生应该摒弃话语霸权现象，在民主、平等和宽松的课堂氛围中，以互为交融的方式进行教与学的实践活动，教师和学生互相启发，互相促进，由此，教师专业水平才会得以提高，学生的学习活动才能更加丰富，学生的学习经验将会变得更加深刻。一种“乐于求知、恐于无知”的人性本能在这里重新得到展示。这正如戴维·伯姆（David Bohm）所言：“对话仿佛是流淌于人们之间的意义溪流，它使有对话者都能参与和分享这一意义之溪，并因此能够在群体中萌发新的理解和认识。”[①] 没有话语霸权的教学氛围是宽松的，个体的存在及其价值能得到大家自觉的认可和尊重，彼此都可以安心放心、轻松自如地构筑人与人之间的关系，构筑一种基本的信赖关系。如果教学过程中缺少这种“对话”的宽松氛围，学生创造力的养成与完整人格的塑造就永远不可能实现，教师的专业成长就只能是“虚假”的专业成长，教学的真义就会得到“遮蔽”。因此，话语霸权的教学意味着“对话”缺失，是泯灭人性的教学，是异化的教学，阻碍了个体的发展和社会的进步。

2. 教师的责任意识淡薄

教学是培养人的活动，意味着教师对学生的身心成长负责，真正地担当培养人的责任。否则，教学就不是培养人的活动，反而使教学变成一种压抑人、摧残人的活动。培养人的活动，体现了教师在教学活动中对受教育者的认真和责任。教学活动，真正意义上是一种责任感非常强的活动，是教师对学生的责任。责任，就是为人者必须负责完成的任务，

① 伯姆. 论对话[M]. 王松涛，译. 北京：教育科学出版社，2004：34.

也是人之为人、为社会性的个体的根本。责任对于不同的事物和人而言，就有不同的指向。就事物而言，责任就是服务于某事物，就是对某事物负责。而对于人而言，责任就是针对人的，就是指向人的全部，是对人的全体的责任，而不是对人的单个或某部分的责任。因此，教师对学生的责任是指在教学过程中教师对学生这一生命体的整体的完整责任感，学生生命体分为自然性、社会性和精神性的整合体，那么教师的责任，就应该体现对学生生命体中自然性、社会性和精神性的整体责任，而不仅仅是对某一个方面的责任，否则，就不是真正的教师对学生的责任。在当前的教学活动中，教师的责任淡薄似乎已经到了“病入膏肓”的境地。在学生座谈会[①]上，各年级的学生提出部分老师缺乏教学责任感，致使有些课程学生不喜欢甚至反感，他们说：“那些课程枯燥、单调；没有兴趣，课程内容陈旧、不充实；太难了，背诵量大；太理论化，较深奥；不可操作，上课时间较短，老师为了完成课程目标就会相应讲得较快；自身基础薄弱；不实用；课程复杂；听不懂；把简单的内容复杂化，教师思路不清；抽人回答问题太多，表达不清晰，作业太多；节奏太快，没有衔接，很难一下接受，课时太长，教师讲课不详细，没有示范；较难在短时间内提高，效果不明显；教师讲课过于粗略；过于强调学生的自主学习，课堂互动不多；耗费精力和财力较多；重点不突出；作业布置太频繁，没时间看其他专业的书；启发性较少。”

4.3.3 师生冲突的扩张

没有真正的爱就不存在真正的教育。裴斯泰洛齐的教育公式是“教育 = 感觉印象 + 语言表达 + 爱”。苏联教育家苏霍姆林斯基认为成功教育的秘诀在于教育爱。只有教师无尽的爱，才能让孩子从心灵上接受教育；只有充满爱的教育，教育事业才能取得成功，在爱的教育活动中，师生的冲突才会越来越少。

在学生座谈会上，学生提出老师深受学生喜爱的原因是：“课堂活跃、好感；教学态度好，人格魅力，与学生关系融洽，对学生认真负责；知识渊博，经验丰富，讲课生动有趣，肢体语言丰富、生动，拓展学生思维，与同学互动很好，讲课严谨，有条不紊，内容丰富，前后连贯，见解独到；有亲和力；教学方法灵活；思路清楚，不使用 PPT，板书清晰明了；上课内容吸引人；教师可以举较多实例将枯燥的语言文字变得生动，不拘泥于课本，旁征博引；理论与实际相结合，贴近生活，很温柔，从课上可以学到很多东西，课后与同学们有交流，分析大家在做家教时遇到的问题，上课很有启发；课堂气氛轻松，鼓励学生上台操作；老师指导耐心，为人沉稳；要求严格，上课形式多样；兢兢业业，工作认真，备课充分；能充分调动学生的积极性，善于与学生交流。”

不良的师生关系在某种程度上主要源自于师生之间的偏见或冲突，美国社会学家克·芬克也曾经说过，冲突是指不一致的目标各自专有的利益，感情上的敌意，观点的异议，并且会相互干涉。师生冲突是指在学校教育教学情境中，师生之间由于角色、态度、

① 对某大学某学院大一至大四的学生举行课堂教学情况反馈座谈会。

心理、价值观等方面的不一致而产生的差异和不同，甚至会产生对立的、互相干扰的互动，这种互动往往主要表现为显性和隐性两种形式，前者即通过双方公开或直接的行动或言语将师生间的矛盾表露出来，如言语辱骂等；后者是一方通过曲解指令、静默或在冲突之外的事件的扭曲执行等方式表露出来。大学的师生冲突大多表现为后者，学生对教师的不满主要表现为学习积极性不高或者消极抵制，从而造成课堂气氛不活跃、课堂死气沉沉甚至气氛冷漠，而教师则体现为上课情绪不高，注意力不集中，对学生不关注，教学效果欠佳。目前课堂教学中，最让学生无法接受的教师行为是:厚此薄彼、居高临下，讽刺挖苦甚至有的教师不可一世,完全置身于学生群体之外。传统教学中的“教师中心”“教材中心”折射出教学过程中平等理念的缺失,学生主体的缺失,严重忽略了学生个性发展,教师无法保障教学的公平性：对待学生的态度不公平，课程教学评价的不公平，课堂教学交往的不公平,以及课堂教学内容的不一致等方面,这些行为易于导致师生关系的对立,造成课堂气氛的紧张，不利于师生间的有效合作，并增加了师生冲突的概率。

第5章 大学课堂教学危机产生的根源

多见者博，多闻者智，拒谏者塞，专己者孤。

—— 桓宽 :《盐铁论 · 刺议》

“危机”，意味着危险与机遇并存，但更重要的是能在面临困难和遇到险境时转危为安，化险为夷，化险境为机遇，而教育真正的危机不在教育问题的严峻程度，而在于是否意识到问题的严峻以及如何挽救困境。美国于 1983 年发布《国家处于危机中 : 教育改革势在必行》之后，教育“危机”开始引起社会各界的关注，并成为推动美国新一轮教育改革的导火线。其实，任何一次的改革都是因危机意识而缘起，并由危机意识而推动。尽管美国将自身喻为置身于“危机中”，并由国家的危机逐步归因到教育的危机，而它所呈现的却是创新人才的辈出和不断获得诺贝尔奖的事实。要探究大学课堂教学危机及其解决对策，我们需要从历史中吸取经验和智慧，从传统文化、社会现实、高校扩招及大学精神等方面寻求其产生的根源，重新弘扬作为一个文明古国的大学之道和教育之光。

5.1 传统文化的牵制

传统文化，指由来已久的有中国特色的文化形态，它是中华民族几千年来的精神财富积淀，是我们祖先流传下来的丰厚历史遗产，包括整个民族在实践经验的凝华和精神生活的结晶以及由历代劳动人民、文人学士创造的形式多样的文化成果和文化实体。古语“凡武之兴，谓不服也，文化不改，然后加诛”“设神理以景俗，敷文化以柔远”，其中“文化”是文治、教化的意思。远在先秦，中国文化已呈现出“百家争鸣”的多元景象，但在“罢黜百家，独尊儒术”之后，儒家学说逐渐成为中国古代文化的正统，并发展为中国文化的主流，对中华民族精神的形成具有重要影响，张岱年认为：“中国文化的基本精神来自儒家哲学，来自儒家所提倡的积极有为，奋发向上的思想态度。”① 儒家文化在其发展进程中，吸取了道、佛等其他文化的内容，从而使中国传统文化成为以儒、道、佛等相互交融的多元复合型的文化综合体。儒学提出“天行健，君子以自强不息”，提倡“修身以道，修道以仁”，以“立德、立功、立言”为理想人格的标准，树立孝亲孝友、抚幼长善的人伦道德观念，经过千百年的锤炼，已深深融入中华民族的精髓中。然而，恩格斯从社会革命的角度在揭示传统文化的社会功能和时代作用的同时，也指出传统文化存在一种巨大的阻力和历史的惰性力，其中消极的力量一定要被摧毁。他还指出，在一切意识形态领域内传统文化都是一种巨大的保守力量。由于在中国封建时代，儒学长期占据主要统治地位，所以儒学的优点和缺点也导致了中国传统文化的优缺点，毋庸讳言，儒学中既有体现中华民族精神和优秀文化传统的合理成分，也有历史糟粕和过时的思想因素。传统文化对中国的改革开放和制度创新尤其是教育体制和教学活动也具备负效应，主要体现为儒家学说的功利性和顺从性等。

5.1.1 儒家伦理的功利性

儒家学说的主要开创者打破“学在官府”，创设“私学”，提出“有教无类”“删诗书，定礼乐，修春秋”，将中国遗留的文化整理并贯穿于教育系统中，从此儒学日益切入中国教育中，如探寻“求仁”“明人伦”“志于道”的教育目的，然而，与此相对应的，还有以追求功名利禄为目的的教育，把学习语言文辞诗赋和儒家经典作为一种手段，其真正目的意在功名利禄。

1. 学历中心

植根于儒家文化的功利性思想在教育中表现为重文凭、轻创造力，对人才的培养注重学历，儒教伦理传统文化带有功利性，其价值取向是“读书做官”“学而优则仕”，始于隋代的科举制度，由分科取士而得名，并成为历代王朝设科考试选拔官吏的制度，打破魏晋以来的门阀制度，对学校教育及社会发展具有重要意义，然而由于历代科举只注重文辞、脱离实际从而养成士子只会记忆、背诵，不通经义而无真才实学的不良学风。几千年的科举制度所留给人们的“万般皆下品，唯有读书高”的思想，在现实生活中必然会有所反映。而在当今的市场经济条件下，人们更加注重现实的功利性，心理上更加浮躁，不是踏踏实实地追求学问和知识，而是追求短期的“速成”，从而导致千军万马争先恐后去挤独木桥，逐步出现了只重分数和文凭却不重知识和学问的消极现象。现实的导向使得学子们所追求的目标产生偏差，社会的功利因素和经济发展的粗放模式使教育

① 张岱年. 文化与哲学[M]. 北京：教育科学出版社，1988：8.

的发展难以按照自身的规律进行。同时传统的“学而优则仕”逐渐演变成今天的“学而优则升”“学而及则成”。高考分数上线就可升入大学，大学里成绩合格、修满学分则可拿到文凭。文凭成了谋求职业、晋升职位的金牌护照。于是，便产生了分数拜物教和文凭拜物教，在大学里，教师依然视分数为评价学生的唯一标准，学生把分数当作自己的命根，用人单位把文凭学历当作招聘录用的首要条件。这种分数观和文凭观使学生取得了知识和分数，获得了学历，但是失去了学习的热情和创造的激情。一味追求功名利禄，不以义理为指导，就会带来士风的猥劣，从而缺乏为国家、为民众服务的意识，而怀揣此种求学目的获得入仕参政，将导致学界的腐化，官场的腐败和整个社会风气的败坏。

21世纪是创新的时代，创新需要文化作为创新精神的温床。中国创新教育必须冲破旧的文化樊篱，摆脱旧的文凭观、人才观，营造新的人文环境，要创造一个民主的、宽松的、有包容性的教与学的和谐环境。近代教育家陶行知说过：创造力最能发挥的条件是民主。当然，在不民主的环境下创造力也有表现。那就是限于少数而不能充分发挥的天才。这就要求学校制度要有一定的灵活性，不要过于严格和限制；教师要着力建立和谐的师生关系；教学过程需要大学师生在双方协商调整中完成，发扬教学民主；在评价标准上要多样化，避免评价方式的单一，要多角度衡量评价结果；要尊重教师和学生双方的个性特征，尊重多样性，要能够接纳各种不同类型的学生；在教学过程中，鼓励学生多向思维，发散思维，寻求多种答案，从各个角度去解决问题。营造一个全新的、美好的、焕发着勃勃生机的创新教育环境，让大学生不要只为文凭而读书，不要只为文凭而学习。

2. 知识中心

在中国哲学史上，知识往往是以“知”来表示的。“知”含有知识和认识能力两种含义。荀子认为人具有感知的能力，能在与外界接触中获得知识，“所以知之在人者谓之知，知有所合谓之智”(《荀子·正名》)。又指出“凡以知，人之性也，可以知，物之理也”(《荀子·解蔽篇》)，承认人有认识客观事物之理的能力。[①]《中国大百科全书》(教育卷)这样界定知识：所谓知识，就它反映的内容而言，是客观事物的属性与联系的反映，是客观世界在人脑中的主观映象；就它所反映的活动形式而言，有时表现为主体对事物的感性知觉和表象，属于感性知识；有时表现为关于事物的概念和规律，属于理性知识。[②]

传统的大学教育通常把大学生接受系统知识视为教育的核心，这种“知识中心主义”倾向致使现代教育价值取向发生偏差，甚至背离教育目的。受传统教学价值观和认识论的影响，教师普遍认为，教学过程就是传授知识的过程，在于寻求最有效的教学手段、方法和条件，把课程知识和信息最为快捷地传授给学生，就知识学习而言，传统的教学观把知识和信息的获取视为一个被动输入的静态过程，教学方法以单向的传授灌输为主。教师的教学角色和任务都是为了知识的传授，为了把学生塑造成一个有“知识”、有“文化”的人。教师教学的成功与否，关键在于教师传授知识是否快捷、有效、丰厚，容易导致教学存有以下特点：强调教学的外烁性、灌输性与注入性，将大学生的大脑视为被

① 冯契. 哲学大辞典[M]. 上海：上海辞书出版社，1992：1010.

② 中国大百科全书（教育卷）[M]. 北京：中国大百科全书出版社，1985：525.

动的知识容器、知识载体和知识受体；注重知识的权威性和作为知识代言人的教师的特权，倡导学生背诵和记忆大量书本知识，并注重以书本知识为内容的考试；强调知识内容或知识本身的价值和意义，忽视学生对知识的获取和运用能力，提倡教学适应知识量、内容的积累与增长，而忽视教学适应人的身心全面发展的需要。[①] 当前，多数大学教师对教学过程的认识，仅仅停留于知识的层面，没有自觉认识到给予学生知识只是教学的手段、条件，是教学目的的一部分，而不是全部，更没有意识到人的全面发展才是教学的“本真”面貌，是教学的真谛。教师完全执迷于课程知识，把学生当成灌输知识的“容器”，当成被塑造的“物”，而没有把学生当“人”，当作一个具有鲜明个性的“人”看待，无意识地否定了“人”本身的存在，以至于学生丰富的人性被教学压抑和摧残，学生生动的生命成为“虚无”。

5.1.2 传统文化的顺从性

儒家文化的亲亲与尊尊同体并用、民本与忠君并存的思想特征，适应了中国宗法制等级社会的客观需要。一方面，亲亲和民本体现了中国文化的人文主义精神，亲近和爱护自己的亲人，然后推己及人，施仁爱于众人；另一方面，尊尊和忠君又导向王权主义和贵族阶层，并由此滋生专制独裁。儒家的价值观体现为重义轻利、尊公蔑私、贵理贱欲，并导致了重权威、重群体轻个体的思想，重视个人对社会、集体、民族、家族所承担的责任和义务，以个体服从于集体，以个性屈服于共性。如“大道之行，天下为公”（《礼记·礼运》）、“天无私覆，地无私载，日月无私照”（《礼记·孔子闲居》）、“君子无所争”等。在个人与社会关系问题上，儒家注重培养人们的群体意识，重视个人对社会承担的责任、义务和贡献，轻视个人对社会的获取，以顺从和求同来抹杀个性，由此一来，不利于发挥个体的首创精神。

1. 重权威轻创造

中国传统伦理中，教师是教学过程中绝对的权威。《礼记 · 学记》中说道：“能为师然后能为长，能为长然后能为君。故师也者，所以学为君也。”这里充分论述了教师在教学中的重要性，也体现了师道尊严如同“君臣之道”一样神圣不可侵犯。至于“中庸”，朱熹如此解释“中者不偏不倚，无过不及之名，庸，平常也”，孔子以为“礼之用，和为贵，先王之道，斯为美”。中庸之道对国人的正面影响体现于其反对激进，不走极端、追求和谐、和为贵等。植根于中庸和谐思想，大学教育忽略了学生创新能力的培养，以“中和”为准则，回避辩论、反对冒险、主张维持现状、否定变革等思想严重影响了学生创新能力的培养。

儒家学者视道德教育为整个教育的中心，主张“克己”“内省”，极其重视个人的道德培养。《大学》里提出的三纲领、八条目，把“内圣外王”作为培养目标和理想人格，道德教育成为中国教育的本质。儒家文化注重“一以贯之”的整体性思维，“天人合一”是其集中表现。这种把天、地、人合一进行整体观察的思维方法，正是今天我们看待人

① 靖国平. 从“仓库”理论到“蜜蜂”理论[J]. 中国教育学刊，2000（2）.

与自然、人与社会、人与人之间的关系时所必需的现代系统思维方法。但它的缺陷反映在教育方面也是很明显的。首先是在教育目的上，无法设计不同层次，不同类型的培养规格，所有培养出来的人都“千人一面”，导致“千军万马过独木桥”考入大学后的目的只为谋求一个好职位，从而忽略了大学教育其他的更为重要的育人目的；其次是教育内容单一、狭窄、知识结构缺乏宽度、人文科学与自然科学严重分离;最后是教学手段单一，灌输、填鸭，答案唯一，重演绎、推理、直觉、按部就班，少思辨、讨论。在这种传统型的教育价值取向影响下，整个教育活动中凸显师生的伦理性，使人们认识到复杂的思想行为必须符合伦理道德标准，用伦理道德原则去包容一切、解释一切。以教师为中心，学生从属于教师，学生不敢反对教师，不敢质疑老师所言，教师很难接受学生的新异观点，学生很少有机会发表自己的看法，即所谓“师道尊严”。在这种重权威的价值取向影响下，教育缺乏科学和民主，教师的教和学生的学都只能囿于引经据典，唯书、唯师遏制了人的探索和创新精神，无法体现其主体性和创造性。

在生活中，以伦理原则为绝对尺度的评价模式，把人的多元化的行为仅仅归结为一种简单的直线型评价，人的丰富多彩的价值活动简单地被纳入不变的道德评价框架中，人的生命创造力受到严重阻碍，直接后果就是导致了传统文化对主体价值活力的限制，束缚了人们对物质世界的探求，对主体的全面发展造成负面影响。

基于心理学研究，从思维活动的过程看，创新能力作为一种复杂的高层次的智慧活动，是多种认知能力、多种思维方式共同作用的结果。它需要分析思维与顿悟思维的协同配合，需要发散思维与集合思维的共同参与，需要抽象思维与形象思维的相互协调。此外，它还必须具备活跃开放的想象力，必须了解自身思维过程，并具备对之进行监控与调整等元认知能力。传统文化中把人的阶层分成三六九等，等级森严、上下尊卑、过分强调整齐划一，忽视了个体的独立性。传统文化特别强调顺从、同一、谦恭及和谐的人际关系，当代人的学生观还是把顺从、听话视为好学生的标准，当代人的尊师观 依然是以师道尊严、崇尚教师权威为主流。长期处于这种环境下，受传统文化的影响，学生时常表现出自信心不足、主动性、独立性、自学性和进取性差，缺乏强烈的自主思想和创新欲望。中国教育传统历来重视培养学生的整体辐合思维能力的培养，而轻视学生发散思维能力的培养，重视分析思维能力的培养，而忽视直觉、灵感等顿悟思维品质的培养，重视抽象思维能力的培养而忽视形象思维能力的培养，重视再造想象培养，而忽视创造想象的激发，重视顺着老师的思路再现课堂教学的思维过程，而忽视学生认知活动中独立思考能力和自我监控能力的形成。这些做法对学生再现书本知识，继承前人的知识、考高分是有利的，但难以激发学生的智慧潜能，难以培养学生的创新思维品质。

2. 重群体轻个体

植根于“和为贵”思想，传统文化通常表现为尊公轻私，注重群体意识，家族观念，强调群体意识，对于激发个体的社会责任感，形成民族凝聚力，培养爱国主义和集体主义情感有积极的作用。在这种文化长期积淀的惯性中，我们的教育一直比较重视共同的价值观、共同的行为准则和集体意识，相对忽视了创造能力和个体意识。相对而言，个体意识淹没于群体意识中，儒学中“以天下为己任”的为公思想也表现出轻视个人利益，抹杀个性。儒家伦理道德过分注重整体关系，其人格是外控的，服从的，接受主体是被动的，它并不重视主体的自我能动性和潜力的发挥，教育中的主体价值只是作为实现社会价值的途径和手段被承认。这种压抑人的独立意志和锐意进取的价值取向，正是与我们今天所要培养的创新人才的特点背道而驰的。在教育中体现为忽略学生个性品质的培养，而个性的多样化、自主性和首创精神，乐于挑战，这一切都是进行创造和革新的保障。没有个性，就没有创造。没有个性的民族是民族之悲哀，没有个性的教育是教育之悲哀，真正的教育应该使学生形成独立自主的意识、富于批判的精神和自我判断的能力。

中庸之道推崇“和为贵”。“和为贵”思想在培养整体意识、团队精神、亲和感等方面闪耀着不可磨灭的光辉，但其消极作用也同样是不容忽视的，表现为从众性、求统一、不求异。个性化教育非常薄弱。透过东方文化，我们反观西方文化，不难看出，西方文化是一种追求个性发展的文化。以资产阶级的形式出现的自由、平等观念，在18世纪启蒙思想家卢梭等人的著作中就得到了充分的阐述。他们宣称，自由和平等是天赋的不可剥夺的权力。1776年美国的《独立宣言》中说：“一切人生来就是平等的，均享有不可侵犯的天赋人权———生存、自由、追求幸福。”正是这种天赋人权形成了美国文化强调个体、重视个性的特点，形成了整个社会尊重个体意识、尊重人才、崇尚知识、鼓励个人创造的宽松氛围。为什么美国不到三百年的历史却比我们五千年文明古国还发达昌盛?这从某种程度得益于美国的创造性文化。由于美国文化的熏陶，美国教育历来重视个人的探索精神、冒险精神、开拓进取精神等创新性品质的培养。哈佛大学培养的是具有领袖素质的人才，他们具有创造精神、实干精神和服务精神，而不是读死书、死读书。美籍华人杨振宁、丁肇中教授曾谈到，来美国的中国留学生的弱点是胆子小，不敢大胆论证，美国学生大胆的创新精神比中国学生占优势。中国留学生一去西方国家，大多属于回答论证课题的水平，而课题的提出恰恰是文化基础比他们差的西方青年学生。众多诺贝尔奖获得者告诉我们：成功靠的是创造性的想象力、勤奋刻苦、协作态度和对事业的献身精神。

传统文化价值以社会伦理为本位，严重缺乏民主平等观念，学习目的是“学而优则仕”，严重扭曲了学习和创新的目的：明哲保身的处世哲学，严重抹杀了学生进行创新的勇气。中国的儒家文化传统和教育传统一贯重视“一”或整体的价值。注重整体的思维方式使人们在思考问题时，无须有创造性、思辨性的分析，从而使得培育出的学生没有创造意识。传统文化中的“崇尚共性”“大一统”的群体思想使得批判能力严重缺乏，学生有了不同的想法却不敢提出来，为的是不被视为“异类”，这极大地扼杀了学生的独立探索的意识，学生的创新意识也就得不到培养。

基于传统的人伦和层级思想，大学教育忽略了学生主体性的发挥。传统文化强调人伦和秩序，崇尚一统观念、等级观念、孝与忠观念。与此相适应，教育方式带有专制性，缺乏民主性和平等性，教学只注重继承、接受。在教学活动中教师享有至高无上的权威，教师总是演主角，学生演配角，教师只是依据早已设计好的计划进行教学，而不是学生的兴趣，学生的大脑被视为一种被动的储存器，学生学习被动，学习兴趣缺乏，学生在教师的安排和指导下理解、掌握、识记、再现一个又一个的知识点，学生成了被动的学习工具，学习变成一种简单的再现。因为创新活动与专制的管理是不相容的。探究、冒险、提出新的想法、对失败和挫折的无所畏惧、尝试新事物后的喜悦等情感，都只有在民主的、地位平等的师生关系中才能实现。所以大学教师应该是火柴、打火机，甚至是火炬，主要职能不应该是燃烧自己，而是点燃学生的希望之火、兴趣之火、智慧之火，激发学生的学习热情和创造激情，应该让学生明白：我就是太阳，我就是爱迪生，我一思考，就会灿烂。

5.2 现实社会的驱动

5.2.1 信息时代的使命

当今，类似于工业革命的新一轮变革——信息革命，使人类文明跃上了工业经济时代最辉煌的巅峰，并已步入知识经济时代。知识经济是建立在知识和信息的生产、分配和使用上的经济，而知识的生产、分配和使用是以创新为其源头的。有学者指出传统的高等教育已经难以适应当今社会的发展，在信息时代的今天，高等教育的许多功能，如传承知识、创造知识和教书育人等能够很容易被更有效率的电子信息传递方式代替。随着虚拟校园、网络大学、虚拟课堂和远程教育的出现，大学正从教室搬到机房，网络大学将代替传统的大学，成为没有围墙的学校，更有人说学校可能会在网络社会中日益消亡，这些因素给传统高等教育带来很大的挑战。

1. 信息的多样性

飞速发展的传播媒介使人们在现代社会获取信息的渠道呈现出多元化，更使思想敏锐的当代大学生的信息接受量呈爆炸式增长，这种影响自然也是多向度的。

第一，信息网络是由强大的现代科学技术支撑的，它不仅使教师开阔视野，更使大学生的视野豁然开阔，极大地拓宽了他们的认知维度，并最大限度地挖掘了他们思考问题的潜能。由此而来的就是学生从传统的单一信息源——书本和教师那里获取的知识和信息正日益呈现大幅锐减趋势，教师地位和信息的权威性受到强烈冲击。鉴于此，在非信息化时代，教师对知识是近乎垄断的，进入信息时代，其原有的“安身立命”的传统地位受到前所未有的挑战，为此，因“闻道在先”而使学生对其顶礼膜拜的传统心理不再使教师拥有优势，多数教师不可避免地产生一种沉重的职业危机感。通过便捷迅速的搜索引擎装置和简单的复制功能，大学生从大众网络传媒上就可访问并截取到大量的知识信息，且由于传统的课堂教学极具局限性，导致教师不可能收集并传授所有的最前沿的相关知识，学生搜索到的信息甚至连教师本人可能都闻所未闻。当代大学生群体中不乏极具探索特质和求异思维的学子，他们对传统理念表现出尖锐的批判意识时，这种信息的“滞后性”再次冲击了教师的知识权威，使教师感到手足无措。学生的这种极具时代特征的文化、信息优势更促使部分教师开始对自己的学术能力和教学能力产生怀疑，甚至自我否定等自我认知混乱状态以及职业信心丧失。因为在传统教育模式中，信息的传递向来都是单向度的，很难想象作为接受方的学生会对传统的信息源——教师和书本提出任何的质疑。于是，在多数教师心中，角色恐慌、知识恐慌、信息恐慌、能力恐慌、职业恐慌、生存恐慌等像鬼魅一般弥漫开来，完全笼罩了曾几何时一直闪耀在头顶的作为“先知”的光环。

第二，当今学生已经对民主、平等、权利等意识实现了一种近乎沦肌浃髓的价值内化，他们开始重新审视教师的教学，甚至挑战疏于更新知识结构的教师专业素养，并重新界定教学内涵和师生关系。其实信息的“逆向输送”早已司空见惯，信道的双向性一方面有助于学生知识体系的自我建构，发挥他们的主观能动性和创造性，优化学习效能；另一方面又有助于教师及时获取教学反馈，修正教学缺失，弥补教学不足，实现教学相长。毫无疑问，这种几近革命性的教学理念和学习理念对教师固有的教学理念和教学习惯是一种彻底的颠覆。

2. 网络的虚拟性

网络赋予人类社会生活全新的时空概念，给人类的物质交往关系和精神存在方式注入了全新的内容。“网络”源自社会学和人类学中的概念，从人类学和社会学的角度，“网络”是将个人、阶层、组织、集团以某种方式链接起来的一种网状社会关系，而这种社会关系在本质上是一种以事实、技术为载体的价值关系和伦理关系。传统单一的交往形式被越来越丰富的交往形式替代，由此，人类的支配力量得以扩展，人类的社会关系也越来越丰富。全球化时代以网络为中心对信息资源进行全新整合并导致“信息无国界”的现象已经成为现实，这一发展态势正在冲击着人们长期以来形成的传统民族国家观念。在传统社会中，主体与主体之间的交往多数情况下是面对面的直接交往，交往中彼此对于对方的社会地位、社会角色、人格品性等都有不同程度的了解。这种交往方式更多地体现着群体化而较少有个体化特征。而网络交往是指交往主体的互动是通过网络发生的，在这个由资讯传媒技术日新月异地发展和世界经济一体化深度推进而催生的物化年代里，社会的政治体制、经济体系、文化结构和民众思想观念正在重新建构。

大学，一直被视为知识的“人才库”、“创造源”、文化的传播者和知识型产业的孵化器，是中国知识经济形成和发展的动力。在网络时代，大学的地位和作用将被推至经济的中心，大学的地域性逐渐消失，代之以“外围地代”与“核心地带”。现在所面临的网络社会是一个全新社会，它是一个全球性系统，本身毫无边界可言，该系统具备以下特征：快捷而便利地传递并获取信息，信息传输的手段与内容综合而丰富，网民交往的行为开放而自主等，还有一个不可忽视的方面就是网络世界虚拟而隐蔽。

日本学者池田谦一在《电子网络的社会心理》一书中指出，电脑通信在电子空间中能一下子飞跃时间、空间与社会的篱笆……纯粹以“信息之缘”联结的人与人关系成为可能。这样一来就形成了全球范围的没有制约的中间集团，它给予人们无法估量的创造性动力。一方面，对市场经济运行规律的自然遵循使人类追求物质利益最大化的本性得以充分演绎，并创造了令人叹为观止的财富神话；另一方面，由于现代人因文化价值判断而引发的功利至上、精神空虚等现实状况，人们又不得不直面浮华背后的弊端，这种弊端犹如幽灵般如影相随。在这个被网络技术和市场经济全盘格式化了的信息时代，尤其是当饱受诟病的中国教育改革深陷进退维谷困境，教学状况不尽如人意的时候，教育便无奈地成为相关体系制度积弊的替罪羊，教育的专业权利、职业形象、学术尊严都遭到了空前的挑战、质疑、异化和凌越。

德国哲学家海德格尔曾说："技术不仅仅是手段，技术是一种展现的方式。"① 随着影像技术的进步和虚拟现实技术的采纳，现代社会的真实性在某种程度上日渐消失在数字技术中，由于电脑及网络技术的发展和普及，网络一族的社会互动能力逐渐退化的现象会日益严重。精神病专家托尼诺·坎泰尔米指出："长期在网上冲浪会渐渐失去自我，改变个性。在情感方面，网络爱情充满了虚拟，并颇具诱惑，会使上网者不知不觉陷入难以自拔的困境。"② 当网络使人们丧失了正常的交往能力之后，取而代之的或许是虚假、虚拟甚至暴力时，整个社会就可能陷入深深的漠然、冷酷和倒退之中。早在1950年，美国学者大卫·雷斯曼在其名著《孤独的群众》中生动地描绘了未来信息时代人类的自恋、自大、焦虑、恐慌和孤独。他形容现代人都变成了头上顶着两根天线，焦虑而盲目地吸收轰炸而来的信息的新人类。他们在信息的汪洋大海里随波逐流，越是和别人相同，越觉得孤独。人们的生活、精神也逐渐随着网络的快速发展而产生相应的变化。个体人的肉体与精神，正在被网络慢慢捆绑。同时，人们的世界观、价值观、生存观和职业观突变，连同已得到普遍认同的民主平等意识，迫使那种"得天下英才而教之""凭眼前三尺讲台搏取身后名"的传统雄心壮志已经消弭殆尽，迫使曾经以远大而坚定的教育信念来支撑和固守的传统职业追求及道德体系被网络时代冲击得彻底崩溃，在教师队伍中已出现明显的自我认知混乱、职业信心缺失、师德意识淡化、教学精神式微、教学行为失范、治学不严、职业倦怠、教育品质恶劣等现象。

5.2.2 市场经济的驱使

随着改革开放的不断深入，由传统的计划经济转向建立社会主义市场经济体制，以促使国民经济持续、快速、健康地发展，把中国建设成为一个现代化强国，顺应时代的要求，也符合全国各族人民的根本利益。但由于社会主义市场经济体制尚未健全，结构不完善，西方资产阶级腐朽思想和生活方式不断侵蚀，加之中国封建社会的遗毒以各种各样的方式冲击和腐蚀着社会，社会主义市场经济驱动下的价值观、人生观、世界观和道德伦理观等都在发生着变化。商品经济大潮给各行各业以不同程度的冲击，人们的思维方式伴随着商品、市场以及社会意识形态的变化而发生着深刻的变化。各种生产关系经历了一次较大的分离与重新组合。从农村到城市，从集体到国营，从小企业到国有大中型企业，

① 绍伊博尔德. 海德格尔分析新时代的技术[M]. 北京：中国社会科学出版社，1998：16.

② 李利群. 你的高科技病是肉体的还是精神的[EB/OL]. （1999212208）[2007202202]. http：// www. cy2ol. net/ cyd / zqb /19991208 /GB /9706^Q1002. htm。

从商业到工业，都经历了一场重大变革，形成一股市场经济的巨大冲击波，如不认真对待，很容易滋生腐败行为、拜金主义和极端个人主义，而大学作为社会的重要组成部分，必然要经受市场经济负面影响。

市场经济对教育尤其是高等教育的巨大冲击，引发了人们对市场经济条件下大学改革的思考。有学者提出，教育应不断深入市场机制、竞争机制，按照市场经济规律办事，进行教育改革，有利于消除过去教育中长期存在的弊端；也有学者指出，教育作为一项培养人的事业，有其自身发展规律，不应该具备商品生产、经营行业的性质，不能把市场机制全面引入教育，以免使教育误入歧途。处在市场经济条件下的高校发展，必然要受市场经济的影响与制约，对于教育改革与发展而言，这种制约与影响的确是一次机遇和挑战。当今，许多大学教师感到自己在具体实施教育的过程中很被动，缺乏动力，在教学活动中感受到一种压抑。大学教师教育学生修身养性，心性高远，而大学生却深受灯红酒绿、纸醉金迷的诱惑，很多教师自身也艰难地抵御各种物化的和外界的诱惑，勉力坚守着职业道德的底线；当大学生被告知知识就是力量时，社会展示的现实却是有时学富五车带来一生清贫潦倒，而毫无所长的人可以腰缠万贯、混迹名流；大学生虽然被教之以学习英雄榜样，提升其思想境界，而另一方面他们中的大多数聚焦的却是某些英雄人物在现实中的可悲可怜……

大学教育过程虽然不是商品生产过程，但大学教育培育的最终产品——人才，必须通过人才市场、劳务市场间接地实现自身价值；教育产生的另一种产品——科技成果，要通过科技市场实现其价值；教育者、被教育者与教育活动都不可避免地要与市场经济发生关系。因此，教育改革与发展必然要受市场经济规律的影响与冲击。

1. 大学教师队伍的不稳定

在市场经济的涌动下，面对市场、面对商海、面对物质分配不公和金钱的诱惑，大学教师的心理逐渐失去平衡，因为感觉劳动力价格与劳动力价值不成比例，感觉工资收入低下，有的教师弃教从政、经商；有的教师虽身在大学，但主要精力不在教学科研上，不断寻找赚钱的途径，市场经济对大学教师队伍的冲击，打击了教师的教学热情和激情，并严重影响了大学教育的教学质量与发展。

2. 人才培养结构不灵活

现行教育体制存在许多弊端，不能主动适应社会主义市场经济发展的需要。在市场经济发展中，高等院校专业结构不合理的问题逐渐暴露出来，一些曾在计划经济条件下根据当时需要设置的专业，过了几年之后没有需求市场，供过于求，人才饱和。这种矛盾在计划经济时代还不突出，因为那时国家包分配、包就业，然而当毕业生就业制度变为“双向选择”“自主择业”之后，此类问题就迅速暴露出来。一方面，社会急需的专业人才短缺；另一方面，由于过去盲目设置专业、布局不合理，造成人才的非正常过剩。今后，根据市场的调整，可能会有一部分专业要面临关闭的危险，甚至有一部分高校面临关、停、并、转。

在市场经济条件下，高等院校只有主动适应人才市场，致力于对学生学习的积极性、主动性和独立性，提高教学效率、提升教学质量的方向进行改革，努力提高人才素质与人才质量，高校要努力创造条件，改善教学手段、教学方法和教学内容，密切注视市场需求对人才培养的规模、速度、规格、种类以及变化状况，才能生存和发展，主动将市场经济条件下的竞争机制，引入学校管理和教育教学实践中，形成优胜劣汰的良好竞争环境，实现教育资源、教育人才的优化配置和良性循环。调整教育结构，拓宽人才市场，在市场经济条件下，产业结构的变化及其内部结构的调整，社会职业的变化，对整个教育，特别是高等教育的教育结构提出了新的要求，要适应未来信息社会，学校就要培养创造型人才、复合型人才、超前型人才、特殊型人才等。因此，高校应按照市场经济的需要和科技发展的要求，结合中国国情，适时调整人才培养结构，发展新型专业，淘汰并取消落后专业，正确处理专门化与综合化的关系，提高教育产品——人才的质量，强化其在人才市场的适应力和竞争力，提高人才市场的占有率，不断拓宽人才市场。

3. 大学教育职能欠完善

随着市场经济的发展，高等教育的传统地位将逐步受到影响，专业与专业之间、学校与学校之间的竞争将日益激烈。加强高校间的横向联合，可使学校在竞争中处于有利地位。学校在与科研单位、企业、学校的横向联合中，可充分利用外部条件，取他人之长补自己之短，提高办学规模和办学效益。现在已经出现了不少高校之间联合办学、合并校区、成立联合大学、进行实质性融合等，有利于充分发挥各自的优势，扩大办学规模，形成规模效益，提高竞争能力。

面对激烈的市场竞争，大学发展的实质应该是如何开发自身的竞争优势，从而使大学在教学管理、科研能力、学科建设、学校文化以及社会服务等具有独特资源的基础上不断调整自身要素和内部结构，以适应和引导外在环境变化对高等学校提出的要求，挖掘其内在的持续能力和平衡能力。在市场经济体制下，大学发展就是对竞争力的一种有效管理，是一种开发竞争优势的完整系统，是一种不断适应环境变化而保持与外在环境之间平衡的能力。

大学的作用在于促进人的发展和社会的进步，在于促进大学生的个性化和个体社会化。学生个性化是大学固有职能，也是人类教育一直努力的方向；学生社会化，是高校的工具性职能。无论是高校的传统职能还是新型职能，都属于高校的教育性职能，这是大学区别于其他机构的核心标志，是学校的最基本的职能。然而，在市场经济的冲击下，不少高等院校市场运作力度过大，机构过度膨胀，渐渐发展成为个别集团或个人赚钱的工具，与企业相差无几。把原来“培养人”的教学职能演化为赚钱的机器。高校的职能部门由原来的教学部门变成了许多分支的经济部门，如广告公司、服务公司、服务中心、校办企业等，校长、院长和研究生导师成了“老板”“总经理”，整天为“钱”而奔波，解决教职工的“后顾之忧”，还美其名曰：“创收。”如此一来，学校的教育性职能被人为倒置令人担忧。

5.3 高校扩招的弊端

所谓高校扩招，是指高等院校在原有招生计划上扩大招生数目。依据《中华人民共和国高等教育法》规定，高等院校是指“大学、独立设置的学院和高等专科学校，其中包括高等职业学校和成人高等学校”。高校扩招主要表现为在校学生总数和毛入学率的增长。高等教育的毛入学率即高等学校注册生（在校生）人数与规定年龄组人口数的比率。中国高等教育毛入学率主要依据国际惯例和中国实情计算，即18~21周岁（国际上主要是18~22周岁）的人口组中，含普通高校、军事院校、成人高校、文凭考试（社会力量办学举办的高等专科教育学历文凭考试）、自学、电大等六类高等教育的总在校生数在高等教育适龄人口总数中的比例。毛入学率的增长是高等教育发展的首要要素指标。高校扩招是高等教育发展在规模上的表现。高等教育规模与结构、质量、效益等共同构成了高等教育宏观发展战略中的基本范畴，并相互影响、相互作用。高校扩招的数量、质量和速度将对高教系统内部以及整个社会系统等多方面因素产生或直接或间接，或强或弱的影响。

由于持续快速发展的经济需要更多的高素质人才，以及其他诸多方面的因素，中国高等院校自1999年扩招以来，规模迅速扩大，招生数量在逐年递增，毛入学率年年攀升，基本成为世界上高等教育规模最大的国家。然而，随着高等教育大众化的实现，但教育资源分配的不均衡，导致教学质量以及学生学习质量大幅度下降。随之而来就滋生了很多关于高校扩招的是非功过的评判。高校扩招不是一个独立的现象或事物，它的出现牵制着高校很多因素的变化。

5.3.1 教育资源的不均衡

1. 教育经费投入不足

由于逐年扩招，高等教育经费投入不足，教育资源匮乏、办学条件下降、教学设施短缺，后勤保障无力，致使许多高校债台高筑、负债累累。在实施高校扩招的几年中，一方面国家财政性教育经费支出占GDP的比例出现下降趋势，另一方面国家财政性教育经费占高校经费收入的比例也在下降，导致高等教育投入的严重不足。中国教育部、国家统计局、财政部发布的2012年全国教育经费执行情况统计公告显示，2012年国家财政性教育经费为22 236.23亿元，占GDP比例为4.28%，比2011年的3.93%增加了0.35个百分点，刚刚达到世界衡量教育水平的基础线。美国高等教育经费来源有多种渠道，主要包括政府投入、企业资助、个人捐赠、银行贷款、基金会赞助、个人自费，等等。跟中国相比，美国政府对高等教育经费的投入比例虽然只占本国高等教育总经费的一小部分，但其投入经费占GDP比例却远远高于中国。①

① 路桥. 本科生扩招何时休[J]. 边疆经济与文化，2007（12）：159-160.

扩招后对高校的教室、宿舍、图书馆、操场、食堂等硬件设施提出新的要求。部分高校原本的教学条件就捉襟见肘，仅能满足扩招前的教学，盲目扩招后，教学质量自然跟着大打折扣。逐年扩招使一些原本不具备扩招条件的学校，也跟着盲目扩招，教学设施也无法达标。近几年高校大多实行"双扩容"，既扩大招生规模，又扩大校园规模，在城郊地区建新校区，这不但给整合学校资源带来难度，也给学校各方面管理造成困难。扩招虽然使学校的有限资源得到了最大限度的挖掘，但也给学生和教师带来诸多不便。哈佛大学前任校长柯南特所说："大学的荣誉不在于它的校舍和人数，而在于它一代又一代的教师质量。一个学校要站得住，教师一定要出名。"①

正是由于教育经费的严重不足，学校为了维持正常的教学、科研和管理运转，不得不超支运作。由于不断扩招，不少高校都进行巨额贷款，并因此负债累累。持续扩招导致高校兴建校舍、购置教学设备、大量引进人才及建设新校区等这些软硬件设施的添置需要巨额资金，国家的教育拨款、高校收费及通过财政返还的财政性资金，远远不能满足高校因扩招发展而产生的经费需求，不少高校陆续走上边举债边发展之路，因此给教师的教和学生的学带来了负面影响，并形成了巨大障碍。

2. 专业结构设置不合理

部分高校在合并与扩张的过程中，盲目求大求全，致使学校无法形成自己的办学风格，办学定位模糊和办学目标不清，高校的教育周期和市场需求更新的周期通常而言并不一致，对市场需求的回应甚至是滞后的，盲目地扩招有可能造成热门专业毕业生就业拥堵的现象，加剧了高校毕业生的就业困境。

受市场经济冲击，一些地方高校办学存在严重的功利化倾向，由于过于强调经济"成本—收益"观念，使得高校率先考虑投入少、收益多的专业扩招，这就形成了千校一面的专业扩招特色。部分高等院校扩招后专业结构设置失衡，如由于社会科学专业和自然科学专业所需成本不同，不少大学为了降低办学成本，扩招专业往往限于社会科学类专业，因为此类专业投入的成本相对较少，而那些需要投入大量设施、实验设备的自然科学类专业则增长较慢。还有的学校什么专业热就办什么专业，什么学科热就发展什么学科，不管是否具有办学条件，也不遵循教育规律，高校扩招的最直接后果是增加了大学生数量，在人才需求量一定的情况下，相近或相同专业就业形势日趋严峻，大学生就业竞争异常激烈，也必然形成部分高校毕业生就业难。随着产业结构调整和技术升级，许多行业的准入门槛也变得更高，这些产业对高层次人才的需求应该说是旺盛的。然而，面对每年以数十万计递增的高校毕业生，这些行业内的企业却抱怨招不到合适的人才。

高校除了严格要求在校学生与教师之外，也会产生对生源质量的要求，反映在对高考的要求。而扩招是要靠降低分数线来实现的，因此便形成了本身的一种悖论：降低分数线来扩招，但用人单位对高校的反馈却使高校对高考提出更高的要求。其原因有以下

① 王邦虎. 校园文化论[M]. 北京：人民教育出版社，1999：168.

几方面。

第一，高校扩招的专业结构比例不合理、不协调，造成大量需求饱和或需求量偏低专业的毕业生“滞销”。

第二，高校中专业老化、知识陈旧现象严重，未能随社会需求变动，加之许多学生在学校里无心读书，学生毕业后难以适应市场需求，逐步导致毕业即失业的恶性循环现象。

大量的失业学生让大众对高校的教学质量产生怀疑。高校办学所需要的资金中，来自民间投资的那一部分就会受到影响，使得民众不愿意投资到高校中去。这样，高校扩招后，只会忙于应付高校与社会之间的供需矛盾，势必会疏忽对大学精神的重视。学生就业压力增大，毕业输出不畅，就业向低层次发展，于是便产生了人才高消费现象，且愈演愈烈，遂导致了教育“过度”问题。教育的“过度”导致了知识的“失业”，反过来，知识的“失业”又促进教育水平的下降，如此往复、恶性循环。这些后果给大学的课堂教学产生了极大的负面影响，学生无心无力努力学习，老师也无心无力潜心教学。

5.3.2　学校管理的不完善

1. 教学管理不灵活

为适应高等教育大众化，许多高校试图通过合并等方式扩大学校规模与提升教学水平，但高校扩招是通过降低高考录取分数线实现的，也就是说扩招是以降低分数、放低要求和标准为代价的，这样一来，势必会改变大学生源的质量，使扩招而来的一般学生平均素质低下，而低分录取的学生主要表现为知识基础薄弱，学习态度不端正，自学能力差。由于学生学习动力不足，不爱学习、不愿学习、不会学习，出现学习兴趣不高等现象，尤其是许多学生不懂得遵守基本的课堂纪律，根本不把学校的规章制度放在眼里，从而产生“课堂秩序失范”现象：学生不认真听课，上课时三三两两结伴迟到；课堂上随意说话，且屡禁不止；教学中不参与课堂活动，消极被动地学习，回答老师提问时无精打采；而看课外书、接手机的却大有人在。诸如此类内在因素最终导致了教学质量的滑坡。

要进一步扩大规模，就必须降低质量向低层次人群发展。学生之间的素质参差不齐，直接增加了教学的管理难度，如在专业规划、课程设置、培养方案、教学考核等方面产生了难题；教学计划设计、教学质量监控体系、教务运行规划、考试制度改革、教学管理方式和管理队伍素质也都在不同程度上存在着与招生规模迅速扩大不相适应的问题。学生人数的剧增使得师资问题变得异常凸显，教师的数量和质量都受到了严峻挑战；如此数量膨胀的学生毕业后同时进入有限而竞争激烈的就业市场，因此，出现僧多粥少的局面，就业压力在学生和学校中得以体现；招收如此大规模的学生也使得学校的运行产生赤字、负债累累等问题。在探索高校后勤社会化的过程中，个别学生公寓管理不善，学生缺乏基本的安全感和归属感，学生教室、住宿、实验室和课外活动场地等设施均日趋紧张。“巧妇难为无米之炊”，没有教学基本条件作保障，教学质量也随之无从谈起。

校区的扩容和增加必然会导致原有教学管理的组织结构、工作秩序、人际关系和管理理念随之变动，学生和教师规模扩大，教学管理工作量急剧增加，给教学管理人员带来一定的压力。如果管理环节有所脱节，教学管理人员有可能对新的教学环境与教学秩序重新建构和营造产生疑惑和抵触心理，这也是一些扩张、合并、重建的高校仍然存在的严峻问题。学生无法得到学校主流文化的熏陶，极易造成学生思想的波动和情绪变化，如新生入学后往往因为不能适应主校区学习而产生失衡心理，部分学生借故转换专业而要求回到主校区就读，增加了管理和疏导工作的难度。

2. 师生比不合理

扩招产生的另一重要问题是师资缺编严重，师生比不合理，教学质量下降。教师是教育质量的前提保证，教师的数量与质量对学生的学习质量和学校的教学质量产生直接的影响。高校教育规模的扩张，促使原本就非常紧缺的教育资源平摊给更大的受教育群体，因而导致高等教育质量的下降，高等教育质量的贬值。由于盲目的不切实际的扩招，许多高校显得力不从心，师资力量明显匮乏，于是就出现到外校高薪聘请教师的局面，而外聘教师往往不熟悉本校学生的特点，因此在教学过程中缺乏针对性；刚毕业的新教师一来就上讲台，缺乏教学经验，参差不齐的教学水平，使很多高校的教学质量难以保证，必然会造成师资力量短缺。据统计，部分高校由于过快扩招，高校中的师生比例有的甚至达到 1∶20，大学教师由每周平均授课 4~6 节增长到 16~18 节。[①] 教师总量严重不足，特别是基础课教师。许多学校采用加大教师工作量的办法，许多教师周学时达到 20~30 学时，教师几乎成了一部上课机器。在这种情况下，过于繁重的教学任务致使教师无法对所授课程进行精心设计和目标规划，无法把握和掌控教学质量，由此也会影响到学生的学习质量。

为了尽快提升学校的层次，聘用各类学者精英，各级各类高等院校纷纷开出一系列优惠的物质条件和丰厚待遇，名牌院校召集了一大批学者精英，发达地区拥有了大量优秀的人力资源，而偏远地区、欠发达地区和一般院校的人才则纷纷流失，导致教学质量严重滑坡。前几年扩建的大学城，教师住在城区，上下课后赶往返校车，根本没有多余的时间和空间对学生进行学习交流、课后答疑辅导，更难集中精力搞好教学科研。

在课堂管理方面，教师还没确立课堂管理意识，只顾埋头教书。大学课堂上学生人数大大增加，课堂气氛却大不如从前了，在精英教育阶段，大学招生名额很少，学生不但素质较高，而且因为上大学机会来之不易，对此他们非常珍惜，学习上也比较主动自觉。那个年代，大学教师不需要管学生的课堂纪律，只管教学。扩招后，一些学生在课堂上不像从前那么配合，对教师也缺乏基本的诚敬。许多教师还没有扭转观念，没有确立管理学生的思想，一时还想不出管理学生课堂纪律的有效办法，师生比较难沟通，答疑次数和课堂练习减少，课堂作业无法批改，学生巩固知识复习机会大大减少。通常而言，

① 顾明远. 高等教育大众化过程中值得思考的几个问题[J]. 复旦教育论坛，2005（3）.

每位教师的时间、精力是一个常量，加大教师工作负荷，影响教师身心健康，钻研教学艺术少了，更不用提“因材施教”了，这就直接影响了教师学术水平和教学能力的提高，并导致教学质量下滑。几年连续扩招，使得教师队伍不稳定，教师数量相对不足，一些院校逐步出现了教师年龄和梯队上的断档。

高校扩招后，须花很大的精力去应付扩招所带来的这些负面效应。首先是用人单位反馈给高校的负面效应。工作岗位所需要的人数并没有随着高校扩招而增加，相反，就业岗位提高了用人标准，择优录取。用人单位对人才的高要求反馈到高校，使得高校不得不产生培养高素质人才的需求。其次是社会各界反馈到高校的负面效应。由于高校扩招产生大批高校毕业生，用人单位的有限需求造成很多毕业生失业的问题，毕业生失业问题处理不好，就会成为一个严重的社会问题，也对在校生的学习产生很大的负面影响。大学与社会之间关系的过度膨胀，抑制了教育的精髓实质——科研和学术的发展。这样说来，高校的扩招使得大学疲于应付与社会之间的冲突，同时致使大学陷入扩招所带来的悖论中，无法彰显大学精神，无法稳定和提高教学质量，导致教师得不到专业发展，学生得不到全面成长。

5.4　大学精神的式微

《辞海》将“精神”归纳为 5 种含义：一是指人的意识、思维活动和一般心理状态；二是指神态、心神的集中与指向程度，如神情专注或精神恍惚等；三是指一个人的精力、活力；四是指个体所焕发的神采、韵味；五是指内容的实质。

在西方，“精神”（Pneuma 和 Nous）是《圣经》中的一个基本术语，最早出现于古希腊语。古希腊语 Pneuma 是无形体的意思，用于诗歌语言和民间语言中，古犹太语 Rouakh 意为不可捉摸的。精神一词在最初具有物理意义，指风和气，后来摆脱了原初的自然主义和唯物主义观，理解为非物质的实体，并赋予了神和上帝的唯心主义色彩。德国的启蒙者沃尔夫（Christian Wolff）把精神定义为具有理性和自由意志的实体；继康德之后，德国哲学认为精神的主要标志是自由。在费希特看来，精神是对超自然的东西的一种渴望；谢林在《神话哲学》里认为，精神是控制自己的东西，它处在自身之中；尼·哈特曼认为精神虽然体现为存在的自我超越，但是它依然受物质存在决定。

人的存在，不仅是物质的存在，而且是精神的存在，是两者统一体的存在。美国社会学家布莱克曾指出：现代化指的是一种动态形式，是一个过程。历史上所形成的制度在这一过程中，发生着急速的功能变迁，它伴随着科学革命而到来，并反映了人类知识的空前增长，从而使人类控制环境成为可能。传统社会与价值的解体明显地表现于现代社会特有的各类病态中。虽然难以证明，但人们普遍相信，社会越是现代，社会混乱的程度越高，各种犯罪、不法行为、离婚、自杀、精神病的发生率就越高。卢梭曾指出，理智具有危险性，它会毁掉虔诚；科学具有破坏性，它会夺走信仰；理性是坏事，它反对道德的直觉，而人格和社会却不能没有虔诚、信仰和道德的直觉。他还指出，使人文明化而使人类没落的东西，在诗人看来是金和银，在哲学家看来就是铁和谷物。卢梭预见到伴随着科技的发展人类心灵所受到的伤害和压抑。

人类现代化过程极为复杂，不仅包括科学技术、经济结构、政治结构的发展变迁，还包括生活方式、价值观念、心态结构等的变化。它是物质文明的发展与精神文明发展的统一，是社会变迁与人的变迁的统一。马克思深刻地揭示了因为科技的发展导致了人的“主人”地位和“自由”状态的丧失。他指出，一切资本主义生产不但是一种劳动过程，而且是资本的增值过程，使用机器的初衷在于提高生产力从而降低单位劳动量，以便提高产品的竞争性，机器劳动表面上减轻了劳动，然而机器的滥用却成了折磨人的手段，侵蚀着劳动者的身体和精神上的某种自由。人类本想通过科技的发展来证实自己的本质力量，可相反却导致科技对智力的支配，这种支配还延伸到操纵人的心理状态，包括无意识领域。经济迅猛发展刺激了人们对物质上的渴求，同时又给人们带来了心灵的压抑和精神的贫困。由此可以看出，人类现代化的进程同时具有创新和破坏作用，因为它虽给社会发展提供了新机会，但也迫使人类付出高昂代价，甚至致使个体自身内心紊乱和痛苦不堪。正如马尔库塞所指出的，当代西方社会物质丰富，可精神贫瘠，技术进步成了压抑和摧残人性、干预人的自然生活的主要力量，由于技术的操纵，人成了没有反抗和批判性、只满足于物质追求的单面人，社会成了单面社会，所以技术进步有可能等同于社会财富的增长，等同于扩大的奴役。人类精神需求的式微和缺失可见一斑。

教育作为培养“人”，致力于使人成为“人”的事业和活动，对人的物质和精神存在都应该有所兼顾，不能顾此失彼，不能走“单向度”认识和行为路线，否则，教育培养的人就是“单向度的人”“空心人”“知识人”和“非道德的人”。现代教育受“工具主义”价值观的深刻影响，教育更关心教学怎样给受教育者带来物质上的满足，怎样使得学生获得生存的技巧和技能，而对学生成为健全人格的“人”的教育目标却视而不见，已然成为一种偏执的教育。为此，中外教育学界的专家学者都发出共同的感叹：“教育怎么了！”“教育怎么是这样！”“教育生病了！”等。教育学者鲁洁先生认为：“当代教育中存在的普遍危机，是对人的精神世界，特别是以道德生活能力培养的丧失。”[①] 教育学者石中英教授曾指出：“现代教育最大限度上满足了个体和社会世俗性发展的要求，但是却导致了个体的人格危机、精神危机、德行危机以及由此产生的严重片面发展和畸形发展，培养了许多有知识、有能力，但在人格、精神和德行上有很大缺陷的‘空心人’‘单面人’‘非道德的人’。”[②] 今天，教育世界中的学生，变得越来越看中功利的获取，而并不在乎对自身德行的修养。

大学精神有广义和狭义之分。广义的大学精神是指一所大学普遍存在的优良校风和相对稳定的群体心理优势和整体精神面貌，表现为为人师表之风、上进好学之风、团结

① 鲁洁. 教育的返本归真——德育之根基所在[J]. 华东师范大学学报（教育科学版），2001（1）.

② 石中英. 知识转型与教育改革[M]. 北京：教育科学出版社，2001：115.

友爱之风等；狭义的大学精神是一所大学在长期的教育实践活动中积淀的一种特定的人格化和个性精神，是最富典型意义的特征，如“北大之创新，清华之严谨，南开之笃实，浙大之坚韧”，等等。大学精神，是一所大学整体面风貌、水平、层次、特色及感染力、凝聚力和号召力的反映，是大学的理想、理念、信念、情操、价值、行为和道德水准的标志，是大学的灵魂，是师生引以为豪的支柱。

大学自创办之日起就是有精神的。“University 的本意，便是将追求科学知识和精神生活的两类人群聚集在一起并进行相互切磋与探究。大学之为大学，不仅在于他是一种客观物的存在，更因为是一种精神的存在。”①因此，德国哲学家雅斯贝斯将“生命的精神交往”界定为大学的基本任务，清华、北大为何被誉为国内一流学府？牛津、哈佛又为何被誉为世界一流大学？无疑与他们多年积淀而成的博大恢宏、兼容并蓄、文理科神形交融的学术精神以及教学与科研同构兼济的文化传统密切相连。

5.4.1 大学自由特性之缺失

“自由乃是一种心智状态，它不是从某种东西挣脱的自由，而是一种自由的意识，一种可以怀疑和追问一切的自由，它强烈，活跃而富有生气，因此能清除各式各样的依赖、奴役、臣服及逆来顺受的阴影。”②正如别尔嘉耶夫所说，精神是主体，精神就是自由，可以说，自由既是精神的前提，又是精神的题中之意，是包裹在精神最深处的意义；不在自由这一前提下谈精神，是空谈;精神的主要标志是自由，缺失了自由，精神便毫不存在。

1. 大学的商业化

长期以来，大学远离社会的喧嚣，因此得“象牙塔”之喻，但今日大学之风貌与内蕴迥异。大学作为一种存在，自由是大学精神存在的前提性条件，大学没有了自由，“大学精神”就失去了根基，变得毫无价值。同时，大学若是受制于外界事物的影响，成为为了他者的存在，那么大学精神的主要存在标志——自由就不存在了，大学精神也就消失殆尽，因此，大学的自由意味着大学要独立于一切决定论之外。

最早系统阐述大学观的是英国教育家纽曼（J. H. C. Newman），他提出“大学就是传授普遍知识的场所”③;美国教育家弗莱克斯纳（Abraham Flexner）认为，大学是“一个学问之中心，一直致力于保存知识、增进系统的知识并培养人才”④，它是目标崇高而明确、精神与目的统一的一个有机体，并基于“大学是民族灵魂的反映”这一认识而提出大学应该“有所为有所不为”；大学不应该是一个追名逐利的场所，不应该充斥着功利主义；大学也不是一个功利的职业训练所，而应该是进行博雅教育和科学教育、知识教育和人文教育统一的特定领域。近代大学兴起于文艺复兴时期，大学是人文精神

① 潘懋元. 多学科观点的高等教育研究院[M]. 上海：上海教育出版社，2001：75-82.

② 克里希那穆提. 重新认识你自己[M]. 北京：群言出版社，2004：102.

③ John Herry Newman.The Idea of A University：Defined and Illustrated[M].Routledge/Thoemmes Press，1994：10.

④ Abraham Flexner.Universities：American English German[M]. Oxford University Press，1930：230.

的集中代表，大学应坚定人文主义立场。原清华大学校长梅贻琦指出：“所谓大学者，非谓有大楼之谓也，有大师之谓也。”阐述的就是以人为本的大学人文情怀。所谓人文精神，是以弘扬人的主体性，发挥人的价值性、对人的尊严和权利的尊重、关怀为特质的。大学的人文精神的核心是自由和民主。哈佛大学原校长陆登庭说，自古以来，教育的首要目的就是要营造一种氛围，以便提供更多的时间和机会，为各种不同观点提供发挥和展现的场所。曾任北京大学校长的蔡元培先生将办学理念界定为“思想自由，兼容并包”。大学的各种事务只有坚持公开、公正、公平，才能让学生感受到大学的自由，大学的神圣，大学的尊严，这才是对学生最好的教育。

在任何年代任何国家，教育与时代、政治、经济不可能彼此断裂，它们互为因果、互为联系。尤其是在当前，市场经济发展迅速，“科学技术是第一生产力”是我们一贯信奉的理念，而受过高等教育的知识分子通常是科学技术的拥有者，因而，高等教育和知识分子以及所培养的人被视为经济迅猛发展的坚强后盾。市场是一只看不见的、无形的手，它调控着社会和个体的一切需求。由于市场是不可能主动向大学“嘘寒问暖”，当大学无意中与经济发生关系之后，大学便不得不迎合市场的喜好，或被动或主动地与市场套近乎。大学所面临的问题是培养的人才是否得到市场的接受和认可，这决定着大学今后的发展质量和未来生存，因此，大学必须符合自身发展的需求，同时又面临着社会发展的需要，大学的教育应该紧跟市场的需求，着重培养市场需要的，适应市场的复合型人才。随着这种商业化、市场化和功利化指导思想的滋生，这些大学的培养方案、课程设置及教学计划均围绕着市场的即时需求来决定，从而脱离了学生的成长。在这样一种趋势下，大学不得不盲目地顺应眼前的需求，正是在这种盲目中，大学与市场的关系越来越紧密，这使得大学不注重对基础性的研究。部分大学对急功近利的商业化行为表现出特别的热衷，并由此而走向极端，出现以经济至上为唯一的导向。在经济利益的驱使下，这些大学争先恐后地开办自己的经济实体，而且无视自身的办学条件，完全以市场为导向速办各种社会急需的“热”门专业。另外，在“创收”思想和“利润”趋向的指导下，部分大学甚至将自身沦为一种贩卖文凭的正规机构，而完全丧失了其特有的社会责任。例如，一些大学致力于营利色彩极浓的计划外办班的大战中，开设了各种名目的短期培训班、进修班，却并没有进行严格的教学和管理，甚至只要学生付了费，就能拿到相关的文凭。① 然而，知识和理论的创新必须与市场的浮躁保持合适的距离才能实现，我们不否认知识与理论应该走向市场，但是知识和理论应该在走向市场之后还能自如地回到校园，假如它们走向市场之后不能回到校园的话，何以能凝练出以之为基础的新的知识呢？何以创造出新的知识呢？这是需要我们深思的。

2.大学的官僚化

进入 21 世纪的大学，面临着前所未有的日益复杂的环境，一方面大学的社会功能被

① 刘宝存. 大学精神的失落与重塑[J]. 学术界，2004（1）.

削弱，另一方面，大学“社会化”的状况日趋严重，跟着社会需求的指挥棒走。大学被赋予各种各样的职能，各种职能又被高度整合，却又脱离它自身应有的职能，使大学不堪重负。“比较而言，中国的大学更像是政府机关，拥有太多的机构，太多的会议和太多的文件，其管理运行机制几乎完全行政化；大学还像是职业培训中心，只要有钱，什么班都能办，什么课都能开，迎合时俗，舍本逐末，其办学行为带上了浓厚功利化色彩。”① 今天的中国大学什么都关注——教学科研经费、大学地位、大学机构、大学级别，相比之下，而关注最少的往往却是大学的教育教学本身，用行政模式管理大学，用行政思维决策学术问题的状况已较为普遍；世俗化、庸俗化之风吞噬着清新自由的学术空气。正是在如此嘈杂的社会化浪潮中，大学似乎淡忘了对真、善、美的心灵诉求，大学精神逐渐悄然失色直至完全褪去。“若不具备大学的条件而盲目‘升格’,办学模式必定不伦不类，毫无个性可言；由外力驱动合并而成的‘综合大学’，在盲目追求规模的同时，牺牲的也必然是特色与个性，这样就泯灭了大学的本性；因为大学精神最不能容忍的是没有创见、机械模仿，这与自由、创新的精神品格背道而驰。”②

大学是一个日益行政化的机构，需要一种自上而下的行政体系维系其日常运转。简洁而高效的行政机制决定着大学的有效、有序发展，因此有其存在的必要性。然而，中国大学的部分成员存在追求官本位的价值取向，一些大学真正的权威是来自行政指令，而非学术思想，使得“象牙塔”内笼罩着官本位、官僚化的气息。北京市教委曾就北京地区高校教师队伍建设进行过一次较为全面的调查，结果表明，大学缺少尊师重教的氛围。从理论上讲，教师是学校的主力军，但实际上，教师在学校里最没有地位。③

久而久之，部分大学内部出现了权力拜物教，追求行政上的一官半职成为包括教学科研人员在内的大学教职员工的主要目标，而获得学术成就则成为可有可无的无奈之举，何以出现这种局面？

第一，由于社会的大发展，大学与社会各界的联系日益增加，需要层级分明的行政管理体制来管理一切学校事务；随着高等教育本身的大发展和招生的大扩招，大学的组织机构也越来越复杂化，需要简明高效的行政机制来处理日常的行政事务。

第二，大学在社会发展中的地位日益稳定的同时，国家对大学的干预也相应有所加大，这就要求大学内部有相应的行政机构与国家教育行政机构相互衔接，以便接收和执行相关指令和指导。

大学的行政化是在大学的发展壮大过程中一步步被强化起来的，大学体系越庞大，其行政化程度也越高，这似乎成了一个定律。适度的行政化有利于大学的高效运转，而过度的行政化会降低大学的管理效率，陷入官僚化的困局。当前，中国部分大学的行政构成正面临着这种僵化局面，行政结构层级过多，行政规模庞大，人员过于复杂，致使

① 吴松. 象牙塔精神的守望与超越[J]. 中国大学教学，2002（9）：14，15.

② 高德胜. 制约高校创新人才培养的几个问题[J]. 黑龙江高教研究，1999（6）.

③ 李硕豪. 中国大学存在的几个悖理现象[J]. 高教探索，1999（3）：47- 49.

信息流动不畅通，组织灵活性欠缺，员工的创造力受影响，资源浪费率过大，干部过多不易管理，上下级之间距离过远而不利于教工之间的沟通，等等。[①] 这些因素都大大制约了教师的教学和科研，制约了学生对知识的追求和热爱，因而影响了课堂教学。

5.4.2 大学批判功能之弱化

《辞源》上将“批判”解释为“评论是非”,即是其是,非其非,批判是对事物的基本态度，是较为客观的评论，而不能片面地理解为批评、指责、打倒一切，“在民主社会里，所有的人都应参与批判和作出决定的过程”。[②] 法国哲学家布尔迪厄说过：“民主社会必须鼓励批判精神，包括自我批判。对民主而言，批判是不可或缺的。”[③]《双城记》中如此形容人们复杂的内心感受:这是希望之春,这是失望之冬。人们面前拥有一切,人们面前一无所有。人们由此登上天堂，人们由此堕入地狱。

“社会及其诸要素在相互作用过程中具有复杂性，这种复杂性，表现为极为复杂的种种‘社会现象’”[④]。不仅仅是民主社会，任何社会都离不开批判精神。世界上没有一种事物是完美至善的，因此对待任何事物都需要持有一种批判的眼光。“在社会发展中，批判的具体作用可表现为提供社会动力，启示社会方向，给社会发展提出监控与策略。人类社会就是在人们对当时生存状态不断的批判中得以更新和发展的”[⑤]。正如中国台湾学者金耀基所言：大学今天之最流行的形象，不再是“象牙塔”，而是“服务站”——社会要什么，大学就给什么；政府要什么，大学就给什么；市场要什么，大学就给什么。大学不知不觉地社会化了，政治化了，市场化了。在这种情形下，大学已非独立研究学问之地，而成为即产即用的知识的工厂。当大学与社会间的一个保持清净思维的距离消失了，“走出象牙塔”的便导致了大学精神的迷失。

引自苏格拉底的比喻，大学是社会肌体上一只硕大的牛蛇，一方面它通过与人民大众灵魂深处对话，对充满庸俗气味的麻木现实痛加针砭，使人们对现实生活产生一种真正的人性意识，另一方面它是一种纯洁的精神财富，能帮助知识者挣脱物欲的污染与功利性的泥潭，使失去灵魂的浮士德重新变成英勇的骑士，这双重牛蛇精神正是对大学批判精神的刻画。[⑥] 中世纪之后，大学在发展壮大，但这种发展是伴随着大学对教会势力的批判和与皇权作斗争而艰难地进行的。在这个过程中，以知识分子为主体的大学的批判精神是知识分子批判精神外露的一个载体。批判性是大学对社会的应有责任。美国当代著名教育家克拉克·科尔（Clerk Kerr）把多元巨型大学比作是“一座充满无穷变化的城市”“一些人在城市中失败了；另一些人则上升到城市的上层；大多数人则在许多亚文化

① 杨如安. 知识管理视角下的大学学院制改革研究[D]. 西南大学博士论文，2007：109.

② 梅逊. 西方当代教育理论[M]. 陆有铨，译. 文化教育出版社，1984：124.

③ 布尔迪厄，哈克. 自由交流[M]. 桂裕芳，译. 北京：生活·读书·新知三联书店，1996：52.

④ 潘艺林. 论高等教育的批判功能[D]. 华东师范大学博士论文，2001：13.

⑤ 同上书，第10页。

⑥ 来源于苏格拉底的一个比喻。

群中生活着。"[①] 德国存在主义哲学家卡尔·雅斯贝尔斯（Karl Jaspers）认为"大学是研究和传授科学的殿堂，是教育新人成长的世界，是个体之间富有生命的交往，是学术勃发的世界"[②]；当代德国哲学家德里达（J. Derrida）则持"无条件大学"观，他认为："大学与所有类型的研究机构不同，它原则上是真理、人的本质、人类、人的形态的历史等问题应该独立、无条件被提出的地方，即应该无条件反抗和提出不同意见的地方。"[③] 美国教育家沃尔夫总结了4种类型的大学，它们是作为学术圣坛的大学、作为专业训练营地的大学、作为社会服务站的大学，以及作为培养人才的装配线式的大学[④]；1998年10月，巴黎总部举行的世界高等教育大会，联合国教科文组织在主题报告《21世纪的高等教育：展望和行动世界宣言》中指出，高等教育要实现对社会的可持续发展和进步的促进作用，就应该站在批判性以及中立性的视角，能够就民族、文化和社会问题坦率地完全独立并高度负责地发表意见，成为社会所需要的知识和学术权威，以帮助社会去思考、理解和行动，并通过不断对新出现的社会、经济、文化和政治趋势进行分析，加强自己的批判性和前瞻性功能，成为预测、报警和预防的中心。[⑤] 赫钦斯指出："如果在一所大学里听不到与众不同的意见，或者它默默无闻地隐没于社会环境中，我们就可以认为这所大学没有尽到它的责任。""大学教育应激发我们的好奇心，使我们对新思想、新经验持开放的心态；它应该鼓励我们思考那些未曾检验的假设，思考我们的价值观和信仰。"[⑥]

"任何社会和任何社会中的政府都有不完善的地方，都有必要接受社会各种批判和监督，以促进社会各界的不断发展和进步。在各种社会力量中，大学在社会批判与各界监管方面具有特有的职能和优势。从许多国家的情况看，在大学这个组织中以追求真理为己任的科学家或学者，在社会批判与监督方面往往可以超越党派利益、群体利益、地方利益，在进行较为客观、公正的社会批判与监督方面发挥积极作用。尤其是随着信息社会和高科技时代的来临，任何严肃、深刻的社会批判与监督都不能不以高深的知识为基础。"[⑦]

罗伯特·梅纳德·赫钦斯（Robert Maynard Hutchins）认为，在自古以来的各种组织或机构中，只有大学是社会独立思想的中心，是一个批判中心，大学"具有一种强烈而严肃的使命，这就是思考。大学是独立思想的中心，既然它是一个思想中心，一个独立思想的中心，那么它也是一个批判的中心"[⑧]。蔡元培在《〈北京大学月刊〉发刊词》（1918）中指出：所谓大学者，非仅为多数学生按时授课，造成一毕业生之资格而已也，实以是

① 科尔. 大学的功用[M]. 陈学飞，等，译. 南昌：江西教育出版社，1993：26.
② 雅斯贝尔斯. 什么是教育[M]. 邹进，译. 北京：生活·读书·新知三联书店，1991：150.
③ 大学、人文学科与民主[J]. 读书，2001（12）：3.
④ Robert Paul Wolff. The Ideal of the University[M]. Saunders of Toronto，Ltd. 1969：3.
⑤ 朱清时. 21世纪高等教育改革与发展[M]. 北京：高等教育出版社，2002：7.
⑥ 沈致隆. 哈佛大学和MIT 的人文艺术教育及哲学思想[J]. 高等教育研究，1999（2）.
⑦ 黄子杰，程广文. 批判性：大学与社会的边界[J]. 教育评论，2009（3）：3.
⑧ Hutchins R M. The University of Utopia[M]. The University of Chicago Press，Chicago，1936.

为共同研究学术之机关……大学者，“囊括大典，网罗众家”之学府也。梅贻琦在《就职演说》中指出：所谓大学者，非谓有大楼之谓也，有大师之谓也。并进一步指出：“大学之使命有二：一曰学生之训练，一曰学术之研究。”① “从结果看，大学的双向批判是对社会及自身发展作出的深刻而全面的分析、评价或断定；从目的看，大学发挥双向批判功能的根本目的在于，给社会及自身的健康发展提供精神目标和精神动力”②。西方历史学家哈罗德·珀金从历史的视角，认为“大学的含义和目的应该是因时而异、因地而异的，为适应当时当地的社会政治环境，它可以改变自己的外在表象和职能，同时通过保持自身的连贯性使自己名副其实地来保持自己的活力”③。从组织文化的角度出发，“大学不仅仅是一个承担其特定社会职能的物理空间场所，它的存在意义更在于它自身所应具备的文化个性与精神品格，以及由此而焕发出的旺盛创造活力”④。

大学需要通过外在的行为方式将内在的批判精神予以外显。然而，在大众化高等教育阶段，大学的批判精神正遭受着前所未有的蚕食。批判是大学的本质属性，大学从诞生之日起就是社会的批判中心，“既然大学是一个思想中心，一个独立思想的中心，那么它也是一个批判的中心”⑤。

当大学已成为一种普及型的资源时，还有多少群体及个人会强迫自己去认真观察并反复审思社会中的不公和矛盾现象呢？大学对这个社会的一切——包括它自身——都具备原生的批判权，大学的这种权力一般是由大学里的知识分子来行使的，一个正常而高效的社会需要敢于言说的大学和大学知识分子。一代又一代的大学生安逸地度过四年大学生涯，就能获得学历学位证书，以此证明自己是一个知识分子，正是这种安逸的传统和惯例破坏了人们反思的思维和意志，包括反思社会现实和反思自身意志。大学作为社会的一个重要子系统，原本拥有极其重要的话语权，然而，当前我们陷入了一个怪圈，一方面大学越来越进步，机构越来越庞大，另一方面大学却越来越不敢说话、不能言说、不屑言说，不但自身没有把握说话的权利，而且还逐步丧失了言说的机会、欲望和能力，从而表现出过于惧上、唯上、畏上，这种背离现象可以引导我们深入思考大学的批判精神。融入社会、服务于社会、推动社会发展固然是现代大学义不容辞的责任，然而当大学表现得封闭保守时，即使拥有再多的知识也无法体现和展示知识的价值和魅力，假如片面强调大学为社会服务并因此而放弃它自身本性，大学必将失去安身立命之本。对于大学而言，致力于推动大学与社会各界之间一种健康的互动关系，让校内的基础研究引导社会各界发展，以应用科学技术促进社会发展进步，既保持特立独行的大学精神，又提供社会需要的成果和人才。只有如此，大学才能真正成为社会的良心。

---

① 梅贻琦. 致全体校友书[A]. 杨东平. 大学精神[C]. 沈阳：辽海出版社，2000：358.
② 吴琼. 加强大学的双向批判功能. 现代教育科学，2005（5）：6.
③ 克拉克. 高等教育新论[J]. 多学科的研究[M]. 王承绪，等，译. 杭州：浙江教育出版社，2001：24.
④ 阎光才. 识读大学：组织文化的视角[M]. 北京：教育科学出版社，2002：290.
⑤ 赫钦斯. 民主社会中教育上的冲突[M]. 陆有铨，译. 台北：桂冠图书股份有限公司，1994：8.

被誉为时代先锋的大学正遭遇如“市场化”“政治化”“技术化”“专业化”“科层化”“全球化”等层出不穷的挑战与冲击，在疲于应付众多社会要求、力求全力服务社会的同时，大学的精神意蕴日益弱化和衰微，大学的本体价值和存在意义被遮蔽。

在管理科层化、文化市场化、知识专业化为核心特征的时代境遇下，大学精神有所消解、有所失落，从而提出培育大学精神需要内外兼修的策略。从实质上说，大学精神的培育是要回归知识分子；从制度建构而言，要先从人学意义上解读“制度”的内涵，继而认为大学外在制度的建构是民主政治的确立和市场经济体制的完善，大学内在制度的建构归根结底是要夯实已有的制度根基。梅贻琦在《大学一解》中开篇言道：今日中国之大学教育，溯其源流，实自西洋移植而来，顾制度一事，而精神又一事。这是中国大学精神的明确提出。

第6章 大学课堂教学危机的后果

我在那温和的天空下面，在这三块墓碑前流连！瞅着飞蛾在石楠丛和兰铃花中飞舞，听着柔风在草间吹动，我纳闷有谁会想象得出在那平静的土地下面的长眠者竟会有并不平静的睡眠。

——艾米莉·勃朗特：《呼啸山庄》

大学课堂教学危机已经把大学推到了一个历史发展的重要关口，大学课堂教学何去何从，关系着大学的前景和命运。在多变而复杂的以市场需要为主导的前提下，要么大学顺应时代潮流，助长了教学的功利性，不得不导致名存实亡，形在而神不在的结果；要么大学审慎思考，坚持自身立场，保持清醒头脑，逆流而上，重振课堂教学的理性、神圣和威严。大学不是培养各种“匠”才，而是要造就各种“人”才。如果人类对所面临的危机缺乏必要的预见和心理准备，人类在解决危机的过程中付出过于沉重的代价，在一定时期内人类不能成功而有效地应付危机的挑战，那么，危机就会由压力转化为前进的阻力。作为阻力的危机，不仅会对人类的生存、延续与发展构成严重威胁，而且会对社会的发展与个体的进步产生限定与抑制作用。换言之，作为阻力的危机在极大的范围内会导致人类生命意义的丧失，甚至会导致某些社会的退步、衰落直至消亡。

《中华人民共和国高等教育法》规定，高等教育的任务是培养具有创新精神和实践能力的高级专门人才，发展科学技术文化，促进社会主义现代化建设。同时规定，高等学校应当以培养人才为中心，开展教学、科学研究和社会服务，保证教育教学质量达到国家规定的标准。哈佛大学校长陆登廷（Neil Ruden Stein）认为："一个人是否具备创造力，是判定一流人才和三流人才的分水岭，在迈向新世纪的进程中，一种最好的教育就是有利于促进人们发展创新能力，使人们变得更会思考，更有追求的理想和参与活动的洞察力，成为更成功、更完善的人。"①海德格尔指出，人是一个问问题的存在者。从政治、经济、科学技术和其他社会成果来衡量，美国所获取的成就要远远高于别的具有同样地理、人口、资源条件的民族、地区和国家，因为美国侧重于鼓励每个人个体的努力奋斗，注重提供平等竞争的机会，对个人的评价不在乎出身和身份，只注重个人成就，当前中国大学课堂教学存在的诸多危机对于教师和学生都产生了巨大影响。

一所现代意义的大学，教学质量是生命线，是学校灵魂的核心，若发生质变，灵魂扭曲，即大学教学与它的理性发展轨迹相背离，那么灵魂的蜕变将日益腐蚀整个机体，严重影响大学的未来发展前景。大学课堂教学危机，使得原本应该充满理性、师生愉悦的课堂变成了窒息师生理性发展的压抑空间，教学过程变成了枯燥单调、纯粹理智运动的负担，教学活动逐渐远离了教学目标，迷失于浮躁的所谓理性的现实中，形成令人厌倦的教与学的恶性态势，严重败坏了大学课堂的理性文化气息，导致教学质量的明显滑坡，从而无法培养优秀质量的人才，尤其是个体创新能力和理性品质的明显弱化，给国家发展和社会进步带来巨大的负面影响。

大学课堂教学存在的种种危机，尤其是大学生缺乏问题意识、不善提问、不善质疑这一危机导致了大学各方面功能的弱化。

首先，大学生普遍没有问题，弱化了知识结构。知识具有不同类型，不同类型的知识具有各种不同的性质、价值、作用和功能，获取各类知识的方式、手段与途径也不尽相同。在大学课堂教学中，书本知识由于一贯具有确定性和传承性，因此依然成为教学的主要内容。尽管书本知识有利于大学生的能力提升与心理完善，但知识本身并不代表着能力与发展，不能替代能力与发展，一般来说，应用性知识和实践性知识是能力的标志，批判性知识和反思性知识才是个体发展的指标。大学课堂中，大学生提不出问题，教师将书本知识作为全部的知识传授给学生，并奉为不成文的规章来恪守，显然弱化了知识的本体功能。

其次，大学生普遍没有问题，弱化了学习兴趣。大学生学习过程成为被动、枯燥、单维度的知识吸收过程，学习兴趣的缺失也导致了学习动力的缺失；由于书本知识被视为真理性知识传授给学生，再加上置身于信息时代中的人们适应了快餐文化，迅速接收大量的信息没有为学生留下辨析、反思、质疑、批判的空间和时间，从而使学生无法获得各种能力发展的机会，并使得传承书本知识的过程演变为"道听途说"的"德之弃"过程，显然与知识诚实的原则相背离；没有问题，就没有质疑的意识，也就没有质疑的思

① 杨克巍，等. 课堂教学中本科生创新能力培养的方法探讨[J]. 高等教育与学术研究，2006（3）：55－59.

维和创新的能力，因此会导致“由于没有问题，所以不创新；由于没有问题，没有质疑，越学习，越无法创新”的恶性循环。①

再次，大学生没有问题，弱化了教学效果。没有问题提出的课堂教学，使教学过程成了知识的单向灌输过程，不仅弱化了作为主体的教师和学生，而且弱化了教学过程；没有问题，也就没有了交流和对话的主题，也失去了交流和对话的要素，成为师生之间关系淡漠的重要因素。

最后，没有问题，弱化了教师和大学本身。对教师而言，课堂教学过程成为知识的传承和发展过程，教师成为知识的中转站和媒介，大学成为贩卖知识的场所，致使教师的职业感得以消解，大学的功能和特质被弱化，大学的正常功能难以发挥。正如钱理群教授所言：我们北大学生有机会听很多讲座，若仔细听，就会发现，有人虽然滔滔不绝，但他其实是传声筒，说的不是自己的话，传播的不是自己的想法和观点，贩卖别人的思想和言辞。这就存在很大的危险性，他会成为前人或其他人的传声筒，他的脑子已被践踏了，再拿外来思想践踏大家。② 笔者认为，大学课堂教学危机的后果主要体现在创造力的泯灭、人格的异化和教师职业感的消解等方面。

大学课堂教学危机的后果如图 6-1 所示。

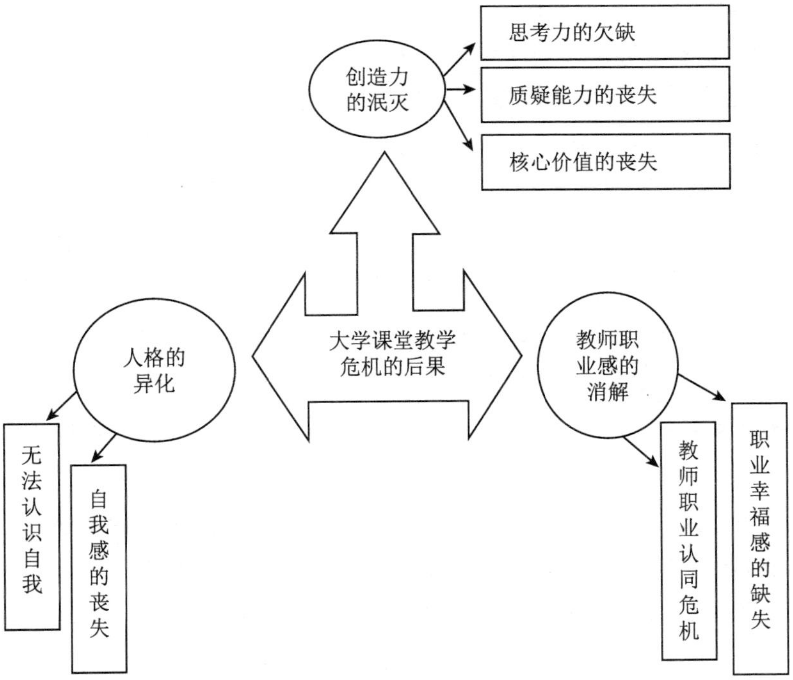

图6-1　大学课堂教学危机的后果

① 以影响不断扩大的《被压迫者教育学》为例，这本成书于1971年的著作在2001年才被翻译到中国，开始被中国学者了解、熟悉，经过若干年的传播，相关内容可能被编排到学生的教科书中，这些在学生看来极具新意的观点，对原作者及其所处社会而言已经毫无新意。所以，别人在创造，我们在学习，作为学习者将永远处于学习对象之后。

② 钱理群. 我的精神自传[M].桂林：广西师范大学出版社，2007：123.

6.1 创造力的弱化

创造（Creation）一词很早就出现了,《旧约全书》中曾使用过。《辞海》的解释是：“做出前所未有的事情。”[①]行为创造学中把创造界定为一种创造活动，其本质就是必须具有“新颖性”,它常以“非重复',或“第一”的形式表现出来。[②]因此,“新颖性”与《辞海》中“前所未有”的解释基本一致。创新（Kmovation）作为学术上的概念，是由美籍奥地利经济学家熊彼特（Joseph A. Schump）1912年在其《经济发展理论》一书中首次提出来的。熊彼特曾指出：“创新”是指新技术、新发明在生产中的首次运用，是指建立一种新的生产函数或供应函数，是在生产体系中引进一种生产要素和生产条件的新组合。众所周知，世界各国各地区间经济、国防、科技以及综合国力的竞争，最终都将聚焦于民族的创造力的竞争上，当前中国大力提倡自主创新，努力构建创造型社会，然而，没有创造力，创新将成为空头支票，在人类创造实践活动中，正如吉尔福特（Guilford）所说:“创造力再也不必假设为仅限于少数天才，它潜在地分布在人口中间。”[③]

创造力在个体发展中具有先导性的作用。一方面，知识经济的前提是知识创新，而知识创新的基础是创造力思维。另一方面，创造性是人类认识事物本质及其规律的关键所在，科学理论的发展也必须以创造力思维为基点。由于创造力的表现形式多样，广泛而复杂，人们从社会各个领域、各个角度，从心理、思维、知识、能力、性格、气质和素质等各个方面对它作了论述、表述以及界定，所以目前创造学界尚未有公认的创造力的定义。创造力取其狭义是指创造能力，广义则包括创造才能、动机和气质特性。创造心理学的奠基人J.P.吉尔福特认为：“从狭义上讲，创造力是最能代表创造性人物特征的各种能力。创造性能力决定个体是否有能力在显著的水平上显示出创造性行为。具有种种必备能力的个体，实际上是否能产生具有创造性质的结果，还取决于他的动机和气质特性……换言之，心理学家探讨的问题，也就是创造性人格的问题。”[④]国外较为全面的定义是由心理学家阿玛布丽提出，她认为：创造力结构模式由领域才能、创造技能和工作动机三部分构成。其观点的突出贡献在于，联系到创造主体的知识、技巧、个性、天赋、认知风格、工作方式、动机、所受教育和训练、参与社会实践等方面而展开，其中有多项与环境有关。[⑤]斯滕伯格提出了“创造力三维模型理论”[⑥],认为创造力由三个既相互联系又相互独立的维度组成：智力、智力方式和人格。之后，他与合作者又

---

① 辞海编辑委员会.辞海[Ml.上海：上海辞书出版社，1999：517.

② 庄寿强，戎志毅.普通创造学[M].徐州：中国矿业大学出版社，1997：103-147，26.

③ 邵瑞珍，教育心理学[M].上海：上海教育出版社，1997：143.

④ 吉尔福特.创造性才能[M].施良方，译.北京：人民教育出版社，1991：6-7.

⑤ 傅世侠，罗玲玲.科学创造方法论[M].北京：中国经济出版社，2000：509.

⑥ Sternberg R J. A three face model of Creativity[M]. The Nature of Creativity，New York：Cambridge University Press，1988：125-147.

发表了“创造力的多因素理论”[①],认为创造力受6个因素的影响并且可以从资源、能力、观念、评价4种水平上理解创造力。这6种因素是指智力、知识、认知风格、人格特征、动机和环境，而创造力充分发挥的关键是6种因素的投入和它们之间的凝聚方式。

东北大学的刘武教授指出，创造力是正常人在科学发现、技术发明、文艺创作等创造性活动中形成和表现出来的各种积极的个性心理特征的总和。浙江大学王加微教授则认为创造力通常是指提出新设想、解决新问题的能力。甘自恒教授提出所谓创造力就是主体在创造活动中表现出来、发展起来的各种能力的总和，主要是指产生新设想的创造性思维能力和能产生新成果的创造性技能。[②] 中国矿业大学庄寿强教授认为创造力富有深厚的内涵,是一个由多个彼此间虽有关联但并不完全相同的概念所组成的“概念群”[③],他认为，创造力是隐性的创造能力，它是先天形成的人脑的一种自然属性，它与人的知识和经历并无直接关联，因而对它是无法进行测量的，而创造能力则是显性的，它是人的一种社会属性，是人通过后天进行各种教育和训练才形成的，它与人的知识结构、成长经历和后天培养息息相关，因而人的创造能力是可以测量的，并且可以依据测量的结果来判别其大小。

创造力是创造性思维的重要组成部分，并且创造力的其他组件也必然和创造性思维相互交叉，相互渗透，相互影响，是一个有机的整体。因此，创造性思维是创造力培养的基石，是创造力培养的关键。而创造力的匮乏会影响思考力、质疑力以及核心能力的缺失，继而会对一个人的思维品质和能力发展产生重大影响。

6.1.1 思考能力的欠缺

爱因斯坦曾指出，应该把独立思考和综合判断的能力放在首位，而非获得特定知识的能力。思考决定着命运，无论个体在做什么、感受到什么或是需要什么，这一切都取决于个体的思考质量。我们所处的世界要求我们不断地重复思考，每日反省我们的言行，定期地重新评价我们的工作和生活方式，我们目前所面临的，包括将来所要面临的，需要的是一种完全不同的思考方式，才能逐渐决定我们工作、生活的质量，乃至决定我们最为重要的生存，思考力是创造力的前提。

思考力是一个心理学术语。对于思考力的界定有不同的学术见解。所谓思考力，是指个体为完成某种活动或任务时对各种要素进行分析、重组、整合的各种思维能力基本单元的总和，是后天学习引发产生的一种素质。思考力就是人们思考问题的能力。思考力水平是衡量个体思维水平高低的重要标志，思维能力由思考力水平和先天智力决定，思考力水平在某种程度上决定着思维能力的层次，思考力层次越提高，思维能力则越增强。不同的人，思考力层次和深度也是不尽相同的，思考力层次的高低受制于自主探索建构、有效训练的多少和反思频率等因素。思考力的培养是大学教育人才规格的重要目的，师

① Sternberg R J. An Investment Theory of Creativity and Its Development. Human Development（34）.
② 甘自恒. 创造、创造力、创造学[J]. 新华文摘，1954：210.
③ 庄寿强. 普通创造学[M]. 徐州：中国矿业大学出版社，2001：48–49.

生个体既有对人类的核心价值虔诚的尊奉，又有对于道义与良心的不懈的诉求；经由深邃的沉思、执着的追问、灵性的创造，从而获得一种触及心灵的影响，使认知、交往和审美真正地培育人的真实，养成直面心灵的勇气，生成洞幽察微的睿智和深刻。

西方人的行为哲学是自我导向（Individualism）与自我依赖（Self-reliance），体现出极具西方特色的个性主义，缘由为：每个人生来即有上帝所赋予的神圣权利，这就是生存和追求幸福的权利，在这一权利面前，人是自由而平等的。而中国人的行为哲学是权威导向（Situationalism）与相互依赖（Mutual Dependence），体现了极具中国文化特征的家族主义。自商周那种城邑国家组织开始，血缘亲族关系一直是中国社会人际关系的深层结构，并沉积在社会人际关系和价值系统的深部。

中国人拥有的是自古以来的农业型文明，农业文化所面对的是严峻的自然环境，其色调是单一、枯燥且是周期性的循环，其生涯局限于狭隘的视野中而且因循守旧，这使得中国文化具备一种深厚而沉淀的现世精神，对未来既无奢望和期盼，对过去也无苛责和反思，只求保持和复制现世的生活。这种现世感，促使中国人的生活哲学缺乏一种精神的动力和活力。西方文化从古希腊开始，就形成并发展了一种富于资本主义精神的商业手工业文化的特征，着眼于未来，因此富有想象力，充满了内在的躁动不安，具有对现世的批判、反思和质疑。正如在访谈中，某学生所提出的由于受课堂规模限制，讲授是最为高效的授课方式。教师也在试图努力激发学生的思考，但事实上，愿意思考的学生屈指可数。问题主要体现在未将课堂参与度列入学生成绩评价指标。

1. 无法正确理解思考

从猿进化到人类，主要是源自于劳动的进化，而这种劳动不仅指体力劳动，还有更重要的脑力劳动，这种脑力劳动是一个思维品质形成和发展的过程。人类社会的进步，一切文明成果的取得，是个体无限潜能和各种外力作用的结果，思考力能促使个体的无限潜能，个体的潜能无止境，而思考则是挖掘潜能宝库的最佳途径。一个人有着敏锐思维的头脑，有着旺盛的思考能力，就会有着更多的话语权。比尔·盖茨曾说过：我不再像以前那样认为智商是不可替代的，想要成功，你必须作出明智的抉择以及拥有宽广的思考力。我们的生活质量及我们所创造、制造或建设的，却正取决于我们思考的质量。

应试教育制度下成长起来的学生的思考力严重缺失。因为父母希望孩子听话、服从，老师希望学生写出标准答案，既然如此，孩子的思考力何以培养？有学者批判这是个教育被异化为简单社会规训的年代，因为学生没有了思考的空间和时间，整天忙于应付做题目、回答问题，按照升学考试的统一规格训练出来的孩子不乏应试的能力，但面对真实生活场景时，学生解决问题时所需的思考力起着举足轻重的作用，而现实中，学生思考力不被重视，思考力弱化现象令人担心。信息时代，到处都是信息，唯独没有思考的头脑。美国学者丹尼尔·伯斯丁指出：网络正在并且已经削弱我们的思考力。网络专家李河也指出：我们的头脑似乎成了不停转动的水轮机，每天有大量信息推动它旋转。我们甚至来不及记住它们。更不要说思考和消化它，当然有些人根本就不想思考它。

无法正确理解思考，就是没有学会否定，不会坚持能动的思维观，英国科学家贝尔纳说，那些已经知晓了的知识成为我们学习的最大障碍。在某些条件下，一些业已建立的概念、已经掌握的知识、曾经使用的手段、惯于应用的模式往往会干扰或限制我们去拓宽新的视野；一旦掌握了习得的知识，它就会像一把枷锁禁锢我们的大脑，使我们的大脑失去自由，从而使得思考受到限制，创新思维和创新能力便成了一句空话。所以，我们要激发思维创新，就必须善于破旧立新、勇于否定。

2. 运用思考成为障碍

美国心理学家罗杰斯（Carl Ranson Rogers）认为，一个人的创造力只有在其感觉到“心理安全”的条件下才能获得最大限度的表现和发展。[①] 教育学研究也表明，人在放松的氛围中才可能有着丰富的想象力和创造性思维的灵感。[②] 鉴于此，在课堂教学中要激发学生的创新意识，焕发学生的创造潜能，营造一个民主、宽松、和谐的教学环境必不可少。然而，现在的大学课堂中，师生运用思考成为障碍，主要体现在以下几个方面。

（1）不会批判思考。批判性思考是对任何主题、内容或问题的一种思考方式，通过娴熟掌握思考的内在结构，并利用其知性的标准，思考者就能提高思考的质量。批判性思考是个体自我管理、自我约束、自我监督以及自我纠偏的思考。由于中国长期受封建专制制度的影响，已逐步形成唯上、唯书的经验思维误区，逐步形成长官意志，逐步养成了“唯上级旨意是从”的经验思维方式习惯；加上几千年封建社会思想上“万花齐喑”的沉闷空气和“枪打出头鸟”“树大招风”的社会不良习气已经形成了“唯书本是从”的所谓“标准”行为准则，因而造成了唯上、唯书、盲目信从权威的思维习惯，已成为我们的一个沉重的历史包袱，很难摆脱思考中的不良习惯，培养批判思考成为障碍。

（2）不会多元思考，很难走出非黑即白的单向思维误区。我们经常会自觉或者不自觉地偏颇地认定事物就是由正反两极组成的，非黑即白、非对即错、非左即右等，站在此方就必然要反对彼方，因而在潜意识中往往会很难真正做到相互学习、交流和借鉴，在思考、认知和评估的可替代系统中，对其假设、内涵和实际结果进行开放式思考。

（3）不会动态思维，很难走出固有的关系思维误区。例如，某件事情的成功，某个人的提拔，不是从历史的方面、能力角度出发去研究，而是用固有的关系思维方式去简单分析、判断、链接，甚至庸俗判断，主观臆断。现实生活中的这种思维误区俯首即拾，信手拈来，在这里不一一举例说明。这种思维模式却为人们津津乐道，那些不遵循这种潜规则的思维反而成了人们眼中另类和不入世，常常会被边缘化。鉴于此，要彻底根除这种腐朽思维定式，就必须学会运用动态思维，应该透过纷繁复杂的现象而深入到问题的本质与核心，善于从结果追溯到源头，从偶然性中发现事物的必然因子，从现实推测到未来，富于归纳性、预见性，善于从多要素、多层次、多机制、多结构、多过程、多元素、多功能、多因果等多种多样的联系或关系中去清晰地分析和综合问题，通过类似层层剥笋的思维方法，揭示隐藏在事物内部的深层特征，使一些非本质、繁杂的特质不断被淘汰，并有效地加以解释，从而深刻地揭露事物的内在本质及其发展的必然性。

---

① 何翠美. 浅谈师生关系在课堂教学中的作用[J]. 中国基础教育研究，2007，3（8）：134-135.

② 黄传新. 提高教师创新素质是教育创新之本[J]. 山东教育科研，2000（12）：25-26.

6.1.2　质疑能力的薄弱

质疑，是善于寻找事物产生的起因，善于归纳事物发展的规律。学起于思，思源于疑，疑可以诱发探索、研究，从而发现真理。通常而言，科学发明与技术创造是从质疑开始，从解疑入手中完成的，这是因为提出问题往往需要创造性的想象力。质疑善问是学生在获取知识的过程中主动排除障碍，勇于探索的表现。如果一个学生长期处于无“问题”状态，说明他不懂得思考、不会思考，学业水平也难以提高，自然也就更不可能有创造的源泉和机会。创造力培养的关键首先源于对问题的发现、提出和探索。因此，在教学中，教师应培养学生的问题意识，爱因斯坦曾说：“提出一个问题，往往比解决一个问题更重要。”鼓励学生质疑善问，以疑引探，进而培养学生的探索精神和创新能力。

1. 不会析疑释疑

巴尔扎克说：“ 打开一切科学的钥匙无疑是问号。”这便是肯定了质疑作用。“人非生而知之者，孰能无惑。”这里的“惑”，意即“疑”，这是在教学中确定探求的对象和目标。“学起于思，思源于疑”，更说明了“ 疑” 的先导作用。宋代陆象山说:“为学患无疑，疑则有进。”朱熹也提出:“读书无疑者须教有疑，有疑者却要无疑，到这里方是长进。”可见，学贵有疑。无疑，则无从学，也就无所谓学。质疑，是析疑、释疑的前提条件，明代王守仁说过：“盖学不能以无疑，则有思，思即学也。又不能无疑，则有辩，辩即学也，即行也。”这句话很好地揭示了学、问、思、辩、行与质疑之间的关系，即学、问、思、辩、行 5 个环节中任何一个环节都必须以质疑为前提和基础。教学亦然，教师和学生只有在教学过程中正确及时地发现问题、提出问题，教学活动的开展才会有的放矢，解决问题才会有明确的目标，教学中的难点才能得到有力的突破。英国科学家波普尔教授也说过：“科学知识的增长永远始于问题，终于问题。”这是对质疑的重要意义的最好评定。

在当前的大学课堂中，教师常常说，现在的学生太懒了，学问学问，随学随问。可学生就是不问，即使不会、不懂也不问。传统的课堂教学模式造成了学生对教师非常崇拜甚至有时盲目崇拜，部分学生渴望质疑的同时，又担心质疑不当反而“出错”，导致思维活动总不敢跳出教师预先设计好的“圈子”。教师没有积极创设情境，让学生质疑，使质疑成为学生的自身需要，学生又生怕因为质疑遭到教师的训斥。因此，学生已习惯于被动地、无条件地接受知识（哪怕是错误的），不敢向教师质疑，更不敢向课本质疑，不会析疑释疑。

2. 没有“问题”时空

传统的课堂教学中几乎没有给学生问“问题”的机会。一方面，教师很少通过设置问题情境形成“问题”空间，促使学生为“问题”而思，为“问题”而学，为“问题”而问，为“问题”而创。在教学中，可以通过一题多解、一题多问、一题多变等方式，诱导他们多思、多想、多问，特别要注意设计一些非常规性的而对启发智慧有挑战性的“问题”，激发学生探索和解决“问题”的欲望。另一方面，教师在教学的各环节中很少给予学生问“问题”的时间。学生没有掌握问“问题”的方法和技巧，所以教师自身要善问，要做好问“问题”的言传身教。不仅要教学生掌握问“问题”的方法，也要做问“问题”的示范，要站在学生角度去问“问题”。

在课堂教学活动过程中，许多学生既不愿意回答教师的提问，也不愿意去思考问题、探索问题、发现问题和提出问题，一个最重要的原因，就是学生缺乏学习动力，在教学活动中，我们可以观察到学生学习动力疲软的种种表现主要有以下几个方面。

（1）消失的学习进取心。许多大学生认为考上大学就实现了人生目标，再没有必要像中学那样为升学而拼命学习，向往着轻松自在地度过大学时光，由于缺少了人生志向和目标追求因而懒于学习、混文凭等毕业现象突出。

（2）不清晰的学习目标。许多大学生没有树立明确的学习目的，随意性强，混文凭等心态使他们没有了中学时代的勤奋和拼搏精神，失去了探索兴趣，学习缺乏自觉性、主动性和自制力。

（3）消极的心智活动。学习是自主性活动，需要学生充分发挥主动性、创造性、但有相当一部分大学生无论是课堂学习还是课外学习都处于消极被动状态、上课迟到、注意力不集中、思维呆滞、心不在焉，即便有教师布置课前收集资料、课上自学教材、提出疑问，学生还是随便应付或者置之不理，作业不认真、抄袭现象严重、复习不积极等教师圈复习重点划考试范围等。

6.1.3 核心价值的削弱

尼采曾经宣称，19 世纪末的科学正在变成一座工厂。他担心如果没有伦理学和自我认识上的平行发展，人类在技术上的进步将会导致价值虚无主义。正像发烧作为一种症状表明机体力量和感染病菌之间的战斗一样，焦虑作为一种证据也表明：我们作为自我的力量与威胁着要消灭我们的自我存在的危险。个体创造力的核心价值体现在兴趣、意志和情感等方面，大学课堂教学危机导致个体在上述方面日渐式微，因而更无法体现其创造力。

1. 兴趣的贫乏

兴趣，是个体对某种事物或某项活动的个性倾向。强烈而积极的兴趣，往往使个体日常工作和生活中体现出一种乐此不疲、如痴似迷的状态。如果人们对某项工作不感兴趣或兴趣不大，那么他就不可能对它产生痴迷的状态，自然也就不可能取得对该项工作的创造性成就。兴趣是创造力的根基，兴趣不浓厚、不持久、不稳定，这是创造力思维的巨大障碍，是从事创造性活动的绊脚石，一旦个体对某种事物或某项活动产生了浓厚兴趣，便会兴致勃勃、锲而不舍地去进行思考或求索。所以孔子说过：“知之者不如好之者，好之者不如乐之者。”①

有了浓厚的兴趣，再辅之以勤奋为基础，才能完美地完成创造性劳动。创造性劳动的长期性、艰巨性和探索性，决定了勤奋在创造性工作中的重要性。每一个想要有所作为的创造者所必须具有勤奋这一品质，没有勤奋，也就很难保障创造的成功。古往今来，世界上的所有创造发明和杰出成就的取得，都是人们长期创造性劳动的产物，都是人们

① 《论语·雍也第六》。

长期探索、辛勤耕耘而成的智慧之花。例如，司马光用了 19 年的时间完成《资治通鉴》，李时珍完成《本草纲目》、达尔文完成《物种起源》也都耗尽了毕生的精力，马克思完成《资本论》用了 40 年时间，几乎耗尽了他全部的心血；科学家居里夫妇为科学事业勇于献身，他们都是在极其艰苦的条件下，顽强拼搏，结果花了 45 个月时间才从几吨沥青铀矿中提炼出来一克镭。这一切成功都毫无例外地证明了“成就必须是建立在兴趣基础之上，而且是百分之九十九的勤奋加百分之一的灵感”的道理。

2. 意志的消沉

意志是创造力培养的又一根本要素。从某种意义上讲，意志是人类行为的调节器。在创造力思维活动中，意志具备自制性、自觉性、坚韧性和果断性等特征。

（1）自制性。创造是对未知的探索，求知的领域往往会出现许多预想不到的困难，如创造者自身的畏缩、倦怠和来自与目的不相符合的活动的诱惑、干扰等。这些都要求创造者在行动中能够正确地予以控制，努力排除各种干扰因素，在困难、逆境中保持顽强的自制力和大智若愚的镇定态度，进行创造力思维活动，如果没有顽强的自制力，而凭自己的主观好恶，随心所欲，显然，这种创造性活动是不可能坚持到底的，更谈不上会取得什么惊人的成就。

（2）自觉性。即人们一旦选定目标后，就能够立场坚定、旗帜鲜明地朝着目标自觉地、始终如一地奋斗下去，从而达到开拓创新的目的。

（3）坚韧性。指的是坚韧顽强的毅力。苏联著名科学家巴甫洛夫说过：“锲而不舍地思考是取得重大成就的前提。”①

（4）果断性。指创造者在创造实践中善于明辨是非，并能迅速排除各种与目标不符的干扰因素，不失时机地把自己的思想调整到正确的轨道上来。例如，爱因斯坦在创立相对论时，由于他熟知麦克斯韦的电磁理论，并相信其公式在运动参考系中同样有效，根据这些公式，他得出了“光速不变”的结论，然而这又与牛顿力学相矛盾。经过认真研究，他发现了麦克斯韦电磁理论与牛顿力学之间的潜在矛盾，加上当时光的传播媒质——“以太”的渺茫，迈克尔逊·莫雷实验的零结果，这几乎使他思考了 3 年的时间。爱因斯坦之所以能成功地创立惊世骇俗的“相对论”，一个重要的原因就在于他果断地放弃了当时还很时髦的“以太”概念，并发现了时间的不可缺性和不可绝对定义性。可见，在创造力思维活动中，如果不能果断地抛弃某些陈旧的甚至错误的观念，不能及时地调整自己的创造思路，优柔寡断，那就有可能失去许多宝贵的创造发明的机会，到头来便会一无所获。

3. 情感的没落

情感是人们对客观事实与自己思想意识之间的关系所表现出来的切身体验。积极向上而又执着健康的情感在创造力培养方面是十分重要的，情感是创造力发展的不竭动力。始终保持高昂的精神状态和快乐而又健康的情绪、情感，有助于人们在活动中取得创造性成功。列宁曾说：“没有人的情感，就从来没有，也不可能有对于真理的追求。”② 长期

① 巴甫洛夫.巴甫洛夫选集[M]. 北京：科学出版社，1995：32.

② 列宁选集（第20卷）[M]. 北京：人民出版社，1995：255.

的课堂教学在模糊和精确之间、文本和话语之间，存在着过分注重知识学习、发展技能训练、单纯培养认知能力的倾向，造成了情感被淡化、被忽略，认知训练和情感培养失衡的现象。

情感的基本形态大致分为三类：心境、激情和热情。

（1）心境。是指一种比较微弱但又稳定持久的情绪状态，它能比较积极、持久而又稳定地对人的生活、学习和工作产生一定影响。良好的心境，表现为心情愉悦、乐观镇定等，可以激发人的积极性、主动性和创造性，以便提高学习、思维和工作的效率；而不良的心境，如清心寡欲、闷闷不乐等，则会使人心灰意懒，陷于苦闷彷徨，从而降低学习和工作的效率，最终毫无成就。

（2）激情。是指一种强烈的、暴风雨般的持续短暂的情感状态，表现为狂欢、暴怒、恐惧等。古希腊著名哲学家德谟克利特说："没有一种心灵的火焰，没有一种疯狂式的灵感，就不能成为大诗人。"① 积极而又健康的激情在创造性活动中往往具有巨大的鼓舞作用，它是创造的一种动力，是引导个体向未来生活和未知世界冲锋陷阵的战鼓或号角，是灵感激发器。在激情下，人们可以充分发挥自身的巨大潜力，勇于克服各种艰难险阻。积极健康的激情，还能够促使人们在活动中处于高效率的状态，借助脑力和体力的极度兴奋，一鼓作气，使对某一问题的探索发生急剧的、质的变化，从而实现问题的突破性解决。创造的灵感，如果没有激情的高度浓缩，没有达到激情的白热化程度，其创造性显然是难以爆发和闪现的。

（3）热情。是指一种强有力的深沉而稳定的情感。热情是具有巨大推动力的情感。对祖国、对事业的热爱，对工作和学习的迷恋，是人们的创造性得以充分发挥的必要条件。它不如心境那样广阔，但比心境更加强烈而深刻；它不如激情那样强烈，但比激情更加稳定而持久。苏联文学家巴甫洛夫曾说：科学是需要人的高度紧张性和高度热情的，在工作和生活中应该都能保持热情澎湃，这样才有利于获得科学的成就。在具体的创造实践活动中，高昂的热情往往会使创造者的整个身心达到一个全新的兴奋状态，有利于创造活动的顺利开展，爱因斯坦深有感触地提出："如果你具有专注的热情，你一定能在科学领域中孕育出一些有价值的东西来。"②

6.2 人格的异化

人格概念既属于心理学范畴，又涉及人和人存在的基本问题。人在生产劳动中对自然进行改造，在改造过程中结成各种各样的社会关系，同时对自然的改造是通过积极能动地运用人类的聪明才智来完成的。对人的本质、人格、人性的探索问题，也是人和自然、人和社会、人和思维的问题。"荒诞的世界是一个不人道的、异化了的世界，是一个令人窒息的、虚无的世界，处在这样的一个世界中，人们不能不产生一种混乱而虚无的心理

① 苗力田. 古希腊哲学[M]. 北京：中国人民大学出版社，1959：165.

② 爱因斯坦. 我是怎样创立相对论的[J]. 自然科学哲学问题丛刊，1983（2）.

苦闷，这就是荒诞感。它是一种有痛感的焦虑，丑得肆虐引起痛感，前景的渺茫引起焦虑。”①异化，从词源学看，来自拉丁词 alie ń atio（Abalienation），它含有不同的意义：法学上是指转让、让渡，社会学上是指与他人分离、离异，心理学上是指精神错乱、变态。黑格尔描写了精神的自我异化——自我蜕形，费尔巴哈描写了人的宗教异化，马克思指出人的经济异化、政治异化，弗洛伊德则描写了人类的性心理异化。有学者指出，异化意味着一个经验的模式。在这之中，人感到自己已分裂化。他从自身中离异出来，他不能体验自身是自身的核心，他不是自己行动的主导者——倒是他的行动和后果成为他的支配者，人要服从它。分裂化的人找不到自我，恰如他也找不到他人一样。

现实人格即我们通常所说的人格。《中国大百科全书》（教育卷）对人格的界定是个人的心理面貌或心理格局，即个人的一些意识倾向与各种稳定而独特的心理特征的总和。从这个定义出发，人格大致包括以下几个方面的内容：气质、性格、能力、兴趣、爱好、需要、理想、信念等。在这个层面上有人常把人格看作性格的同义词，如欧洲的心理学家就喜欢用“Character”（性格）一词来表示人格。人格对大学生的成长与发展具有重要的作用和影响，多种调查研究证明，成功者和失败者之间最大的差异不是智力上的差异，而是非智力方面的差异，其中人格因素起着重要的作用。具有健全的人格有助于大学生适应急剧变化的社会并有效地为社会服务。伴随着网络的产生和迅速普及，人类的信息传递和交往方式发生了巨大的改变。基于信息时代的特点，网络已经比较普遍地进入了大学生的学习和生活。网络的快捷、高效、信息量大、知识面广的确给那些善于利用网络的人带来了无穷的便利。但网络游戏、黄色、暴力、迷信等不良网络信息也使一些处于青少年时期的大学生误入歧途而难以自拔，网络中色情泛滥、黑客猖獗、病毒肆虐、网虫以恶为乐，网络犯罪频现。网络中的虚幻世界的影响已使人在现实中神志恍惚、萎靡不振，长期迷恋网络的人自由主义、个人主义膨胀，身心健康、社会交往等诸多方面产生障碍，有的已异化成了游离于现实世界和网络虚幻中的“双面人”。

所谓人格异化，是指在人格形成过程中受诸多因素的影响所发生的消极变化，形成与社会规范要求相反的人格特征。人格的异化已经严重影响了大学生的健康成长。这些异化主要有以下表现。

1. 虚拟化的人格

网络社会中大学生习惯于利用无纸化的方式构造出一个与现实“我”存在某些差距的网络“我”，这种虚拟化的个体可能是存在的也可能是不存在的。在现实中个体可能具备积极、友好、顺应社会和有规可循的人格，但在网络中却表现出像消极、攻击、反社会和人格中的后继人格一样，它总会寻找机会展示作为“另一个主体”的“真实”存在，表现出让现实人格也觉得不可思议的行为特征，并强烈抵御企图消灭它的一切努力，这种现实和虚拟的反差会在某种程度上带到生活中，呈现出双重人格。

① 欧阳周，等. 美学新编[M]. 杭州：浙江大学出版社，2001：364.

2. 封闭化的人格

网络时代的开放性则会带来现实生活的封闭性。网络文化的丰富多彩促使大学生们感受到足不出户便能拥有一切，E-mail、BBS 等就成了大学生群体的主要交往形式。大学生在网络空间自由驰骋，个体性、主体性和创造性在得到极大发挥的同时，人格却逐渐朝封闭方向发展，在现实生活中的表现就是与他人疏于交往，话语过少，思维迟缓，逐步导致人际关系萎缩，社会交往能力下降。此时如果缺少教师正确的引导和帮助，大学生的道德意识和道德行为也将随之淡化和弱化。

3. 变异化的人格

信息网络时代，我们除了生活在真实的现实生活中，还游走于一个自由、隐蔽而监管相对滞后的世界，即网络，在网络世界里，网民的个性得到极大张扬，同时也助长了一些劣根性的滋生和蔓延。由于传统的伦理规范很难约束网络行为，再加上缺乏必要的监管手段和措施，这就导致了部分网民在网络世界里的人格产生了变异，主要表现在：因为可以隐藏真实身份，上网者有的盲目反正统、反主流、反传统，缺乏责任感、正义感，追求异化个性，形成现实和网络的双重人格；有的传播黑色信息，散布谣言，浏览反动、黄色网站，对暴力、色情等不良信息有趋同倾向；少数人甚至凭借网络技术，利用金融网络的漏洞，盗取资金，走进犯罪的深渊，等等。网络人格变异的后果也直接延伸到现实世界，影响了大学生的现实行为。

4. 冷漠化的人格

大学生在享受网络带来极大便利的同时，也遭遇了情感危机。大学生进入纵横交错、四通八达的网络社区，就可以耳听八方、眼观六路，但他们面对的只是冰冷的机器，从而改变了传统的具有可视性、亲和感的人际交往方式。大学生在网上直接面对冰冷的机器而非活生生的人，远不如现实社会的人际交往来得真实。当大学生沉迷于网络世界时，减少了与家人、同学、朋友和社会其他人的接触机会，亲情、友情、同学情变得疏远，从而导致在现实世界中人格的冷漠，而人与人之间的情感维持需要人与人之间的社会交往特别是直接交往。

6.2.1 无法认识自我

“认识你自己”是刻在古希腊德尔菲阿波罗神庙的铭句。这是人类有史以来最难解答的一个人生哲学命题。在西方神话语言体系里，它被表述为著名的斯芬克斯之谜。人为什么要认识自我，或者说认识自我有何意义和价值？这是一个人类必须思考且不可回避的问题，否则就会在目标弥散和思维混乱的状态中失去行动方向与探究动力，或者在错综复杂的理论面前陷入了“背会了一千个答案，却不知问题为何”的迷茫困境；倡导“最优化的教学”，追求理想的教育，寻求“舒适”的教育，渴望“诗意地栖居”；倡导以人为本的教学模式，追求卓越超群的教育，寻求民主公平的教育，渴望获得教育幸福。然而当人类一方面在孜孜不倦地追寻，另一方面却没有很好地认识自我，这时就陷入了人性的异化、自我认同性的混乱和现实性的失衡等教育现代性危机。

1. “认识你自己”的解读

“认识你自己”反映了古希腊思想家对人自身的思考和关注，是哲学发展进步的一个重要阶段，为哲学发展开辟了新方向，实现了哲学发展的两大重要转变。

第一，实现了哲学主题由神到人的转变。在古希腊苏格拉底之前，关于人的自我认识主要是通过神话这一形式来表现的。前苏格拉底时期，哲学主题是自然天体、宇宙或自然现象，如古希腊神话“斯芬克斯之谜”，反映了早期人类通过神话来表达对自身的认识和关注。苏格拉底认为，人如果无法认识和把握自己，则只有受神的摆布和奴役，人必须经过自我认识才能渐渐成熟，才能认识到人是社会活动的主体，说明了人对自身命运的自觉把握。

第二，实现了哲学研究的对象由客体到主体的转变，既反映了哲学自身发展的内在逻辑要求，又反映了当时古希腊城邦社会现实需要。哲学的产生源于人们对身外物或自然现象的惊异，包括从细微现象逐步发展到对日月星辰以及宇宙生成的惊异，因此对物质本原的探索就成为哲学发展的必然。哲学发端于令人困惑的问题，对人自身的惊异和思考说明人们的思维认识向前迈进了一大步，而在所有惊异事物中最惊奇的是认识自身。智者派认为“人是万物的尺度”，苏格拉底认为，哲学的对象不是自然，而是人的心灵，是自我，他通过对人性的探究，督促雅典人善于反思、追求高尚、发展批判性思维、成为真实的自我。“认识你自己”，就是认识到自己总是无知的，只有这样才能成为一个真实的人。

近代哲学则把“认识你自己”这一命题提升到认识论的高度，把人的自我抬高到主体性层面。笛卡儿打破了经院哲学对理性的禁锢，通过“我思故我在”的命题确认了人的主体地位，高扬人的主体性。德国哲学人类学家米夏埃尔·兰德曼说：“人不像其他存在物，人并不简单地存在着，人好奇地询问和解释人自己，人的概念暗含着人类学。这不仅只是任意的、理论性的思辨，它出自这样一种存在物的最深沉的必然性，这种存在物必须塑造自己，并因此需要一个指明方向的榜样或理想以提供参照。”[①]美国哲学家赫舍尔在《人是谁》中指出：“正确认识人是正确理解人关于世界的知识的前提。我们的一切决定，无论是认识上的，还是道德上的或美学上的，都取决于我们关于自己的概念。”[②]德国哲学家卡西尔认为，认识自我乃是哲学探究的最高目标，他在《人论》中说：“认识自我乃是哲学探究的最高目标——这看来是众所公认的。在各种不同哲学流派之间的一切争论中，这个目标始终未被改变和动摇过——它已被证明是阿基米德点，是一切思潮的牢固而不可动摇的中心。”[③]由此表明，在人类理性认识和实践活动中“认识自我”的重要意义。

2. 无法认识自我引发的教育现代性危机

教育现代性的本质体现为一种生命的存在方式和生命间的相互关系，将人类生命的过去、现在和未来都紧密相连，同时在自我与他者间建立起同感互通的纽带，建构一种和谐的、互通有无的整体，使个体拥有生命存在的充分条件和保障，立足生命存在，关

① 兰德曼. 哲学人类学[M]. 张乐天，译. 上海：上海译文出版社，1988：9.
② 赫舍尔. 人是谁[M]. 隗仁莲，译. 贵阳：贵州人民出版社，1994：18.
③ 卡西尔. 人论[M]. 甘阳，译. 上海：上海译文出版社，2004：3.

注生命体验，呼唤生命活力，提升生命质量。然而，如果没有“认识你自己”，我们将会在这一语境中丧失自我，丧失话语权力，我们甚至会在“他语”的境地中陷入生存的困顿。如果没有“认识你自己”，我们将良莠不分，迷失自我发展的方向和动力，更谈不上自主思考、自我思辨的能力。如果没有“认识你自己”，我们的“人文精神”将不够完善，无法体现生命的精彩和意义的丰富，必将最终陷入教育的现代性危机，主要体现在人性的不完整、认同性的混乱和现实性的失衡等方面。

（1）人性的异化。

在现代人际关系领域中，人与人之间的关系已丧失了那坦率的、符合人性的特征，而蜕变成了“一种两个抽象的、两个活机器之间相互利用的关系”①。每个人彼此之间都成了赤裸裸的相互利用、相互倾轧关系，都把对方视为实现自己目标的手段。不仅人与人之间缺乏爱和理解，人也无法体验到真正的自我，人与自身已相分离。人已不再是活生生的人，而成为一件待价而沽的商品，这样他必定丧失自我意识，完全以市场价格来衡量自身的价值，人自己不能决定自己，而由外物、他人来裁决。他的人格塑造、学习内容、努力方向等完全取决于市场风向。人只是一味地适应外界需要，而体验不到自我的存在，人只是他人所需要的而没有自我的物品。弗洛姆对西方工业社会人的全面异化的描述，使他感叹道：“19世纪的问题是上帝死了，20世纪的问题是人死了。”②

现代性对人性的认识是抽象的，不完整的。针对现代性对人的麻醉化和机械化，马尔库塞曾尖锐批判了“单向度的人”。教育的任务被理解为传授知识，培养知识人，在人们探寻知识、使用知识的过程中，由于缺乏“善”的引导和领引，往往会使知识成为一匹脱缰的野马，为所欲为且无所不为，于是教育所培养的只是知识人，而不是具有丰满人性的立体的多维度的人。

（2）自由性的缺失。

当代自由理论大师柏林指出：“‘自由’这个词的‘积极’含义源于个体成为他自己的主人的愿望——人最重要的是，希望能够意识到自己是一个有思想、有意志而积极的人，是一个能够为我自己的选择负责任，并且用我自己的思想和目的来解释我为什么做此选择的人。只要我相信这是真实的，我就觉得自己是自由的。”③雅斯贝尔斯在《什么是教育》中曾提出，教育诉诸自由，而不是人类学上的自然事实，教育以从自由中不断获得的知识或信息为其内容，如果教育转变成权威，那它就不是成功的教育。伊壁鸠鲁把人从神和死的重压下解脱出来，成为个体的自由的人，自由地去寻求和享受人间的快乐和幸福生活，而不丧失自我地生活着。教育上的自由不是一种无序、混乱的无政府状态，而是指从人性的解放走向思想的开放，再走向个性的发展，最终走向创造力的张扬，自由既是一种动态的生活状态，也是一种复杂地心理状态，教育帮助个体

① 弗洛姆.健全的社会[M].欧阳谦，译.北京：中国文联出版公司，1988：140.

② 同上书，第370页。

③ Berlin.Two concepts of liberty[M]. in his Four Essays on liberty, New York: Oxford University Press, 1969: 131.

自由地成为他自己，而非强求一律。

然而，现实中教育存在太多外在的、故意的、无理的干涉和限制，无法摆脱对功利性知识的盲目追求，教育一方面要求培养出的人才有能力、有创新，另一方面又要求人们安于现状，在服从知识、权威的制度下，师生画地为牢，久而久之便如同笼中的鸟儿，想飞却无法跨越笼之束缚，即使被给予了些许自由也没有创新的能力，甚至丧失了创新的意识和欲求。

（3）自我认同性的混乱。

加拿大哲学家查尔斯·泰勒指出：研究自我需要注意的4个方面，即自我的生物方面、道德方面、语言方面和与自我相关的语言共同体。他在《自我的根源：现代认同的形成》中分析自我的存在意义及其与道德的关系，自我不仅具有心理学和社会学上的意义，发现自己的欲望并以此策略性地指导自己，形成自我形象；而且还具有道德空间感。“探讨认同的不同条件或赋予其生活以意义的不同条件之间存在的密切关联，将自我与善的关系作为生活的方向，才能真正地理解自我认同的意义”①。

所谓自我认同，是指在特定社会语境中，个体对社会生活、自身的生理心理、个体职业发展等所进行的自主定位和深层解读，是个体世界观、价值观、人生观在特定历史时期的综合展现。而自我认同的危机则常常意味着自我同一焦虑以及消极地对待生活及个体成长等问题，伴随着个体的能动性的消解、自我身份感的丧失，表现为角色混乱，认同弥散，随意改变价值观和生活目标，生活迷茫，缺乏幸福感，严重者甚至导致堕落或自杀。现代人的自我认同危机，不仅表现在自我的内在分裂，也呈现出对自我身份的模糊认识或个人身份感的消退，逐渐消失自我价值和自我意义。

（4）现实性的失衡。

教育来源于生活，并最终回归生活。人和动物最本质的区别就是人具有社会性，动物依靠自然的相对完善的本能就可以生存，而人要想更好地生活就必须同周围的生活世界发生关联，生活在某种意义上说就是一种教育，“社会生活的经久不衰需要教导和学习，共同生活本身也具有教育作用，这种共同生活，扩大并启迪经验，刺激并丰富想象，对言论和思想的正确和生动性担负责任”②。所以教育不能离开生活，而学校教育就是一种共同生活，人们在这种共同生活中进行目的共享、兴趣交流、责任分担，这种共同生活就是沟通与协作，它们都具有教育性。“任何学习要是增加对生活价值的关心，任何学习要是产生对社会幸福更大的敏感性和推进生活幸福的更大的能力，就是具有人本的学习。”③

生活世界是人在其中的世界，其中心就在于人的生存和人的价值，然而由于不认识自我，不了解自我所处的环境，不了解自我的生活状态，现实中往往存在两种现象：一种是生活的世界和教育的世界相互脱离，学生无法将在校外获得的经验完整地应用于校内，同时他在校内所学的知识也不能应用于校外的日常生活，这就是教育和生活的隔离，也

① 泰勒. 自我的根源：现代认同的形式[M]. 南京：译林出版社，2001：34-47.

② 杜威. 民主主义与教育[M]. 北京：人民教育出版社，1990：7.

③ 同上书，第306页。

是教育和生活的资源的极大浪费；另一种是生活的世界和教育的世界相互背离，教育中所获和生活中所见发生冲突甚至完全不一致，导致学生难辨真伪，是非不分，甚至导致其双重人格的发展。

6.2.2 自我感的缺失

自我感（Sense of Self）是指人的存在的价值感和尊严感。尼采曾指出，个人正被淹没在群氓之中，我们是在依靠一种“奴隶道德”生活，而卡夫卡也指出，人可以怎样毫不夸张地丢失掉他们的自我。多数人都能够找到最好的外在理由来支撑自己的信念——人作为自我是没有意义的和软弱无力的，面对有着巨大经济、政治和社会运动的时代，一个人如何才能战胜自己而有所作为呢？丧失自我感的人往往远离自己的情感、愿望、信仰和精力，丧失了主宰自己生活的感觉，丧失了自己是一个有机整体的感觉，脱离了其自身最具生命力的中枢。齐克果曾说丧失自我是致死之病。自我感的丧失是一种绝望——对自我存在却又浑然不觉而感到的失望，或对不愿意成为自己现在这个样子而感到失望。当马加爵杀死自己的舍友，我们震惊于他对他人生命的公然伤害；当清华大学的学生刘海洋仅为了试一试狗熊的嗅觉是否灵敏，就向狗熊倾倒硫酸，以致使狗熊喉管烧伤，我们愤慨于他对另类生命的漠视；一些少年沉溺于网络的虚幻，忘记了现实的存在，忽视了生命的神圣，失去了对生命的敬畏而轻易地抛弃了生命。

网络是一种承载信息的工具和交流信息的平台，一种现代化的交往手段和方式，也是一种社会生活的虚拟体现，能提供无时间限制、无空间边界、无伦理观念约束的环境，由于部分大学生精神空虚、学习目的不明确，在具备虚拟性、隐蔽性、弱规范性等特点的网络世界里开始陷入非理性的心理状态，即人格向着非常规的方向发展，从而使人格发生扭曲，容易形成偏执型人格、自私型人格、消极型人格、冷漠型人格、封闭型人格、变态型人格、依赖型人格、放纵型人格、双重或多重型人格等多种不健康人格，给当代大学生这一特殊人群的人格发展带来了一定的危害。大学生受各种内外因素的影响，在其人格发展过程中，出现了许多落差现象，人格发生了异化，自我感丧失，甚至呈现病态倾向。

1. 市场取向中的自我分离导致主体性的丧失

随着市场取向的社会转型全方位推进，生活在“天之骄子”光环中的大学生在激烈市场竞争中却不一定能占据天赋优势，这种巨大的心理落差，导致相当一部分大学生，感到个人的命运不是由自己控制，而是由各种外力、命运、运气、机遇和环境等外在综合因素掌握。近 90 %的大学生认为在择业过程中家庭背景、社会关系比个人能力更重要。网络时代信息传输的突出特点是高度综合性、单一性，超越了简单文字和静态图像的局限，致使个体思维直观化、简单化，这在某种程度上阻碍了大学生的思维发展，因为大学生在从网上截取各类信息的时候，就不需要像在现实中那样要主动去概括、归纳、反思，并努力探求事物内部的本质。在这种情况下，大学生很难接受挑战其思维能力的刺激，他们会较为注重对事物的感知，而非理性的分析，其逻辑思维发展空间相对较为有限和局促，这类学生容易产生固执、偏激的行为和情绪。他们往往拥有发达的形象思维能力，而想象力和逻辑思维能力却较薄弱，对事物的认识能力肤浅化、感性化，难以把握事物的本质。同时网络信息的庞杂无序，干扰了大学生对有用信息的选择和吸收，也影响了大学生思维的深度发展，所有这些不能不引起我们的沉思。

2. 行为取向中的人我分离导致自我感丧失

在行为活动中对自己和对他人使用不同的标准。在中国由高度集中统一的计划经济体制向社会主义市场经济体制转变的过程中，这种人我分离现象非常普遍。网络恰好提供了这样一个虚拟的空间。信息网络的出现使人与人之间的交往方式发生了变革，在感情沟通方面也有其独特之处，在"人—机—人"的相对封闭的网络交往环境里，使人们逐渐失去了与他人、社会直接接触的时机，其人际交往易趋片面，消极地回避现实社会复杂的人际关系，在网络世界他们可以自由地选择自己喜欢交往的对象，可以与陌生人侃侃而谈，不作深层次交往，他们逐渐形成孤僻、冷漠的性格，导致人际情感资源枯竭及人际交往障碍，陷入自我满足、自我封闭的自我中心主义，一遇上问题就会沉迷于网络，逃避现实，封闭自我，对身边的人和事漠不关心。如果大学生仅仅把虚拟世界视为心理交往的空间，把网络作为自己唯一的精神寄托，其自我意识、自我境界会越来越薄弱，进一步发展可能还会出现心理畸形，最终使自己无法应对未来纷繁复杂的世界。

3. 伦理道德取向中导致人格发展错位和弱化

互联网的普及对大学生的积极影响不可忽视，其平等性、开放性和互动性为大学生开创了一个全新的网络环境，提供了一个便利的交流平台。在这个虚拟的网络里，大学生可以尽情展示自我个性，追求自我超越，发挥自我想象，体验自我成功。网络的隐蔽性、虚拟性和无约束性之特征又极大地助长了学生的侥幸心态，刺激了学生的放纵心理，成为当前大学生人格异化的另一重要因素，最重要的表现在于网络道德的失范。网络容易导致个体道德自律弱化，产生放纵型人格，不为人世间的情感所动，逐渐沦为毫无情感的机器，这类学生容易形成"情感冷漠症"和"网络孤独症"，现实社会中有道德、法律的约束，人们必须按既定的规矩行事。但是现实社会的"规矩"在虚拟世界中，就不那么奏效了。网络的虚拟性可以满足在现实世界中无法体验的各种情绪、情感，给人一种"特别自由"的感觉和"为所欲为"的冲动，对现实身边的人和事漠不关心，沉溺于网络交往中，陷入孤立疏懒、空洞贫乏、空虚苍白的心理状态和人生状态。

部分大学生以恶意的网络行为有意干扰他人的网络自由，粗言恶语、人身攻击或通过网络载体损害他人的情感、情绪等，有些人在网上"恣意妄为"，体验各种在现实世界中属"另类"的情感，这类学生往往无视学校纪律，容易发生一些违反校纪校规和其他一些不道德的行为。

4. 际价值取向中的困惑迷茫导致自主行为的偏离

人际交往是指人们在生活实践中通过互相交往、相互作用而形成的人与人的直接心理联系。与中学生相比，大学生的人际交往更为复杂，更为广泛，独立性更强，更具社会性，个体开始独立地步入了准社会群体的交际圈。大学生处于一种渴求理解、渴求交往的心理发展时期，良好的人际关系，是心理正常发展、个性保持健康和具有安全感、归属感、幸福感的必然要求。大学生开始尝试独立的人际交往，并试图发展这方面的能力。而且，交往能力越来越成为大学生心目中衡量个人能力的一项重要标准。网络容易导致大学生社会意识淡化，产生自私型人格。现实社会中，大学生要按照“爱国守法、明诚礼信、团结友善、勤俭自强、敬业奉献”的基本道德规范去做人做事，在老师、家长及同学的评价中形成一套社会价值准则。网络社区的人际交流是在虚拟情境之下，人们戴着各自的虚拟面具进行交流，它缺乏现实生活中人际交流的真实感和确定性，使人与人之间的关系建立在一种极其脆弱的基础上。而网络里五花八门、亦真亦假的信息冲击着大学生刚刚建立起的世界观、人生观，很有可能对他们产生影响并内化为一套与现实的社会准则相异的新的价值准则。网络世界的自由与现实社会的监控形成强烈反差，无疑会加剧大学生对现实的抵制心理，更加热衷于“人—机”对话的交往手段，这种脱离现实的生活使大学生对现实的认识发生扭曲，忽视了自己的社会角色、社会地位和社会责任。

6.3 教师职业感的消解

教师的职业感是由大学的目标与功能决定的，其目标与功能主要是通过其主体职责的履行实现的，二者之间是一种相互依存的关系。教师职业成为传承人类文化知识和教授特殊技能的不可或缺的行业，于是，在教师的职业活动中，教师意识到教学不仅是一种基本技能，而且是一种专门技术，这种技能或技术的运用主要目的在追求课堂教学的效率。

6.3.1 职业认同危机

关于“认同”，美国心理学家埃里克森（Erikson）和符号互动论者米德（G. J. Mead）的观点影响最大。埃里克森从社会情境和人生发展阶段角度来论述认同的形成，指出认同是人的整个人生中不断发展的东西。米德则描述了自我如何通过与环境相互作用而获得发展。从机制特征角度进行的界定，英国学者萨曼莎指出：“认同的建构不仅仅被视为一个个体的过程，而是通过社会互动和对一系列社会文化群体的参与而发生的过程。”① 从功能的视角，英国学者马科伦（Maclure）曾这样界定：“认同不应该被视为固定的实体——人们拥有的什么东西——而应是用来判断、解释和厘清自身与别人及其工作情境的关系的东西。”② 温格（Wenger）提出认同有5个维度，并据此来界定“我们是谁”。③

（1）经历。通过参与性经历的方式和我们自己及别人把我们具体化的方式来界定“我们是谁”。

① Twiselton，Samantha. The role of teacher identities in learning to teach Primary Iiteracy[J]. Educational Review，2004，56（2）：157-164.

② Maclure M. Arguing for yourself：identity as an organizing Principle in teacher’s jobs and lives.British Educational Research Jounal，1993，19（4）：311-322.

③ Wenger R. Communities of Practice：Learning，Meaning and Identity（Cambridge：Cambridge Universtity Press，1998，149.）转引自Judyth sachs，Teacher professional identity：competing disourse competing outcomes，J. Education Policy，16，No. 2，2001，149-161。

（2）群体成员资格。通过成员间的相似性及差异性来界定“我们是谁”。

（3）学习轨迹。通过我们曾在何处和将要到何处去来界定“我们是谁”。

（4）多个成员资格的连接。通过把多种形式的认同综合为一个认同的方式来界定“我们是谁”。

（5）微观与宏观间的一种关系。通过属于更广泛和能明显反映更多风格和讨论的微观事物来界定“我们是谁”。

教师职业认同是教师对自身作为教师对此职业所持的观点，也就是教师对自己所从事的教师专业意义的总体概念，主要涵盖以下方面：教师的自我意象——自己属于哪一类型的教师？教师的自尊——作为教师，认为自己做得怎样？教师的工作动机——自己为何选择这个职业？教师的任务感——作为一名好老师，自己应该怎样做？教师对未来的看法——希望自己未来的职业发展是怎样的？[①]

教师职业认同对于教师个体专业发展以及对学校教学质量的提升具有重要影响。

首先，教师的职业认同是教师专业发展的主要根基。教师职业认同是教师自主建构的深层教育价值观，它体现为一种认知图式和心理活动过程并以此支配着教师个体对教学的认知、理解、判断和行为选择。布洛（Bullough）指出：“教师认同对于教师教育非常关键，它是意义产生和进行决策的基础……”[②]

其次，教师职业认同影响着教师的教学效能感。

再次，教师的职业认同关乎着教师职业倦怠水平。教师持有积极的良好的职业认同感可以降低甚至忽略由不良的工作条件、氛围及环境带来的不快。

最后，教师职业认同决定着大学生的个体发展和学业成长。

教师职业认同是有一个联合体或动态的平衡，即职业自我形象与一系列教师认为他应该扮演的各种角色之间保持平衡。学者米史勒用了一个比喻：“我们的自我就像多种声音的合奏,而不是男高音或女高音的独奏。”[③] 库珀和奥森（Cooper & Olson）指出教师职业认同是个多面体的事实，因为历史因素、社会因素、心理因素和文化因素都会影响教师自我的“教师感觉”，职业认同可能有多个次认同组成，这些次认同相互间所发生的作用可能是密切联合的也可能是冲突排斥的。

在哲学领域中，认同是指现代人在现代社会中塑造成的、以自我为轴心展开和运转的对自我身份的确认，它以各种差异轴（如性别、年龄、阶级、种族和国家等）为中心而展开，其中每一个差异轴都有一个权力的向度，人们通过彼此间的权力差异而获得自我的社会差异，从而对自我身份进行识别。从这个意义上说，所谓当代认同危机，就是人的

① Mcclelland D C.Dentifying competencies with behavioral event interviews[J]. Psychological Science，1998（9）：331–339.

② 许志超，甘怡群，郑庆章.“华人工作相关人格量表”的编制、意义与效度[J].心理学报，2000（4）：56–59.

③ Mishler E G. Storylines： Craft artists “Narratives of identify”， Cambridge，MA：Harvard University Press，1999.

自我身份感的丧失，也可以理解为自我价值感、自我意义感的丧失。① 在当代社会中，人们的认同处于不断的“解构—破裂—建构”过程中，剧烈变化的现实致使一种认同可能刚刚确立，却又在瞬间变得模糊不定甚至虚无缥缈了。因此，认同不是一个暂时性的问题，而是当前条件下的一个持久性的并且具有强烈变化性的问题。

认同，具备内敛性和外散性的特质。其内敛性是向内滋生的一种自我深度感，是对自我价值和自我意义的发现、认识和肯定；其外散性是指人的自然属性和社会属性的集中反映，人的自我感不是来自个体内心，而是来自外界和他者，最终也必然回归于外界、他者。因此，认同危机也具有双向性：一方面，认同危机是在人的自我感中产生和起作用的，是对内在深度感所形成的危机；另一方面，认同危机是在人与他者的关系中形成的价值感、意义感和地位感而产生和发生作用的。认同包含着个体的认同和集体的认同，而认同危机既发生在个体的自我认同和集体认同层面上，也发生在集体的个体认同和社会性认同的层面上。教师作为传统的知识传授者，其职业认同危机主要体现在以下几个方面。

1. 教师自我感的迷失：我是谁

人是能够说出“我”的动物。这句话的本意是说，人是有自我意识的存在物。然而，当代社会中，自我感作为认同的重要标志，反而陷入逐渐沉沦和迷失的境地，深陷认同危机中的当代人，尽管仍然能够说出“我”，但是对这个“我”的认知和界定并不是那么清晰而确定，在现代性的社会背景下，根本性的心理问题是个体的无自我感、无意义感和无价值感，即那种觉得生活没有提供任何有价值的东西的感受。② 而自我感的丧失对人的自我评价、自我实现和自我发展都有极其重要的影响。复杂、琐碎的教学科研任务正在日益挤占教师个人的生存空间，原先静谧的、封闭的课堂正日益被各种“专家”的各类话语充斥，教师的个人语言只成为一种形式，在日益机械化和程序化的教学中，教学似乎变成了一种为了达到某种目标或者迎合某些专家的刻意表演，教师个性张扬的空间越来越小，教师自我迷失在越来越窄的想象空间中。自我的迷失使教师生发出“我是谁”的疑问，带来了教师对自我存在的否定和教师专业生活意义的消解。正如吉登斯（Giddens）所说：“在晚期现代性的背景下，个人的无意义感，即那种觉得生活没有提供任何有价值的东西的感受，成为根本性的心理问题。”③

教师正遭遇着多元的角色期待、角色定位以及角色转变所带来的困扰，这些构成了当前教师角色认同危机的重要根源，从而产生自我感的迷失。教师角色危机来自于角色内冲突与角色外冲突。其中，角色内冲突主要表现为个人扮演某个角色时，对理想角色的期待与对现实角色的认识产生冲突，由此所得到的角色冲突体验；角色外冲突主要表现为社会各界对特定角色缺乏一致意见所导致，或者是指个体同时扮演几个角色时所产生的多重角色冲突。角色危机导致教师对专业身份认识的茫然，曾经在学生面前镇定自

① 梅. 人寻找自己[M]. 冯川，陈刚，译. 贵阳：贵州人民出版社，1991：45.

② 吉登斯. 现代性与自我认同[M]. 赵旭东，方文，译. 北京：生活 · 读书 · 新知三联书店，1998：9.

③ Mei-I cheng，Andrewr，Daintyj，Towards a multidimensional competencey-based managerial performance frame work[J]. Journal of Managerial Psychology，2005，20（5）：380-396.

若的教师却变得惶恐不安和措手不及，陷入“我是谁”的困惑中。

2. 教师专业技能的困惑：我能做什么

专业技术人员的重要特征之一就是具有从事该专业所必需的特殊知识和能力结构，这些知识和能力结构具有比较好的排斥性和区分度，因而，专业技术人员身份认同的一个重要标志是具有一定的专业知识结构和专业能力结构。在信息化时代，建立在多元化观念和理论基础上的教师专业知识和能力结构呈现出极其多元化的理解，教师既无法判断自身教学设计和教学策略选择的优劣，造成教师在教学过程中选择的困惑和迷茫，在教学活动中，“我能做什么”“我应该做什么”成为终日困扰教师的难题，又潜在地逐渐地瓦解着教师对于自身所从事的职业的专业技能和职业认同。

3. 教师专业角色的冲突：我怎么办

当代社会发生了巨大的变化，人们的社会交往活动和社会实践活动的领域和范围随之发生根本性变化，在这样的变化中，人对自己的身份感产生了新的认知和理解，认同事实上是一个现代性现象，离开当代社会发展的大情境，人们就无法对当代认同进行深刻理解。①

作为一个宏大的主题，认同牵涉到人与自然、人与社会、人与自身意识的关系，这三种关系构成了认同的根本核心。然而，在教学实践中，教师角色前的人们与认同问题无缘。在现代社会中，由于人对自身的存在及其价值和意义尤为重视，当代人的认同问题凸显为一个专门的哲学问题。在现代社会中，生活的意义感经受了史无前例的破坏和摧毁，滋生了前所未有的认同危机。正是现代社会，使得人的认同成为必须得到认真解决的问题。

4. 教师专业发展的迷茫：我应该往哪里去

正是由于社会各界对教师赋予了太多的期待，而且又无法清楚地描画出达到这种理想境界的轨迹，尤其是还没有创建出一种评价教师专业发展的行之有效的标准体系，教师陷入一种困顿之中，即不仅难以体会到工作的热情和快乐，也失去了继续前行的动机和奋斗的目标，使得许多教师在日益夺目的“神圣光环”下逐渐变成了“迷途羔羊”，这种失去方向的惶恐在很多地方引起了教师队伍的震荡。相关研究表明，近年来，职业倦怠感困惑着教师，师资流失现象日趋严重。其中，青年教师流失现象更为突出。在中国，由于传统职业观念和就业形势的影响，虽然教师跳槽的比率未必会高于美国，但是从实践来看，“身在曹营心在汉”的现象却是非常普遍的，也就是说教师从“显性职业逃避”转向“隐性职业逃避”，而后者造成的后果比前者可能更为严重。

6.3.2 职业幸福缺失

幸福是什么？它是指一种感觉，一种状况，一种意向，还是一种态度，在道德和幸福之间是否存在什么联系，幸福观也是伦理学与政治哲学的中心论题。亚里士多德所说

① Joseph E. Davis （ edited）. Identity and Social Change[M].Transaction Publishers，New Jersey，2000：185.

的“Edaimonia”（希腊文）与英文“Happiness”的含义不尽相同。库珀认为，英语中所说“Happiness”的含义是指一种心理上的主观感觉，而亚里士多德所说的“Edaimonia”并非指这一主观心理状态。库珀认为应将“Edaimonia”译为“人类的兴旺”（Human Flourishing）。幸福观是随语言、时间、道德观念而转移的。这正如艾恩·兰德所指出的，所谓幸福，就是对自身价值观念的一种追求，是一种自我意识，“一个人的幸福也就是他的最高意愿”。亚里士多德认为幸福是最高的善，幸福是灵魂的合乎品德的实现活动，思辨活动是人的最大幸福，幸福和快乐紧密相连，幸福的获得需要外在的条件。他的幸福观体现了理想与现实相统一，理论与实践相统一，个体幸福与集体幸福相统一的基本特征。

教师职业幸福感是指教师在自己的教育实践中获得了需要的满足、实现了职业理想，发挥了潜能、达到自身和谐发展，并随着能力的加强而逐步获得的持续快乐体验。大学课堂教学危机所带来的后果之一是教师职业幸福感的缺失，如价值观缺失、教学欲望匮乏、教学创新乏力和人文关怀淡薄等方面。

1. 价值观缺失

随着学校功能的日趋复杂化，教师所要扮演的角色越来越多元化，许多教师的价值观念也在不断发生变化，于是就产生了角色价值观与教师个人价值观的冲突，这种冲突在教学中表现尤为明显。最终引起他们对自己职业产生落差直至失望，继而失去职业幸福感。

人们所强调的大多是教师职业的外在工具价值，偏重对教师的社会期望和要求，缺乏对教师职业的内在价值的重视，对教师自我价值的实现和对教师的人文关怀不太重视甚至忽略，这种抽象的认识与教师自身的实际感受相去甚远，导致教师的价值观产生很大的落差。尤其是刚刚步入工作岗位的新教师，对未来的职业生活抱有美好的憧憬，但由于缺乏实际的教学技能，在面对课堂教学的复杂性时会无所适从，从而产生理想与现实的严重落差。这种落差感会对教师内在需要的满足产生影响，制约着教师对其工作的热情和投入，在很大程度上削弱了教师的职业声誉，阻碍教师的专业发展。

在教育活动中，面对个性差异的学生、日新月异的社会环境、纷乱复杂的教学内容，特别是在推进教学改革、课程改革的过程中，教师必须充分发挥自己的创造性，如果不能正确认识和积极适应，则必然会滋生抵触情绪，遇到许多新问题、新矛盾，产生新压力，从而可能导致对教师职业的反叛。 教育是一种艺术活动，是一种创造能力的体现，创造性的教育实践必须给予师生自主的空间，但当前，很多教育活动都体现为教师对学生的单向知识输出，师生之间缺乏价值共享，缺乏情感交流。这种缺乏创造性的活动将教学视为机械的体力劳动，把教师变成了“流水线上的操作工人”，教师在这种高强度的单向活动中日益消耗着,从而产生职业倦怠等问题。在具体的实践中部分教师对自己为什么教、教什么、如何教都缺乏理性的认识和自觉的反思，工作缺乏自主性和创造性，就不可能体验到高层次的幸福感。最终引起他们对自己职业的失望，失去职业幸福感。再如，在具体的教学实践中有些教师对自己为什么教、教什么、如何教都缺乏自主选择能力、理性的认识能力和自觉的反思批判意识，不可能发展成一种具有理性精神的人格特质和思维方式，工作缺乏自主性和创造性，更不可能体验到高层次的教育幸福感。

2. 教学欲望匮乏

教师的工作时间和空间被大量烦琐重复的工作占据了，根本抽不出时间进行学习或研究，致使一些教师难以适应新的工作形势，在教学过程中出现了诸多问题，使教师产生了许多心理焦虑和挫折感，甚至失去工作的信心和决心。久而久之，教师逐渐对自己的工作丧失了工作热情，产生了倦怠心理，有的教师甚至离开了自己的岗位。社会各界期待教师为人师表，期待教师成为研究型、专家型教师；期待教师能够传道、授业、解惑。随着社会的进步和时代的发展，教师被期待的角色越来越多元化，承受的压力也越来越大，这些期待渐渐裂变成教师内心的一种压力，难以获得及时和完美的解决，从而导致教师教学欲望的匮乏。

由于教师的工作疲惫、工作压力以及社会角色造成的内心冲突，引起教师的职业疲倦，直接导致教师厌教，没有教学热情和激情，丧失教学欲望，甚至将教师职业视为维持生计或谋取地位的一种基本手段，日复一日机械重复，缺乏新意、创意，导致教学能力蜕化，整天为履行职责而忙忙碌碌地工作，简单地把教师职业作为一种"异己的存在"，无法全身心地融入到自己所从事的工作之中，找不到从事该职业的快乐和幸福，甚至把每天的工作看成是一种痛苦的煎熬，失去了对教学的内心渴望和自觉倾向。教学的灵性和活力被磨灭，成为一个毫无思想、毫无创造性的知识"搬运工"，更不用说享受教书育人的乐趣，体会教学幸福。

3. 教学创新乏力

创新的一个重要特点就是具备超前性和新颖性，人的创造性是由人的独立性发展而来的，有了独特的兴趣、独立的思考和独立的人格才能有与众不同的创造。教学创新是指在教学方法、教学手段和教学内容等方面的创新与突破，是为了更好地实现教学目标，对教学活动各个要素、各个阶段进行必要改革，以使教学活动得以更新和发展的一种变革行为。教师在教学理念创设、教学内容更新、教学方法运用和教学活动优化的过程中会体验到双重快乐，即在体验和享受学生进步带来的快乐的同时，也会体验和享受着自我发展带来的快乐。

目前，存在着教师中心、知识传授、信息发布为主要特征的教学，注重以灌输方法为主、问题意识薄弱、实践活动落实不力以及分数至上的考评体系等问题，表现教学结果呈现低效性甚至无效性特征，导致教学活动中没有创新，不仅使学生担负着想赢又输不起的思想包袱，承受着过重的心理压力，而且使教师丧失了在教学实践中创新的体验，无法实现教学满足，无法体会到教学幸福。

4. 人文关怀淡薄

何为人文关怀？康德的理解具有以下三层意思：第一，人是目的，而不仅是手段。第二，尊重人格，康德在《道德形而上学基础》中首次阐发"人是目的"的思想，每个理性存在者都应当决不把自己和其他一切理性存在者仅仅当作手段，而是在任何时候都同时当作目的自身来对待。[①] 第三，崇敬德行。康德在道德目的论中认为只有服从道德律的人才能作为终极目的。

人文关怀是一种以彰显“人是目的”作为取向，以人的全面的发展为终极目标，以弘扬美和善、追求爱和真为核心，最大限度地认识人、理解人、关怀人、发展人、成就人的价值观。以人为本，体现人的本质属性的精神，是揭示人的生存意义，体现人的价值和尊严，没有人文影响的教育也只是传播知识而不是教育。人文精神是一个重要的教育价值尺度，失却了人文精神的教师必不是真正的教师；失却了人文精神照耀的教育不仅是教育的悲哀，更是民族文化的悲哀。[②] 以“人是目的”为核心理念的人文关怀具有超越性和永恒性，但其人文精神又是一种历史的精神，即超越性的价值理想必须体现或转化为一种时代精神；人文精神虽然关涉人的生存意义和终极关怀，因而具有形上性。市场经济主导的时代所孕育的实用理性和科技主义导致的科技理性占主导，当代人文精神的“失落”源自于实用理性和科技理性的主导，也体现了人的“失落”。“大学之道，在明明德，在亲民，在止于至善。”——清晰地阐明了大学的目的，即大学在于教人道理，净化人们的心灵，陶冶人们的情操，培养人们的善良美德，使人们达到真善美的最高境界。在就大学课堂教学危机的后果对学生访谈时，某大四理科男生在被访谈时指出：批量生产的学子个体与个体间缺乏区别，没有个性何来创新？故创新能力弱。

（1）思想价值一元化，反映出意识形态领域的危机，思维愈发狭隘有限。

（2）多彩的人生道路变得单调模式化，列举一条典型路线“上重点高中为能考上大学→考上大学拿文凭找稳定优越的工作→结婚生子买房买车→退休养老”。假如一个人这样没什么问题，整个社会都这样未免有些可怕。

（3）想法单纯，一副“真理在握”的样子，从而在心理上低估了现实的复杂与坎坷，导致抗击打能力弱（承受能力），适应变化的环境能力弱，理想与现实的自我协调能力弱，容易犯眼高手低的错误或者在失败几次后就灰心丧气、否定自己甚至一蹶不振，与外部世界隔绝的倾向。

（4）对于人生的意义、生命的价值等问题毫不关心，而只顾及眼前身后实在的利益，思维模式化、人生价值庸俗化，如拜金主义、享乐主义。

（5）表里不一的双面人。不管学生自身这么想，其最终的答案总倾向于以书本的知识为标准，这样的思想即使是大学的莘莘学子也无法避免。

原因一：思维的惯性或者说是习惯，因为之前所受的教育都是以教科书为准的。

原因二：出于教师的引导；即使学生说出自己的想法，如与书本上的有出入，教师也会常常有意无意地将其往书本上引导。

这样，不但学生的学习积极性被削弱，不高兴自己思考，依赖于书本上的“答案”，而且即使有时自己的意见与书本的不一致，也不会刨根问底，考试时照样用书上的内容来作答，倾向于不显露自己的真实想法，久而久之会变得表里不一、说一套做一套。故

---

① 康德.康德著作全集（第4卷）[M].李秋零，译.北京：中国人民大学出版社，2005：144.

② http：//www.nzlvc.jks.com/pinzcnan/Long Wen Artshow

现今就有大学生的思想政治考试能得九十几分，但事实上其连最起码的公民道德素养都还有待提高，想必也有这方面的因素。作为一种培养人发展人成为人的职业，教师是最需要具备人文关怀和人文精神的。教师是一种直面生命、需要生命关怀的职业，只有当教师本身成为一个能动的、自主的、智慧的、积极的人时，才会去重视、关注、培养、关爱和尊重他的学生。作为一种整体持续的发展，教师是一个整体统一发展的个体，不仅是指教学能力的发展，还包括身体的、非智力因素的、道德情感的发展，以及种种与教师自身成长相关因素的发展。而在教师专业发展和教学实践过程中，刚性的管理机制、单一的评价制度、不合理的过度竞争、有限的沟通交流、不和谐的人际关系等问题依然存在。教师管理中缺乏人本精神、缺少人文关怀，就很难体会到真正的幸福生活，教师体验更多的是身体上的疲惫、情绪上的压抑、心理上的焦虑和幸福感的缺失。学校的管理风格无法准确考核教师的教学努力程度。目前，部分大学对教师的评价主要是控制性的评价，而控制性评价过度重视竞争和经济手段的运用，教师的工作成绩直接和教师的职称、收入等相联系，并且在评价过程中有意拉开差距，建立奖惩依据，考核只看结果不重过程，不重工作前提条件，不重工作态度，不合理、不公正之处比比皆是。教师内部的生存竞争实际已成为教师教学成绩的竞争，人为地造成教师间人际关系的紧张，使教师之间相互不信任，削弱、降低了教师的合作意识、团队意识。教师间人际关系的紧张恶化，使教师中出现了焦虑、自卑、嫉妒等不健康的心理问题。今天教师的地位在人们的心目中依然不高，教师的幸福感在崇尚金钱的现实状况中无疑有所迷失，职业的传统稳定性也随之荡然无存，日渐衰弱的社会地位必然会导致教师敬业精神和教学精神的相对降低，部分教师可能跳出了教师岗位，还有部分教师则陷入了犹豫、观望和彷徨，使其不能充分把自己的爱给予学生，当然最终导致教师幸福感的缺失。

第7章

大学课堂教学危机的对策措施

尽其心者，知其性也，知其性，则知天矣。存其心，养其性，所以事天也。夭寿不贰，修身以俟之，所以立命也。

——《孟子》

梁启超曾指出：做学问的起点，是能够发现问题；若凡事不成问题，那便无学问可言了。所有发明创造，皆由发生问题得来。问题是学问的根基。如何才可以磨炼得眼光快、脑筋快，凡别人注意不到的地方自己都怀疑研究，这是做学问的第一步。 在访谈中，某师范大学文科男生认为："现阶段的大学课堂已经不再能够吸引学生的注意力。一者，课堂教学模式陈旧，既不能适应时代需求，又不能体现学术典范。二者，师生关系疏远，教师不能提供工作时间的全时间服务，也没有明确的见面时间（Appointment Time），造成学生课堂上无法消化的内容彻底无法消化。三者，学生不能事先知道课程计划（Syllabus），导致学生的学习普遍缺乏详细学习计划。四者，评价体系缺失，学生成绩的中心往往在期末考试中，而这一考试通常不能涵盖学生一学期所学的知识和能力。综合这些，最大的危机应该是现阶段大多数高校的课堂教学模式已经满足不了学生实际需求。"在谈到解决大学课堂教学危机的关键措施时，该生提出："关键在于改革教学模式。现有的模式已经很大

梁启超. 指导之方针及选择研究题目之商榷[A]. 戴逸. 二十世纪中华学案综合卷[C]. 北京：北京图书馆出版社，1999：119.

程度上限制了学生的发展，其给学生仅仅提供了上课听讲的平台。而学生最需要的是独立思考、自主管理和操练实践的平台。因此，让学生介入高校官方的学术研究和允许大学生直接参与校园管理工作是课堂危机很好的解决途径。”

要解决大学生不善思考、不善提问、不善质疑等问题，笔者认为可以从构建质疑和对话的教学模式、教师有效教学策略、培养学生质疑能力以及保持课堂生态平衡等方面着手。

大学课堂教学危机的对策如图 7–1 所示。

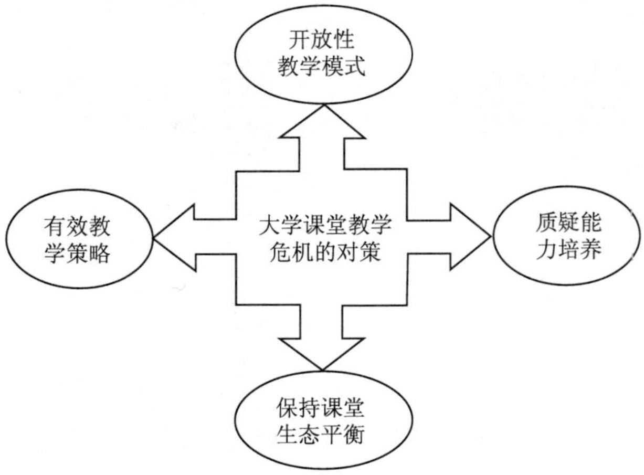

图7–1　大学课堂教学危机的对策

7.1　开放性教学模式

诺贝尔奖获得者李政道认为，学问这两个字，第一个字是学，第二个字是问，如何解释呢？学就是学习问问题，学怎样问问题。质疑，培养学生的质疑能力，不仅关乎教学方法、教学技能，而且涵盖了教学原则、教育理念问题。因此，作为教师必须更新教育教学理念，确定学生主体性观念、师生平等观念、学术和教学民主观念，倡导创造宽松和谐的教学和学术探讨气氛；彻底摆脱传统的师道尊严观念的束缚，支持并鼓励学生对困惑的问题大胆讨论、争辩和质疑，使学生不但会质疑，敢于质疑，而且善于质疑，习惯于质疑。“吾爱吾师，吾更爱真理”。我们在引导学生质疑时，也要注意引导学生正确的感悟和体验学习，从而提出一些有价值的问题，努力地实现价值取向与学生的独特体验做到有机的统一。教师既要对他们的独特体验、大胆质疑予以鼓励、支持，也要对他们的幼稚、不足予以引导，不然怎么能促进学生德智体美的和谐发展？这样培养学生学会质疑，既培养了学生的思维能力，拓展了学生的视野，又提高了学生的价值取向、审美情趣，为学生的终身发展奠定坚实的基础。

7.1.1 质疑教学模式

从心理学角度讲，学生提出问题的最大价值在于有助于学生对所学知识的认知、内化与理解。与教师提问相比，学生自主提问更有助于学生对所学知识的内化，有助于学生思维能力的开发。从社会学角度讲，社会发展的日新月异，现代社会需要有独创性的人才，勇于思考、勇于实践、勇于探索、勇于怀疑的人才，而这些优良品质的形成，源自于教师在教学活动中对学生质疑能力的培养。从教育学的角度，质疑即提出疑难问题，激发学生质疑可以帮助学生集中注意力，提高学习兴趣，以便启迪思维，发展智力，同时可以引导学生的思考方向，拓宽思维广度，提高思维层次，激发想象力，更重要的在于使大学生学会怎样学习，怎样思考。在访谈中，有学生提出："质疑更重要，大学的本质已经不再是知识学习的阶段，而是科学研究方法和逻辑分析能力培养。而质疑就是站在客观立场上分析既定规律的直接体现。西方大学的课程设置中大多把学术研究规范(Academic Skill and Discipline ）和学术分析写作能力（ Ability of Analytical Writing ）一类列为主课，尤其是研究生课程。"

总体而言，大学生的质疑能力不容乐观，质疑素养低下主要是由于教育体制和权威崇拜，从而导致大学生缺乏刨根问底的精神。在论资排辈的高等学府里，大学生属于等级的最末端。大学生对教授、博导、长江学者、政府津贴获得者等所谓权威充满了崇敬和畏惧心理，对他们提出的解决问题方案常常不敢有任何质疑心理，并因此而缺乏刨根问底的精神。当前在校大学生大多属于独生子女，温室里成长的一代不具备吃苦耐劳的精神，满足于接受系统知识、验证理论知识却不愿深入思考问题、寻找问题的根源。应该如何提高大学生质疑能力、发展质疑潜能呢？在教师"教"的方面，教师应通过各种手段和方法催发大学生的求知欲望，使学生以质疑为乐趣。教师积极引导大学生敢于质疑、善于质疑、乐于质疑，引导学生在课堂上通过议论产生质疑，然后采用"头脑风暴法"等方法来释疑，使大学生在质疑的教学活动中产生对学习的乐趣。同时，尽力采取科学的教师评估机制，使教师安心地完成高效的教学活动，主动营造一个有利于学生不断质疑的情境空间。在学生"学"的方面，学生应该抛弃那种被动的学习态度和学习方法，采取自主学习法，不惧怕权威，敢于大胆提问题。在学习方面，既要注重各方面的理论知识学习，也要重视实践环节及动手能力的培养，更要注重思考能力的训练，这样才能不断提高质疑能力，发展创造能力。

1. 质疑氛围

由于长期以来受传统教育的影响，课堂上存在着单纯的"师讲生听"的教学弊端，学生提问的机会和权利不受重视，甚至被剥夺。如今，要让学生提问题，他们都存在诸多顾虑：有的认为自己根本提不出问题；有的担心提出的问题适应教师的思维，会受到老师的指责；有的认为自己提的问题太幼稚，不会被老师关注；有的会担心所提问题引起同学的嘲笑；还有的干脆依赖教师或同学的提问。大学生是课堂教学的主体，老师要引导学生消除种种心理障碍，让他们敢于质疑。要创设充满理解与宽容的心理环境就必须保障学生心理的安全，这样学生才能大胆质疑。如果学生的质疑得不到教师的肯定与认可，还经常遭到不解、讽刺、挖苦甚至是批评，那么学生的质疑欲望和行为就会受到压制，学生也就不敢质疑了。因此，教师要建立起和谐、民主、平等和相互尊重、相互学习、共同促进的师生关系，构建民主讨论、充分交流、平等对话、相互激励的小组合作学习网络，有意识地把学生引入一种最佳心理状态。只有和谐、宽松的心理环境，学生的思维才会异常活跃。通过各种途径激发学生好奇心，引起学生疑虑，使学生的情绪处于亢奋、激动之中，民主和谐的教学氛围是学生积极主动性发挥的前提，它能消除学生的紧张心理，使学生处于一种宽松的心理环境中。教师应放下架子，以“服务生”的身份出现，创造一种推心置腹、轻松交流的氛围，学生才敢无拘无束地把自己在学习过程中的各种感受、想法、问题甚至是疑虑带到课堂上来。对提问题的学生，教师都应给予表扬。不管所提的问题是有思维价值的，还是幼稚可笑的，都应肯定。平时应向学生强化这样的观念：能提问的大学生是聪明的大学生，是爱动脑的大学生，对善于发现问题、提出问题的学生给予奖励。提出要求，促使学生发现问题。有意识地引导激发，变无疑为有疑。刚开始，学生常常读后无疑，教师可在指导学生读书过程中有选择地让学生发现问题。为了让学生得到这种情景的满足，在教学中，教师应持有学生是“主体”的教学理念，努力营造一种和谐、宽松、愉悦的教学质疑氛围，即使学生产生好奇心，激起学生求知欲望，唤起他们的学习兴趣，对学习产生亲切感。在学生融入到学习情境之后，教师要让他们主动进入学习、探索、交流的整个过程，并且要经常有意识地把自身置于和学生共同探讨新知识的群体活动中。这样，才能激起学生质疑的积极性和可能性；如果学生对学习不感兴趣，就会表现出一种被动学习和厌倦学习的情绪，那么就不会有质疑问难的欲望，好奇是学生探索心理的推动力，质疑则促成学生从一般性思维发展到创新性思维上来。学生心情舒畅，就能迅速地进入学习的最佳状态，乐于思考，敢于质疑。教师要与学生角色平等，变“一言堂”为“众言堂”。为创造一种易于激发质疑的气氛，教师要以饱满的热情、真诚的微笑面对每一位学生，特别是对学困生、后进生、问题生更应该倾注以爱心、热心和耐心，使其深刻地感受到教师的厚爱和关注，真正体会到自己是学习的主人。从而缩短教师与学生之间、学生与学生之间的心理距离、角色距离，建立朋友式亲情式的新型师生关系。

课堂气氛是课堂教学活动中师生所呈现的一种心理状态和心理氛围，它是在课堂教学情境的作用下，在学生需要的基础上产生的情绪、情感状态，它反映了课堂教学情境与学生集体间的关系，一定的教学环境，可以使学生产生相应的心理气氛。优良的课堂教学气氛，师生之间关系和谐，可以使学生产生愉快、满意等积极态度和体验。学生能否积极思维，主动思考，探究问题，一定程度上体现于课堂教学的灵活性、趣味性和丰富性，这有助于激发学习兴趣，创设良好的课堂气氛。好奇是学生的一个显著的心理特征，表现于喜欢新鲜的事物，强烈的吸引力来自于奇异的刺激物，因此课堂教学要顺应这一规律，唤起学生求疑兴趣，启发、诱导学生积极思维，发表独到见解，鼓励学生标新立异、异想天开、头脑风暴，采用新颖、多样的教学手段，激发学生好奇求知，如此一来，不仅能激发学生学习的主动性、自觉性和积极性，而且有利于学生质疑能力的培养。问题意识是质疑能力的基础和前提，是个体在认知、实践、探索、研讨等活动过程中，经常意识到一些难以解决或深感疑惑的问题，并产生一种怀疑、困惑、焦虑、探索的心理状态，而这种心理又能促使个体积极思维，不断发现问题、提出问题和解决问题。因此，在教学中，要通过多种教学方法和教学技巧再现蕴含在教材中的情境，使学生设身处地去体验、思考、想象和探索，去发现问题，提出问题，从而培养学生的问题意识，挖掘质疑潜力，发展质疑能力。

2. 质疑勇气

中国现今的课堂教学一个普遍的特征是，教师的“教”的主导活动几乎占用了整个教学过程，而学生的学习活动都在教师精心设计的层层提问中被步步控制着进行，学生作为主体发起的提问寥寥无几。久而久之，学生养成一种唯书、唯师的心态，缺乏质疑的勇气和决心，不敢质疑传统，不敢质疑书本，不敢质疑教材，不敢挑战权威。他们不会和不善于发现问题，就不会有主动探索的能力，不会探索就不会有创新。

（1）不敢提出问题。由于心理胆怯或自卑，害怕受到嘲弄、漠视，自尊心受到伤害，部分大学生在学习过程中虽然产生疑惑，但不敢向老师或同学提出问题。

（2）不愿提出问题。部分学生不善于怀疑教材文本和教师传授的知识，认为它们就是正确无误的，根本没想去质疑，更没想去推翻此观点，提出自己的见解。

（3）不想提出问题。传统的教学还是教师讲、老师问一些预先设定的问题，采取满堂灌，课堂内没有学生提问的时间和空间，课堂外也缺少提问的时间、空间和氛围，于是，造成学生思维的惰性，懒于思索，不想提出问题，也提不出问题。

大学生由于受中小学传统教学模式的影响：“上课记笔记—下课看笔记—考试背笔记—考后全忘记”，根深蒂固地养成了“只重记忆—不重理解—只重知其然—不重所以然—只重学习结果—不重学习过程”的学习习惯，这种不良的学习习惯影响了大学的学习生活，凝固了大学生的思维，使他们思维惰化、固化、僵化，在思维的深邃性、思维的敏感性、思维的灵活性、思维的独立性和思维的批判性等方面都产生了很大负面影响。正因为如此，许多学生提不出问题，更提不出好问题，即使能够提出问题，也没有多大的价值。心理学研究表明，一个人只要体验过一次成功的快乐，便会激发起追求成功的欲求和动力。学生如果因为提出一个问题而受到教师的鼓励和赞赏，那么他便会更加主动更加积极地提出各种问题，创造性思维由此而激发。因此，教师必须尊重学生，树立一切为学生服务的思想，真正确立学生是课堂的主人、学习的主体。课堂教学活动中，重视师生之间、生生之间的合作与辩论，允许学生出错，允许改正，允许保留自己的意见。由于学生水平的差异，有的学生的提问可能毫无价值，甚至离题千里，作为教师不但不能轻率地予以否定，还要制止其他同学的讥笑，让学生对自己充满信心和希望，让学生具备质疑勇气，这是质疑的起点。同时，教师要激发学生的质疑兴趣，学生无论在什么时候，什么地点，提出什么疑难问题，老师首先要给予肯定，表扬其能疑好问的精神，针对实际情况，给予帮助、启发、引导。教师对学生有意义有价值的提问或解答，还要及时给予表扬，让学生分享成功的喜悦。总之，大学生只有消除了紧张感和顾虑，对质疑有了兴趣，他们才会有大胆陈述自己疑惑和见解的勇气。

3. 质疑策略

传统的教学模式“满堂灌”，根本没有给学生留有空闲时间思考，也就难以提出问题。要引导学生“有问”，首先，把课堂还给学生，让学生充分享有课堂的时间和空间，让学生积极自主地主导教学活动，并有着提问的充分时间和空间，教师尽量采用少讲、精讲、讲重点、破难点的方法，不独霸课堂，给予学生时间、空间去阅读、思考、讨论、提问。在教学过程中既要采用“教师—学生”“学生—教师”这种纵向提问的形式,也要采用“学生—学生”横向提问的形式，鼓励学生之间相互提问、相互讨论、相互辩论，从而造成一种既有独立思考，又有相互探讨;既有个体自主学习，又有相互合作的学习团队。因而，教师一方面要顺应形势，积极改革，主动进行“问”和“答”角色的相互转换，大力培养学生的问题意识；另一方面要切实保护好学生好问的天性，教学过程中，保持相当的宽容，在策略上要注意以下几个方面。

（1）学生自疑。

朱熹说：“读书始读，未知有疑。其次则渐渐有疑。中则节节是疑。过了这一番以后，疑渐渐解，以至融会贯通，都无所疑，方始是学。”由此表明，读书和学习应该是从“无疑”到“有疑”再到“解疑”进而达到“无疑”，或者进入一个“新的疑惑点”。而传统的教学总是教师先设计好问题，让学生按照教师事先布置的问题来思考，既束缚了学生的思维，又禁锢了学生质疑能力的发挥，而且使教师不易发现学生在学习活动中的心理变化和思维发展。成功地创设问题情境能使学生产生一种知识的“缺陷感”和“饥饿感”，进而产生强烈的求知欲。“敢问”只是培养问题意识的前提，敢问并不代表爱问。还应激发兴趣，使学生爱问，保护好问的天性。问题意识其实是不需要培养的，可以说它是人的天性，我们的教育只不过是保护和发展这种天性。这样，学生在课堂上只是被动地思考教师的问题，然后再被动地接受教师的答案。对学生提问的幼稚或怪诞，切不可冷眼讥笑， 教师作为学生自疑的引导者、帮助者，应尽量引导学生提出有思维价值的问题，使学生从“吸收—储存—再现”的学习过程中解放出来，转向“探索—转化—创造”。

（2）学生互疑。

缄默使人愚钝，辩论使人聪慧。质疑教学的一个重要环节就是制造学生的认知矛盾，使学生的求知欲望由潜在状态转变为活跃状态，刺激学生探究的激情，并保持探究的热情，再通过辩论研讨的方式达到明事理、成新意的目标。从学生的认知实际出发，由持有不同意见的学生争辩讨论、互相质疑，既生动活泼，又集思广益。在组织学生争辩讨论时，教师要不断启发，伺机诱导，鼓励学生探寻问题本质，对有创见有想法的学生要大加赞美，使学生敢想敢说，乐于发现。每个学生都有胜过其他同学、得到教师肯定的欲望。因此，教师应针对学生这一心理，充分引导学生相互质疑、合作学习。在小组中，让学生学会认真倾听别人的发言，听懂别人的发言，努力听出不同想法，敢于提出不同见解，展开讨论。这样既调动了学生学习的热情，又激发了学生的想象，在这和谐的思维竞争中，往往会有非逻辑顿悟、灵感的闪现，批判意识也在不知不觉中得到加强，鼓励争论，注重延迟判断，教师必须走下神圣的讲坛，要善于将单向交流转化为多向交流，把更多的时间和讨论机会留给学生，尽可能让每个学生在课堂上都可以充分发表意见，特别是当学生有不同的问题引起争议的时候，教师不要急于当裁判，对学生所提的问题加以简单的肯定或否定，不如让学生相互争论、相互交流、相互启迪、相互激励，以便让学生产生更多的问题，诱发更多的想法。鼓励并尊重学生提出的古怪问题或别出心裁的念头，并让他们知道他们的观点是有价值的。

（3）师生互疑。

师生互疑是指在质疑教学中建立起的友好亲密、平等民主，有利于学生创新意识和创新能力培养的新型师生关系，摒弃满堂灌和程式化，彻底改变以往那种教师讲得筋疲力尽， 学生听得昏昏沉沉，教学没有体现出一种激情，课堂沉闷、学生厌学的状况。师生互疑主要表现为师疑生，即教师提问学生，还有生疑师，即学生质疑教师，还有生疑生，即学生质疑学生等三种形式。课堂教学中“师疑生”很常见，但“生疑师”却不多见，其中一个重要原因就是教师不让学生对自己的教学提出质疑，即担心有失“师道尊严”，又担心被学生“问倒”。其实被学生问倒并不可怕，可怕的是被“问倒”后的老师不去反思自己，却反而冷落、讽刺甚至训斥提问的学生，以至于让学生不敢再提问，扼杀学生的提问勇气。师生互疑，就要促使学生敢于向老师提出疑问，同时教师应该放下权威的架子，虚心接纳学生意见，勇于接受学生的挑战，还应对这样的学生大加鼓励和赞赏。这样不仅有助于建立一种融洽的师生关系，更能激活学生的思维，增强批判意识，提高质疑素养。

质疑教学模式，不是呆板机械的、死气沉沉的灌输式教学，也不是重复单一的、僵硬固化的教学模式，而是充满生机活力的，开放多元的、富有创造性的教学活动。创造是质疑的灵魂，质疑和创造是相辅相成的，创造是走向质疑的基本途径，这就意味着课堂教学要打破许多传统与束缚，丢弃诸多枷锁，构建出富有生命和活力的教学，要培养创新人才，先要培养会质疑会思考的人才，质疑是创新的开始，是孕育探索未知世界的动力，学生对所学知识和信息，能提出与之相反或不同的见解，这种见解不管正确与否，是一种质疑的表现，而这又恰恰是敢于创新的基本。在质疑教学中，学生深刻感悟到在学习活动中能产生新的困惑，提出新的问题，阐发新的看法，这就是我们致力于培养的质疑能力。正如王夫之在《四书训义·论语·阳货》中指出的:“由不疑至于疑，为学日长，由疑至于不疑，为道日固。疑者，非疑道也，疑言道者之不与道相当也。不疑者，非闻道在是而坚持之也。”耶鲁大学校长莱文提出大学生的主要任务是“学会质疑，学会独立思考，学会自己得出结论”，正是质疑、反省与创新的新体现。有了质疑，才能有创新的萌芽，创新是在质疑、批判基础上的新资料的发掘、新方法的应用、新观点的提出和新问题的发现。如此，使得学生学习乃至大学教育成为围绕问题的螺旋式上升过程。

7.1.2 对话教学模式

对话是双方共同努力追求体验、欣赏、同情和理解的过程，对话可以是轻松的也可以是严肃的，可以极富逻辑体系，也可以极富想象力，可以只重结果也可以只重过程。美国的内尔·诺丁斯主张以人类问题为中心的教学也就是围绕关心而设计的教学，学生必须学会关心，关心身边最亲近的人，关心与自己没有关系的人。

1. 对话交流

对话是一种主体之间的互动行为，指在教学活动中师生之间、生生之间以及师生与文本之间展开的一种平等、民主的双向或多向的交流。“对话的唯一目标便是对真理的本然之思。其过程首先是解放被理性限定的，但有着无限发展的和终极状况的自明性；然后是对纯理智判断力的怀疑；最后则是通过构造晚辈的高层次智慧所把握的绝对真实，以整个身心去体认和接受真理的内核和指引。”[①] 随着全球化、信息化、电子化时代的到来，对话逐渐成为人的一种精神追求和生活方式。对话，已然为人们所认识并接受，成为师生在课堂中的生存状态，成为一种教学方式、教学手段、教学原则、教学目的、教学理念和教学精神，不仅能改变课堂生态，改变课堂的交往方式，改变教师和学生传统的生命意识和生命体验，改变教学质量，也能还教学以本质面貌，教师尊重学生，努力构建一种对话型的师生关系，使师生在一种平等的轻松氛围中实现主体间的相互理解。

（1）尊重学生。

尊重可以使人产生安全感、归宿感。尊重学生，首先，教师要使学生感到心理安全和心理认同，学生在努力实践的同时感到自己被他人理解，使学生能够撇开羞怯和虚伪而自在地存在着；教师尊重学生就是对学生的思想态度、言行举止等采取积极的正强化评价，尽量避免采取消极、责备和谴责式评价，这种负评价会使学生产生不安全感和被威胁感。其次，尊重学生，就要信任学生，要让学生感到被人承认、被人信任、被人理解，尊重学生要求教师不能仅按照教学规律更应该依据学生的成长规律来施教，同时，要尊重学生的身心发展特点、规律，尊重学生的兴趣爱好，尊重学生的人格。

传统大学课堂教学只是关注书本知识传授，过于注重学生对传统知识的理解和掌握，而忽视教学过程本身，教师重认识轻情意，使原本应该具备快乐体验和审美乐趣的教学活动成了枯燥无味的公式文字游戏，本应发挥学生自主性和创造性的教学过程却显得沉闷无聊，令人昏昏欲睡。在传统课堂教学过程中，缺少必要的生活情境、活动情境的创设，教师不注重也不能熟练地掌握有效的情境处理策略，师生间缺乏情感交流，师生关系是“授—受”关系，作为“授者”的教师居高临下地说教，把他人的观点或者自己的看法、思想强行灌输给学生；作为“受者”的学生被动地吸收、存储教师所传授的知识，却不能自己亲身实践、体验、领悟知识概念所蕴含的意义，师生两者之间难以有平等的对话和交流，而只有建立起师生间新型的平等、民主的对话型人际关系，才能感受到教学的乐趣，获得快乐的体验。

① 雅斯贝尔斯. 什么是教育[M]. 邹进，译. 北京：生活·读书·新知三联书店，1991：19.

（2）对话的师生关系。

后现代主义倡导师生对话合作，摒弃“唯师是从”的单一交流，构建多元化的交流方式，构建持有多元主题的对话关系。人只有在对话交流的基础上才能理解彼此，在教育教学过程中，在平等的基础上教师和学生才更容易达到相互理解；对话的本质不是用一种观点来反对另一种观点，而是两种观点或几种观点的相互交流和共享，表现为师生之间共享信息、共享知识、共享体会、共享经验、共享智慧。而且是在一个开放的、公平的、有序的环境中进行的，在对话关系中，师生双方都是有思想、有感情、有个性的活生生的个体，每一方都要把彼此视为可与之平等对话的对话者，双方都有对话的权利和对话的能力，都是作为完整的个体进行对话，互相敞开、互相接纳、互相坦诚、提出疑虑、展示困惑、主动参与、融入到对方的思想，从而扩展视野。因此，师生关系应该是一种对话关系，而且表现出一种双向交流的、交互作用的对话关系。后现代主义强调，教师的作用不只是表现为传授知识，更在于激发学生的想象力，教师要朝着这个方向努力，促使师生和生生之间产生对话。对话的师生关系可以促进师生友好相处、和谐发展，教师不再是知识的占有者、传授者和给予者，而是通过对话来开发学生的心智，启迪学生的思维，发展学生的智慧，促成学生的能力。正如《学会生存》里所说，教师的职责现在已经越来越少地表现为传授知识，而越来越多地表现为激励学生思考，教师必须集中更多的时间和精力去从事那些有创造性的活动，即了解、鼓舞、参与、讨论、激励。教师将越来越成为一位顾问，一位交换意见的参加者，一位帮助发现矛盾的人，与学生创建一种融洽、和谐、平等的关系，为学生的交流提供一个有序的空间和良好的氛围。

教师以平等、平静、平和的心态，关注、关心、关爱学生，真诚、真心、真正地了解学生所困所惑、所思所虑，引发学生表达自己内心的真实想法，作为一个倾听者、交谈者和激励者与他们进行沟通，听取他们的心声，打开他们的内心世界，丰富他们的内心体验，让他们在对话过程中，不仅交流和分享思想、情感和智慧，更能收获思想、情感和智慧，师生双方不仅是实施者，还要成为对话的共同开发者、开拓者、创造者，构建对话的师生关系改变了传统的师生授受关系。通过对话，教师的学生以及学生的教师等字眼不复存在，新的术语也随之出现：教师学生和学生教师。在与学生的对话中，教师本身也收获了教益，学生在被教的同时反过来也促使教师得到专业发展，他们一起合作，共同成长。

2. 对话实践

（1）创设“我—你”的对话空间。

教育的终极目标是让每一个接受教育的人，成为真正的人。布伯认为，要成为真正的人，就要进入“我—你”关系。那么，关系发生在哪里？关系发生在一个“间际的领域”，这个“间际的领域”是一切对话得到展开和实现的场所，同时具有本体论的色彩。但德国存在主义哲学大师马丁·布伯认为“人际间”也存在问题，因为“人际间”也有“真实的”（Being）和“似是而非的”（Seeming）的二元性。被“真实”支配的人自愿把自己给予他人，而“似是而非的”人主要考虑别人怎么想自己。这里“真实的”对应于“我—

你”，“似是而非的”对应于“我—他”。人际间的对话，思考固然重要，而直接面对、直接交流也非常重要，这是人际间直接性的联系。德国哲学家哈贝马斯指出：“真理应该被定义为话语主体通过语言交往而达成的共识。”①

作为人类现象的对话，除了需要理想合理的对话环境外，“他”具有一定的构成要素，其中有两个方面（行动和思维）是相互作用、相互关联的。对话要求有思维和行动，如果在行动和思维之间没有固定的联系，就不会产生真正的对话，也就不会有对话之后的思维活动，因而，真正的对话是一种对世界和人生的改造。但是，不真实的对话是空洞的，空洞的对话是不会揭示世界的，因而也不可能去改造世界。有损于行动和思维，甚至成为行动和思维的障碍。如果仅强调行动而忽视思维，那么这是为行动而行动，缺乏行动的内涵和实质，是一种行动主义，也阻碍了对话的正常进行。德国著名文化教育学家斯普朗格指出：“教育绝非单纯的文化传递，教育之为教育，正在它是一个人格心灵的‘唤醒’，这是教育的核心所在。”② 所以，对话教学要真正地落实在行动上，必须在创设“我—你”的对话环境中，打开学生的心灵，激起学生的思维，唤醒学生的精神。

（2）构筑交互式师生活动。

因为是双向交流，无论是言语式还是非言语式，对话教学呈现出明显的交互式特征。在这样的交互式对话的体系中，凸显出相视、相融、相生和相长之特性。

首先，是相视。作为对话过程的主体，对话的双方或多方要互相看得见，师生在对话中，教师和学生要站在同一个平面上，要有目光的交汇和眼神的交流。教师眼中要有学生，学生眼中要有教师。在学生与文本的对话中，学生要主动地亲近文本，文本中要有能与学生的体验和经验相关联的话题，以便于展开对话的内容。教师与学生对话以及学生与学生对话中，要去掉有色镜，去除成见，以便目光能够交汇于话题的中心。对话过程中的相视，来源于一种交往的冲动和接纳的情怀，体现为一种精神的开放和思维的开放。

其次，是相融。教学过程不应是某种接力传递，也不应是1+1似的简单累积叠加，教与学之间应该有一个明显的师生相融的过程。一条知识、一点体验、一种感悟，只有相融于自己的知识结构里它才能够获得真正的价值，才有可能发酵和再生，进而有可能创生。教学活动中的相融体现在师生之间的互动和交往，体现在学生的探究和争相讨论中。在整个活动过程中，不是为了求同，而是为了共享与创造。

最后，是相生和相长。师生之间的认知、思想和情感在不断地碰撞、汇聚和融合，也同样是一种有效的情意和价值感的增长，是新知的基础和前提，是制造意义，寻找真知，追寻创造。在对话中新的视野会渐渐开拓，新的理念会在交流中重组与创生，新的价值会在共享中意义倍增。坚持对话，就是相信可能。因为对话能为事物的解决不断地增加新的可能性。它会以一种积极的、主动的行为方式指向更新颖、更深邃和

① 哈贝马斯. 交往行为理论的准备性研究及其补充[M]. 法兰克福：苏尔坎普出版社，1984：147.

② 国际21世纪教育委员会. 教育——财富蕴藏其中[M]. 北京：教育科学出版社，1996：78.

更有启发性的内容。

7.1.3 个案分析："小组合作—学生施教—辩论研讨"教学模式

在笔者所授"比较初等教育"教学中，改变了原有的传统教授式教学，采取"小组合作—学生施教—辩论研讨"教学模式，结合实际教学和调查研究，本书对此教学模式作一研究。

1. 教学模式设计

"比较初等教育"的授课对象是大学四年级的学生，由三个行政班合成的一个教学班，班级人数为 90 人左右，笔者采取具体措施如下。

（1）学生自由组成小组，不能少于 4 人（可以是 4 人），不能多于 7 人（可以是 7 人），确定组长和小组名称。

（2）以"比较初等教育"为主线，小组自行选择研究主题，完成研究计划设计和填写选题登记表。

（3）在小组发言前由组长向全班同学汇报小组的研究主题、研究意义以及研究中的不足之处，并介绍成员的分工情况。

（4）根据选题开展研究，小组每名成员向全班同学作课堂中心发言，每组发言时间为 20~30 分钟，超时将酌情扣分，小组发言完毕，进入辩论研讨阶段，班级同学向发言小组提问，发言小组作回答。

（5）每名学生根据发言内容完成课题论文的撰写。

（6）小组长完成小组工作总结。该课程的评价方式摒弃了传统的笔试，采纳综合的评价方式，即课堂发言、辩论研讨、小论文以及在网络教学平台的讨论次数和质量等四方面成绩的综合。

2. 调查对象和工具

本研究的调查对象均为 2005 级小学教育专业共 177 名学生，其中文科 116 名，理科 61 名，男生 14 名，女生 163 名。本研究所采用的工具主要为问卷调查，其涉及 4 个部分：对小组合作的认同、对自己施教的认同、对同学施教的认同和对辩论研讨的认同，要求学生从 5 个等级选项中进行单项选择，即完全同意、比较同意、一般同意、不太同意和完全不同意。另外还利用课堂教学观察和对学生进行个别谈话等研究方法。

本次问卷调查是在学生上了半学期课时后在课堂上完成的，除去缺席的同学外，问卷的填写和回收率为 100%，收回有效问卷 165 份，并运用 SPSS 对数据进行了统计。

3. 调查结果

（1）对小组合作的认同。从表7-1的数据可以看出，学生对"小组合作"的认同率是比较高的。首先，学生认为这种方式很有乐趣，该方法能增强他们的合作能力，愿意积极参与小组的分工；其次，他们认为利用小组的集体智慧，可以解决他们个人无法解决的问题。通过个别谈话，也了解到小组合作更能增强学生之间的交流、沟通。

表7-1　对小组合作的认同

项目/内容	A（%）	B（%）	C（%）	D（%）	E（%）
能增强我的合作能力	30.3	38.2	22.4	6.1	3.0
我感觉很有乐趣	15.2	33.3	32.1	13.3	6.1
我愿意积极参与小组的分工	46.7	38.2	13.3	0.6	1.2
能解决我个人解决不了的问题	29.7	33.9	26.7	6.1	3.6

注：A＝完全同意；B＝比较同意；C＝一般同意；D＝不太同意；E＝完全不同意。

（2）对同学施教的认同。从表7-2的数据看，学生对同学施教的方式表示比较认同，同学施教比老师更吸引他们，觉得更新鲜有趣，因为每个人的讲课方式不一样，学生可以感受到不同的思维方式和学习策略，所以不易产生疲劳感；可以迫使他们做好课前预习工作，否则单从同学施教的内容中，很难理清知识脉络，从而无法参与后面的辩论研讨。从课堂观察中也发现，对于上台发言的学生，无论讲得好与不好，台下的学生都报以热烈的掌声，以示鼓励。

表7-2　对同学施教的认同

项目/内容	A（%）	B（%）	C（%）	D（%）	E（%）
比老师上课更吸引我	6.7	26.7	46.1	15.2	5.5
课堂气氛活跃	10.9	27.9	43.0	12.7	5.5
迫使我课前做好预习工作	24.2	37.0	26.7	7.9	4.2
增加我的学习动力	12.1	27.9	45.5	8.5	6.1
能使我对上课内容更感兴趣	7.9	27.3	44.2	17.0	3.6

（3）对自己施教的认同。表7-3的数据显示，学生比较认可“自己施教”。首先，他们会在课前认真地准备，根据小组分工，收集、整理、分析材料，从而可以习得更多的知识，这种主动探索知识、发现问题的学习方式最终会激发他们的学习热情；其次，上台发言锻炼了他们的胆量，为毕业后做教师提供了一次站讲台的宝贵机会，他们表示喜欢这样的机会。从课后的交谈中也获悉，他们认为当教师真不容易，虽然站在讲台上说几分钟，但在上台前却要花成倍的时间去查阅、整理资料，组织语言，还要注意“讲课”仪态等，成为他们毕业后做教师的一次实训。

表7-3 对自己施教的认同

项目/内容	A（%）	B（%）	C（%）	D（%）	E（%）
能促使自己更加认真准备	34.5	43.0	18.2	1.8	2.4
学到了更多的知识	13.9	35.8	37.0	9.1	4.2
锻炼了我的胆量	26.7	43.0	24.2	3.6	2.4
激发了学习热情	11.5	34.5	40.6	9.1	4.2
我喜欢这样的机会	13.3	29.7	43.0	10.3	3.6

（4）对辩论研讨的认同。表7-4的数据说明，学生对“辩论研讨阶段”比较赞同，愿意积极参与课堂的讨论，通过共同探讨可以获得更多的知识，激发自己积极思考问题，使课堂呈现出师生和生生之间很好的互动，使教学成为相互提问、竞相辩论的对话模式。从课堂观察中可以得出，除少数同学不愿意参与之外，多数同学都能积极参与到讨论中。

表7-4 对辩论研讨的认同

项目/内容	A（%）	B（%）	C（%）	D（%）	E（%）
我愿意积极参与	17.6	34.5	37.6	7.3	3.0
我喜欢这种方式	13.9	29.1	40.0	13.3	3.6
使我获得更多知识	12.7	31.5	43.0	8.5	4.2
更能激发我积极思考问题	12.7	37.0	38.8	6.1	5.5

4. 教学启示

西班牙教育家奥尔加特·加塞特在《大学的使命》一书中写道：“事实证明，根本不是学生或其他任何人，而是时代本身和当前全世界的教育现状正在再次迫使大学要把学生放在中心位置——为学生服务。”[①]“小组合作—学生施教—辩论研讨”教学模式较好地建构了合作学习理念，凸显了学生在课堂教学中的主体性，培养了学生的发问质疑能力，而教师只是课堂教学活动的组织者，即保证学生讨论和交流的进行；同时是引导者，即保证学生思考的深度与广度。

（1）建构合作学习理念。

合作学习是一种极具创意和实效的教学理论和策略，20世纪70年代兴起于美国，该理论在改善课堂内的社会心理气氛，大幅度地提高学业成绩，促使学生良好非认知品质的形成等方面实效显著。古人云：“独学则无友，则孤陋而寡闻。”合作学习注重发展学生情感态度价值观，小组成员间互相交流，彼此争论，互教互学，共同成长，合作活动中充满了温情和友爱，充满互助和竞争，教学不仅是师生之间的双边活动，更是多种动态因素之间多边互动的统一体，具有发展认知和提高社会化程度的意义，在合作学习

① 加塞特. 大学的使命[M]. 徐小洲，陈军，译. 杭州：浙江教育出版社，2001：70.

中，智慧水平、思维方式、认知风格和性别特征各不相同的学生为了共同的学习目标而相互依赖合作，相互尊重，不仅提高学生的社会活动效率，还有助于实现其社会集体价值观。在“比较初等教育”教学中，有小组在工作小结中写道：“经过合作学习，能够培养我们的团队协作精神，同时能激发同学的自主学习、探究及思考。”还有的写道：“既能培养合作意识，也激发了自主学习的动力，在小组汇报和答疑中，同学间探讨加深了对知识的掌握和理解，也能发表自己对教学的疑惑和看法。”

（2）凸显学生的主体性。

美国学者巴士卡里雅：“在教学中教师只能为他们创造有利条件，使他们按照自己本来面目认识自己，只需服侍左右，在他们需要支持、鼓励和帮助时，扶他一把即可。”[①]“小组合作—学生施教—辩论研讨”教学模式非常注重学生的主体性发挥，在组成小组—选择课题—小组分工—收集资料—整理资料—上台施教—同学发问—辩论研讨的整个过程，教师不会告诉学生是什么，应该做什么以及怎样做，只是扮演“组织者”“咨询者”“顾问”和“引导者”等角色，小组成员在既有利于自己也有利于他人的情境下学习，让学生独立思考、相互对话、主动参与教学、相互提问，建立小组合作学习理念，促成师生间和生生间多维度的互动，培养质疑精神，使课堂彰显个性色彩，充满生命活力。在“比较初等教育”教学访谈中，学生反映这种教学模式使他们更多地学到了探究知识和研究问题的方法，感受到智慧火花的对碰，对日后教学和学习而言是一次很好的体验与借鉴；有学生说，这是一种别出心裁的教学模式，真正把课堂还给学生，每个小组成员都得上台发言，实际为每个人提供一次上讲台讲课的机会，同学间的相互提问，既是对发言者的考验又调动了同学参与课堂讨论的积极性，促使大家能更深入、更全面地看待问题、剖析问题。

（3）培养学生提问能力。

亚里士多德认为，思维自惊奇和疑问开始。朱熹则说，大疑则大进，小疑则小进，无疑则无进，并大力提倡“学则须疑”。“小组合作—学生施教—辩论研讨”教学模式鼓励学生相互提问、辩论、评论，让学生的思维一直处于积极反应状态，促使智慧互动，形成一种智慧学习，每一步让学生体验到自己在亲身参与掌握知识的情感。苏霍姆林斯基认为：“让学生体验到一种自己在亲身参与掌握知识的情感，乃是唤起学生对知识的兴趣的重要条件。当一个人不仅在认识世界，而且在认识自我的时候，就能形成兴趣。没有这种自我肯定的体验，就不可能有对知识的真正的兴趣。”[②]倡导学生大胆质疑，不满足已有的结论，不满足于教师和书本所言，善于从不同角度，用不同方法观察、处理问题，并提出个人见解和主张，促使学生常常逆反求异、同教师、同学商榷、辩论，从学会“回答问题”走向学会“提出问题”，这种多向交流既能为学生提供充分表现自己的机会，又有利于相互启发、相互弥补和借鉴，学生不断地追问、思索，感受着自我价值的完善，体验着自我创造带来的快乐。在一堂80分钟的“比较初等教育”课中，笔者有意识地创造问题情

① 巴士卡里雅.爱和生活[M].顿珠桑，译.北京：生活·读书·新知三联书店，2003：157.

② 苏霍姆林斯基.给教师的建议（下）[M].北京：教育科学出版社，1981：87.

境，在小组汇报后，同学争相提问，且多数问题均能和中国教育现状密切相关，课堂讨论氛围热烈而浓厚。

7.1.4 教学小结：基于学生视角

“小组合作—学生施教—辩论研讨”教学模式与以往传统的教学模式有所不同。在这节课上，老师暂时退居二线，学生成为了课堂的主体。由同学上台围绕课堂内容进行报告，而作为听众的其他同学则对于其PPT上所展示的内容进行提问。这种模式激发了学生提问，这对于一个未来教师有着重要启示。“提出一个问题往往比解决问题更重要”，不能发现问题和提出问题就谈不上创新。在传统的教学理念和教学方法主导下的课堂，提问往往成了教师的特权，而学生的提问、质疑往往成了一种虚设的教学环节，有的教师认为学生没有问题就是表明他学会了，“没有问题的课堂”从而成了课堂成功的标志。现代研究表明，放手让学生自己提问题比通过被动的听讲解题方法更有效，因为学生提出问题实际上就是对教学内容的初步感知和整体把握的过程，它是学生对课程内容的认知、理解及掌握程度的具体体现。学生不会提出问题，觉得没问题可提，这并不代表他们学习的过程中没有问题，恰恰说明他们不会学习、不会思考。学生往往只重视答案，而不去深入反思内容的正确性和报告的完整性。在教学过程中，只要学生能够提出有价值的问题，往往就意味着他们找到了课程内容的重点，这通常比让学生直接阅读资料更加困难。其实，这也给了我们今后在课堂教学的一些启示。在今后的课堂教学中，我们应努力创设恰当的问题情境，以问题为主线，以提问及解答为主要形式，鼓励学生从不同角度、不同思维、不同层次提出问题，科学地减轻过重的心理负担，从以教师为中心的教学模式，转变为以教师为主导，学生为主体的课堂模式，实行开放式的教学，在教学中不要把一切问题都讲出来，让学生有问题可提。①

提问式教学模式对于学生来说意义如下。

（1）努力激发了学生的学习积极性。学习兴趣是学习的生命力、原动力。学生只有产生兴趣，才能充分发挥主观能动性，产生学习积极性；只有怀着好奇心和求知欲，自觉地投入到学习过程中来，才能主动地去学习知识、掌握知识和运用知识，才会提高学习效率，学习上才会卓有成效。从多年的教学实践看，一部分学生对力学缺乏的恰恰就是兴趣，当然就学不好。因此，构建和谐课堂，教师首要的任务就是努力激发学生的学习积极性。

①理论联系实际，通过了解国外教育情况的概述，看看国外是如何将教育理论融入实际学校管理的操作之中。其实，教育理论并不是每一条都可以运用到实际之中，最重要的还是要选择符合国情的理论来运用到实践中。我们可以借鉴别国基础教育的特点，进行整理分析，比较之下，发现哪些是可以改善中国基础教育现状的有效方法，哪些是我们需要摒弃的。

---

① 摘自学生小组长的期末课程小结。

②结合典型案例，引入国外的教学案例，给予我们更多的直观冲击。例如，“比较初等教育”教学比较时，有组同学就引入了大量国外教学实例，再与他们要讲的内容相结合。

（2）积极探索多种有效的教学方式。采用以提问为主的启发式教学方式，实现教师引导与学生主动性思考的和谐统一。启发式教学是培养学生创造性的一种方法，通过教师的启发、引导，达到学生独立思考，主动获取知识的目的。提问是启发式教学的主要方法，旨在激发学生深入思考产生创造性思维的提问，可采用类比来激发，提出相互类比的事物，比较分析两者的异同，从而让学生清楚地把握各自的本质。[①]

这种提问式教学模式就是一场头脑风暴，作为大学生的我们，已经具有自己查阅资料，向同学展示自己小组的研究成果的能力了。提问式教学有很多好处，具体如下。

①极易操作执行，具有很强的实用价值。

②非常具体地体现了集思广益，团队合作的智慧。

③每一个人思维都能得到最大限度的开拓，能有效开阔思路，激发灵感。

④在最短的时间内可以批量生产灵感，会有大量意想不到的收获。

⑤几乎不再有任何难题。

⑥面对任何难题，举重若轻。对于熟练掌握“头脑风暴法”的人来讲，再也不必一个人冥思苦想，孤独“求索”了。

⑦因为头脑越来越好用，可以有效锻炼一个人及团队的创造力。

⑧使参加者更加自信，因为，他会发现自己居然能如此有“创意”。

⑨可以发现并培养思路开阔、有创造力的人才。

⑩创造良好的平台，提供了一个能激发灵感、开阔思路的环境。

⑪ 因为良好的沟通氛围，有利于增加团队凝聚力，增强团队精神。

⑫ 可以提高工作效率，能够更快更高效解决问题。

⑬ 使参加者更加有责任心，因为人们一般都乐意对自己的主张承担责任。

一场头脑风暴可以带来这么多的好处，那么一个学期，整整十几节课的时间呢？我们这些参与者的脑袋里是不是每次都进行着高速运转呢？怎样才能提出有价值的问题？还有没有别的问题？我们不停地进行着思考，在无形中，我们对于这一内容的理解也许早已超过了教师上课传授，学生听课的传统教学方式。[②]

从学生的反馈来看，这种提问式教学方式除了锻炼师生的大脑，还能给予学生畅所欲言，学会说话的机会。终身教育理论的创始人保尔·朗格朗曾指出：“如果人要在整个一生中保持不断创造的状态，如果要完整地保持——或者更好一点，要发展——我们每个人内在都有的，而任何一种划一的、刻意的制度都会在不同程度上使之萎缩的创造力，那么就必须进行必要的改革。”[③] 在当前大学的课堂教学中，教师讲授，学生听课已经成为顺理成章的课堂规则，这种教学使学生不假思索地对知识进行全盘被动的吸收，课程考

① 摘自学生小组长的期末课程小结。

② 摘自学生小组长的期末课程小结。

③ 朗格朗. 终身教育引论[M]. 周南照，译. 北京：中国对外翻译出版公司，1985：43.

核呈现出知识性、记忆性的特点，学习过程显得相对轻松、易于理解，却难以培养学生的深入学习能力、思考问题能力和提问质疑能力。“小组合作—学生施教—辩论研讨”教学模式是在主体教育、交往教学和建构主义等理论指导下通过师生交往、生生交流、多向沟通、相互研讨的方式，由于没有最终的课堂考试，因此对学生的考核贯穿于每一节课中，教师必须仔细记录每名学生的课堂表现，同样学生必须在每节课积极表现，课程考核呈现出过程性、能力性的动态特征，使师生不断有所发现、有所创新并获得教学生活的整体意义，使教学回归学生，真正做到了一切为了学生的成长，一切围绕学生开展教学，释放学生的活力和能量，正如陶行知教育思想中蕴含的“五解放”，即解放大脑、双手、嘴巴、空间和时间，把学生引上自主探索、积极创新之路，使他们的天赋、个性、人格得以完美和谐地发展。

7.2 教学策略的创生

7.2.1 教学理念的更新：唤醒灵魂

德国教育学家雅斯贝尔斯说过：“教育本身就是意味着，一棵树摇动另一棵树，一朵云推动另一朵云，一个灵魂唤醒另一个灵魂。”教育的核心任务主要是心灵的唤醒，教育的最终目的并不只是简单的传递文化，而是诱导出人的创造力，唤醒人的生命感，提升人的价值感。教学活动不只是自外而内的过程，而是内外呼应，就像禅宗里所说的“啐啄同时”“拈花微笑”，是彼此心照不宣的心领神会。

1. 何为唤醒

“真正的教育”或“理想的教育”在于“唤醒学习者或被学习者灵魂”。教育的根本目的就是“通过培养不断地将新的一代带入人类优秀文化精神之中，让他们在完整的精神中生活、工作和交往”①。雅斯贝尔斯认为：“真正的教育应先获得自身的本质。教育须有信仰，没有信仰就不成其为教育，而只是教学的技术而已”②。“教育，不能没有虔诚之心，否则最多只是一种劝学的态度，对终极价值和绝对真理的虔诚是一切教育的本质，缺少对‘绝对’的热情，人就不能生存，或者人就活得不像一个人，一切就变得没有意义”③。与此同时，雅斯贝尔斯认为：“教育的原则，是通过现存世界的全部文化导向人的灵魂觉醒之本源和根基，而不是导向原初派生出来的东西和平庸的知识（当然，作为教育基础的能力、语言、记忆内容除外）。真正的教育绝不容许死记硬背，也从不奢望每个人都成为有真知灼见、深谋远虑的思想家。”④

雅斯贝尔斯指出：“全部教育的关键在于选择完美的教育内容和尽可能使学生之‘思’

① 雅斯贝尔斯. 什么是教育[M]. 邹进，译. 北京：生活·读书·新知三联书店，1991：44.
② 同上。
③ 同上。
④ 同上书，第3页。

不误入歧路，而是导向事物的本源。教育活动关注的是人的潜力如何最大限度地调动起来并加以实现以及人的内部灵性与可能性如何充分生成，质言之，教育是人的灵魂的教育，而非理智知识和认识的堆积。”① 德国教育家斯普朗格认为：“教育绝非单纯的文化传递，教育之为教育，正在于它是一个人格心灵的唤醒，这是教育的核心所在。” ② 因此，教育应当首先关注人的灵魂，关注学生的身心成长，使他们成为一个有灵魂、有信仰、有价值的人。斯普朗格曾说，传授已有的东西不是教育的最终目的，而是要把人的创造力量诱导出来，唤醒人的生命感、价值感。马克思也指出，教育并不是单纯的文化传递，教育之所以为教育，更重要的在于它是一种人格心灵的唤醒。因此，教育的核心所在就是唤醒。这三位德国思想家同时把欣赏的目光指向唤醒，这绝非偶然；德语的词源中教育就是 Erziehung，具有“引导、唤醒”的意思。这也从另一个方面说明“唤醒教育”的思想根源。教育本身即是对人的本性、潜能的引导、唤醒并对人的身心施加影响使之日臻完美的活动，而这一理念反映了雅斯贝尔斯所提出的“教育的本质是精神的，而非物质的；是在非物欲诱惑下的教育，是人的灵魂的教育”。教育真的核心思想即“以对人的灵魂陶冶”为核心的，雅斯贝尔斯提出三种教育形式，但最推崇的教育形式是苏格拉底式的教育。从教育活动上看，只有师生处于一个平等的地位，通过无止境地追问和思考才感到自己的一无所知。因此，教师要激发学生对探索求知的欲望，对追求新知的责任感，并在教学过程中不断强化这种责任感。这是苏格拉底式的“催产术”的教学方法，也就是要催发、唤醒学生的潜在力，促使学生从内部开始滋生一种自动的力量，而不是从外部施加压力，教师要把学生的注意力从教师转移到学生的自身，不要做学生的最大供求者，而教师本人则退居暗示地位。师生之间只存在善意的论战关系，而没有屈从依赖关系。这种关系在雅氏看来无疑是一种理想的教育形式，他可以充分发挥师生双方的能动性，使学生成为教学过程中的主体。正是基于这样的教育理念，雅斯贝尔斯真切地呼唤和赞美“苏格拉底式”的教学法，要求教师通过平等对话和理智激问引发学生内心的“求知之光”，引导学生一步步趋向“超越”的境界。③

2. 唤醒什么

教育创造的成果虽不是脍炙人口的乐章，也不是流芳百世的诗文，更不是令人称奇的画卷，却是更为重要的——一代又一代的新灵魂、新人才。教育唤醒什么？最重要的是唤醒受教育者的自主性。很多教育学家提出，教育应该是把受教育者培养成一个自主独立的人，一个情感丰富的人，一个个性鲜明的人，这样受教育者才能有批判质疑的行为，成为社会上的有用之人。一个受教育者的自主性，包括自尊、自强、自信、自重、自立等优良品质。对于学生而言，在学习过程中磨炼意志，养成好习惯，提高学习效率，以便实现自己的理想和抱负。计划的制订、实施和完成对受教育者来说显得很重要，通过制订计划、实施计划和实现计划，受教育者的自主性会不断提高，会触动心灵，会唤醒灵

① 雅斯贝尔斯. 什么是教育[M]. 邹进，译. 北京：生活·读书·新知三联书店，1991：4.
② 彭志启. 罗杰斯的人格自我理论对创新教育的启示[J]. 新疆石油教育学院学报，2002（4）.
③ 胡炳仙. 教育及生成——雅思贝尔斯《什么是教育》[J]. 煤炭高等教育，2007（1）：43.

魂，激发创造力。正如雅思贝尔斯所认为的，教育的目的不是传递或吸收某种具体的信息、知识或技能，而是要从他的生命深处唤起沉睡的人的自我意识，这是人作为个体的所特有的生命感、价值感、创造力的觉醒。在教育教学过程中，不仅要从外部解放受教育者，而且要从内部解放受教育者，这才是理想的教育。

心理学研究表明，缺乏自主性的受教育者，在情感和情绪上都高度依赖别人，没有独立意识，自己不能为自己创造情感的需求和心理上的满足，他们要获得满足感，就不能违背父母的意志和价值观来思考、行动。很多家长都面临和受教育者沟通困难的问题，当大学生按照家长的意愿做事时，他内心可能是抵触的，这种抵触时间长了就成为他们和家长之间矛盾的导火索。受教育者的自我意识不能得到满足、自主性得不到承认，内心的体验无法释放时，与家长的矛盾就会全面爆发。这种情况在生活中有很多，成为许多家庭不愿意触摸的伤痕。在教学中，学生缺乏自主性，就会养成依赖教师的习惯，养成由老师"喂养"的思维。

教师要用教学的尊严和知识内在的趣味唤醒大学生学习求知、探索问题的兴趣和快乐；用启发和引导促进学生多读书、放开思路、拓宽视野，唤醒学生的想象力；用惊叹和鼓励唤醒学生对真的感悟、对善的憧憬与对美的追求；用坦诚与期待唤醒学生内心的自信与自尊；用宽容和信任唤醒学生主动学习、质疑权威的勇气。每个受教育者身上都有着善良的本质，以教师高尚的人格唤醒学生原本具有而暂时被压制的那些优秀美好的东西，唤醒学生的自觉意识、道德良心，使学生不断超越自我，逐渐由浅薄走向丰厚，由贫乏走向丰富，由不完善走向完善。唤醒必须建立在以下基础上，即心灵与心灵的对话、生命与生命的交流，这是教育者的情感与智慧所孕育的人格的碰撞和交融。因此，教师自己如果不是一团火就很难将另一颗心点燃，这就是唤醒的真正内涵——唤起学生生命深处沉睡的自我意识，唤醒人的真实感、生命感、价值感，激发人的创造力。教学活动中本质的东西不是制约，而是解放；只有能唤醒人灵魂的教育，才是成功的教育。唤醒的内涵，主要涵盖唤醒教学活动过程中人的个体性、主体性、内在性。正因为人的个性的不可重复和不可复制，主体性的人格风貌和对异化的反抗，以及内在性的潜能实现的可能性存在，唤醒才能使教育具有促使人的"内在性觉醒"和"生命性觉醒"，教育既以围绕客观文化为材料，使人的心灵获得适当的陶冶，同时又能够使已有的客观文化体系，由于个人心灵的不断生长，才得以更生动、进展。

3. 如何唤醒

如何唤醒？唤醒是一种教育艺术，它的全部主旨只是一个字——爱。它包含着太多的教育哲理。苏霍姆林斯基说过，世界上有千百种职业、行当和工作：有的修建铁路、有的建造房屋、有的耕种土地、有的救死扶伤、有的缝制服装，但有一个举世无双的工作，那就是教师——塑造人。世界上各行各业都需要责任心和爱心，尤其是教育这份职业更需要爱和责任，教育就是塑造人的事业，因为学生是动态的、发展的，是发展变化中的人，处于不断成熟、不断变化、不断完善中，既有很多缺点，也存在很多的优点。师生一起成长着，一起时时感受着这种成长的幸福和快乐，教师的生活是因为学生才更加充实和丰富的。如果没有爱的付出，是不能体会这种付出的快乐和幸福的。印度诺贝尔文学奖获得者泰戈尔（Tagore）说过：不是锤的打击，而是水的载歌载舞才使鹅卵石臻于完美。唯有鼓舞、理解、关怀、赏识，才能把自己变成一把细腻的钥匙，打开学生的心结，进入学生的心中。课堂教学是一种文化，真正的教育是一种“春雨润物细无声”的感化与滋养，教师最需要的是酿造甘霖的艺术。只有真正的甘霖才能滋润一颗颗深处萌动的稚嫩心灵，教育的最高极致就是教育者不留痕迹的施教，让受教育者在和风细雨中吮吸教育的雨露，而不是教育者高高在上地执起教鞭俯瞰受惊吓的受教育者。课堂教学应该具备一种唤醒的艺术，教学活动中面对的是饱满而沉甸甸的生命和灵魂，它需要教师“掌握并运用一种神奇的力量，他们唤醒自己，同时也唤醒他们接触的人”，课堂教学活动才能产生“神奇的力量”，教师只有施加深沉而厚重的师爱，再加以鼓励和信任、惊叹和宽容、发现和启发、期待和引导等各种教育唤醒的手段和方法，教育才变得真实而有效。

7.2.2　教师角色的转换：何谓教师

角色包含两种含义：一是指戏剧中由演员扮演的人物，二是指个体在社会群体中被赋予的身份及该身份应发挥的功能。[①]20 世纪 20 年代美国社会心理学家米德（G.H.Mead）将“角色”从戏剧用语引入社会心理学，他认为，角色是在一定社会环境中通过与他人的接触和互动形成的，个人在社会中的角色表演没有先定的剧本，文化只能为角色表演规定大致的范围。在瑞典教育学家胡森主编的《简明教育百科全书》中，对教师角色所代表的含义作了三种解释：（1）教师角色就是教师行为；（2）教师角色就是教师的社会地位；（3）教师角色就是对教师的期望。[②] 顾明远教授在《教育大辞典》中这样界定教师角色：“教师的与其社会地位、身份相联系的被期望行为。主要包括两个方面：一是教师实际角色行为；二是教师角色期望。”[③]

大学教师由于各自的成长环境、教育经历、价值观念、发展理念和家庭背景的差异，以及在认知能力、道德水平、知识结构、教学能力与心理素质等方面存在局限，大学教师与学生关系的疏远、冷淡、不和谐、不融洽是大学教师角色关系中最集中、最明显的体现。大学教师在教学中的错位观念可以归纳为：教师的教学理念落后，过于看重教师的主导性；教学模式单一，过于采纳单向传播的教学手段；教学内容单调，过于偏重知识传授；教学目标片面，过于采用单一的评价标准；教学手段落后，教师对新技术应用不够普及，同时在科研与教学之间还存在着冲突与矛盾。大学教师与学生之间的关系紧张主要表现是师生关系生疏、情感对立或是思想不一致、心里存在隔阂，在学生面前，许多大学教师将自己的观点视为权威，将学生大脑视为储存器，课堂上滔滔不绝地独自讲解，与学生个体以及与学生群体之间缺乏必要的沟通、互动和交流。大学教师角

① 林崇德. 心理学大辞典[M]. 上海：上海教育出版社，2003：656.

② 胡森. 简明国际教育百科全书教学[Z]. 中央教育科学研究所比较教育研究室，译.北京：教育科学出版社，1990：282.

③ 顾明远. 教育大辞典[Z]. 上海：上海教育出版社，1987：843.

色的定位不是静止的、一成不变的，而是一个动态发展、灵活多元的，随着社会的进步、教育的发展，教师角色不断调整、变化、丰富。在当代教育呈现由封闭式教育向开放式教育转变、由职前教育向终身教育转变、教育的功能由传承知识向创造知识转变、教育的特点由共性化向个性化转变，教师角色不仅是授业传道者角色，它还是一个多元化的专业角色，融课程研究者、传道授业者、知识激发者、学习指导者、教学合作者为一体。这种多元化的发展，往往使众多大学教师陷入迷惑。对自身的角色认识笼统、粗浅，不能明确多种角色的职责，不知道如何摆正自己的位置，不知道在教学中如何去做，等等。

1. 未来生活指导者

教师要身体力行地教导学生，学习之于生活，是一个阶段，更是一个部分；学习的目标也是生活目标的一部分。

（1）教师要有未来意识。未来意识指的是能把教育教学活动和未来联系起来，要从过去、现在和未来三个时间维度里看待工作和生活；未来是不可预设的，而是可变化的，尤其在网络时代，教师必须根据各种变化随时调整自己的认识和行为；教师还必须站在时间的前列主动地适应生活，甚至去改变生活。

（2）教师要有创造未来的理念。创造未来就必须能够预知未来，教师成为未来生活的指导者，必须具备预测和判断能力。

（3）教师要有未来教育的能力。教师要成为学生未来生活的引导者，建构具有前瞻性的道德价值观体系。通过教育渗透现代道德理念，积极引导学生的内在道德价值取向，培植学生道德理想和信念，提高学生的社会适应能力和道德行为能力。

（4）教师要具备开放的心态。教师要能够摆脱已有知识经验的桎梏，能够以一颗开放坦然的心态接受新鲜事物，应对未来。

（5）教师要有科学的生活观。马克思关于未来社会的观点，是辩证唯物主义和历史唯物主义在其丰富的社会实践中发展起来的，是对人类社会发展的客观规律的认识和反映。它是从人的本质演进过程中得出的科学结论，也是从人类社会发展不同经济形式以及不同生产方式演进过程中得出的科学结论。

2. 知识体系激发者

在网络信息时代，教师势必要努力从“讲台圣人”“教学权威”“先知先学”等光环中摆脱出来，转变为学生学习的促进者、激发者，教学方法也由传统的单一灌输转变为启发诱导，突出学生的认知主体性，激发学生的学习欲望和积极性的学习情感，教师的角色也由单一的“教”转变为“导”“激”等新角色。当然,教师要成为知识体系的激发者，首先必须成为追求知识的学习者，教师只有与学生共同学习与发展，才能完成大学赋予的使命，使大学课堂教学获得可持续发展。教师必须具备主动学习、积极追求知识的意识和能力，不断思考研究，学习科学知识，构建新的知识结构，成为终身学习的追随者，从而，帮助学生完善知识体系。

（1）教师要积极探索学术前沿。

大学教学与科研是对立统一的关系，两者之间并不隔着万水千山，不是水火不容，而是相互交融、相互承载、相互促进的关系。科研和教学是统一在高等教育这个事物中的两个方面，是无法分割的。不仅在理论上两者不可分割，一个合格的和优秀的大学教师不可能是只教学不科研的教师；反过来，一个在科研上出类拔萃的大学教师也不可能在教学方面毫无建树。教学不可能脱离科研而一枝独秀，高质量的课堂教学效果一定是高质量的学术研究的产物。

（2）教师要积极创造知识。

大学课堂教学是一种极具创造性的社会活动，是以培养创造性人才为目标的活动，它并不简单地等同于一般教学活动，大学课堂教学特点在于它不是简单地把已有的知识和信息转授给学生，而是更加强调科学态度的培养，科学方法的运用，注重思维能力的养成，最终能创新知识。在这种高层次的教学活动中，教学内容本身就是教学活动的主体——教师研究的成果、“个性化”的东西。因此，大学课堂教学活动本身是一种创造性的学术活动，正如美国当代高等教育理论家欧内斯特·博耶所说，学术水平并非一个深奥莫测的附属物，它处于教师职业生活的核心。

3. 课堂教学引领者

教师要促进学生真正的学习，各种教学活动具有极大的灵活性、可变性和情境性，教师在课堂中应该在幕后观战，“退居二线”，完全让学生来唱主角。“做中学教学”“问题教学”“发现教学”“案例教学”“情境教学”等应该成为未来大学课堂的主流。在现代经济条件下，课堂教学的内涵和外延与时俱进、日益扩大，教师不仅要收集、整合、运用好已有的知识信息，更要整理课程相关信息，设计、编制课程软件，制作教学节目，激发学生兴趣，促进学生身心发展。因此，信息时代的大学教师，不是简单、单一、被动、机械地根据已经设计好的课程来进行课堂教学，而是积极投入到对广义课堂教学内容和方法理性设计与安排中去。课程的设计成为教师教学中的一项十分重要的工作。当然，教师在参与时必须享有高度自主权，以便他们能充分发挥自己对理论与实践的理解。

（1）教师要成为教学方法的创新者。

教师应使用多种方式并充分结合现代化技术，引导学生运用新的信息技术去获取知识，协助制定适当的学习目标，并确认和协调达到目标的最佳途径；借助于交互式的课程设计与教学组织、多种媒体图、文、声、情并茂的多重感官刺激，创设丰富的教学情境，诱发学习者的学习兴趣，为学习者创造特有的知识再发现的环境，充分调动学生的学习积极性，推动学习者主体参与知识建构活动；借助现代化技术手段为学生提供各种便捷方式，使他们能够很快找到所需信息并整合有用信息，以便弥补课堂教学中的不足，同时利用新技术帮助学生解决学习中的不适和困惑，实现课堂教学中创造性的教学目标。

（2）教师要成为学生自主学习的激励者。

在《学会生存——教育世界的今天和明天》中，联合国教科文组织提出，教师的职责现在已经越来越少地表现为传递知识，而越来越多地激发思考、激励自主学习，不是仅把知识传授给学生，而是赋予学生学习的方法，激励学生自主学习，创造型教学是以养成创新精神和发展创新能力为教育宗旨，将教学活动的本质看成是学生主动发展的过程。教师引领学生认识自我和认识世界是为了学生的发展，是学生发展的手段和条件，这就要求教师应该由知识传授的主导者转变为知识建构的促进者，因此，教师在课堂中要注意以促进者、激励者身份，树立帮助学生自主学习，引导学生自我发展。

7.2.3 教学省思的养成：为何而教

省思是促成教师自主发展的重要方式，是教师专业发展的必然途径，对于提升教师专业化水平具有重要意义。美国心理学家波斯纳提出教师成长的公式为：成长 = 经验 + 省思。相反，如果教师仅仅满足于获得经验而不对其进行省思和剖析，那么，即使是有多年的教学经验，也许只是简单的重复劳作，不善于从经验省思中吸取教益，也自然不会有什么进步和创新。

在洛克看来，省思被解释为心灵对自己活动及活动方式的关注和反省，产生“内部经验”与知识的途径。黑格尔把省思看作是一种反复思考的过程，一种思想的自我运动，一种把握事物内在本质的方式。杜威在《我们怎样思维》中把省思定义为：“现有的事物暗示了别的事物（或真理），从而引导出信念，此信念以事物本身之间的实在关系为依据，即以暗示的事物和被暗示的事物之间的关系为依据。”[①] 杜威据此提出了著名的“思维五步法”，即暗示、产生问题、假设、推演假设、检验假设。他认为，教育的一个根本目的是获得反思习惯。通常认为，省思是指行为主体立足于自我以外，对自己的行为进行批判性的审视。教师的省思是指教师在教学实践中，根据自我行为表现及其行为为依据的“异位”的解析和修正，进而不断提高教学效能和自身素养的过程。

教师在教学省思时，依据自身的教学观和价值观，分析教学情境和教学事件，逐渐产生自信与自我效能感，进而整合教学知识、经验和信念，以作出适切的教学判断。教学省思强化教师专业自主性，建构教师个人特色的教学风格，加强教师对教学工作的敏锐度把握并最终促进教学问题的根本解决。

1. 教学省思的内涵

教学省思是指教师在教学过程中的内在思考过程，强调教师批判地考察自我的主体行为表现及其依据，通过回顾、诊断、自我监控等方式，对教学情境或教学效果检视判断，或给予肯定与强化，或给予否定与修正，从而不断提高自身教学效能和素质的过程。

教学省思的主要特征为以下几个方面。

（1）超越性。教学省思的真谛就在于教师要敢于怀疑自己，敢于并善于突破、超越自己，不拘泥于既有的固定做法和传统思维，能顺应变化，随时对所处情境加以质疑、反思、判断、抉择，进而产生新的观念和做法，不断地向更高层次迈进。

（2）反思性。是指教师从自我以外的角度出发，进行多视角、多层次的思索，从各方面对自身实践和经验进行反省、批判、质疑，是教师自觉意识和自主能力的反映，这是教师教学效能提高的基础条件，是教学省思的本质所在。

① 杜威. 我们怎样思维[M]. 姜文闵，译. 北京：人民教育出版社，2005：18.

（3）实践性。是指教师的教学效能的提高是在具体的实践操作中完成的，因为如果空有反思而无行动，教学反思则毫无建设性，在批判检视的过程中，反思者养成质疑的习惯和能力，会更加重视专业对话，重视实践行动，所谓“思而不学则殆”指的就是教学反思者要重视反思后的行动，让反思成果得以贯彻并出成效。

2. 教学省思的突破

教学省思虽然能促进教师专业成长，但是它也受到多方面限制，主要体现为以下几个方面。

（1）不利的教学组织文化，如教条的科层官僚组织，它具有很强的负面作用，使教师面对真正的自我时会产生障碍。

（2）教师文化的阻隔，多数教师都能做到教书育人，但往往受限于自己的学科和班级，比较难形成对话和互动的教师文化。

教师要提高教学省思的效率，必须突破上述问题，可采取以下方法。

（1）构建有利于省思的学校文化。健康积极的学校文化能让教师乐意反思、习惯反思，这种文化的特性是互相支持、尊重专业。

（2）帮助教师养成省思的习惯和能力。有反思习惯和反思能力的教师能逐渐成长发展、自我发现、重新组织，并使教师对教学有更深刻的认识。通过撰写反思日记、描述教学情境、组织交流讨论以及教学行动研究等教学反思方法，使不同学科的教师聚集在一起，针对课堂上的问题，共同讨论解决的办法，弄明白问题的实质所在，探索用以改进教学的实际方案，促进教学实践的改进，最终提升教师的专业发展。

7.2.4 教学学术的发展：教学相长

安东尼·塞考尼（Anthony Ciccone）在担任教学与专业发展中心主任时指出：“教与学学术能在多校园大学系统中持续下去是因为它能够让我们更好地去理解教师的教和学生的学之间的关系，由它关注学生的学习，所以它难够最终帮助我们将教师、教学和组织发展联系起来。”[①] 教学学术指的是什么呢？帕默（Palmer）指出，知识是通过研究、综合、应用来不断增进和发展的，大学教师的学术活动包括参与研究、寻求学科知识之间的相互联系、构建理论与实践之间的联系，并把知识有效地传授给学生。博耶也提出：“学术意味着通过研究来发现新的知识，还意味着通过课程的发展来综合知识，还有一种应用知识的学术，即发现一定的方法去把知识和当代的问题联系起来，还有一种通过咨询或教学来传授知识的学术。”[②] 在他看来，教学学术包括：有效地呈现学科知识，根据一定目的把不同领域的知识有条理、有顺序地组织起来，使学生更容易接受并更有意义地掌握。[③] 克莱博（Kreber）归纳了关于教学学术的 4 种代表性观点：一是表现于研究性和创造性的

① 王玉衡. 威斯康星大学实践美国大学教学学术思想述评[J]. 比较教育研究，2008（1）：11.

② 博耶. 关于美国教育改革的演讲[C]. 涂艳国，方彤，译.北京：教育科学出版社，2002：65.

③ Kreber，Crant on. Exploring the Scholarship of Teching[J] . Journal of Higher Education，2000（4）：476–495.

可见成果，对教和学的研究被视为教学学术的一个重要指标；二是教学学术等同于优秀教学；三是相似于学术性教学，将教育理论和研究成果运用于教学实践中的学术性取向，意味着将理论和研究的反思相结合的一种实践智慧；四是教学学术融合了知识和能力的发展，促使教师要对自己的实践或经验进行反思。[①] 卡内基基金会主席舒尔曼（Shulman）这样对“教学学术”进行界定:教学学术指对教和学的问题进行系统的探究，它拥有公开、能面对评论和评价、采用一种能够让他人进行建构的形式，并且能够对结果进行反思的突出特点。[②] 赖斯（Rice）则认为教学学术至少包括三个方面：一是概括综合的能力，二是教学技能，三是学习的能力，主要研究学生如何学会学习。[③] 另有学者认为，大学教师的教学学术主要涵盖以下内容：熟悉本学科领域有关教学理论及参考文献，不断反思教学理论及教学实践，交流对教学的理论认识与教学实践经验。[④]

1. 大学课堂教学学术的价值

（1）促进教师的专业化发展。

大学教师专业化发展是其专业知识与技术、专业能力、专业道德等方面由不成熟到比较成熟的发展过程，即由一个专业新手发展成为专家型教师的过程，是大学教师个人成为教学专业的成员并且在教学中具有越来越成熟的作用这样一个转变过程。”[⑤]教师的专业化离不开其对教学本身的研究和教学学术水平的提升，具备教学学术的教师也往往容易实现专业化。大学教师的专业发展核心在于教学专长，教学专长的发展与教学信念、专业技术、专业能力、专业道德相关联，大学教师研究和探索教学学术，提高教学学术水平既能促进大学教师教学专业的发展又能促进大学教师学术发展。教学专长的发展在于：树立教学学术的观念、处理好教学学术与专业科研以及社会服务之间的关系、加强大学教学本身的研究、促进大学教师的专业化。[⑥]

（2）提升课堂教学实践能力。

大学教师的教学学术是关于教学的系统而专门的学识和知识，表现为对教学的深入了解、全面掌握、传授能力和教学实践，使教师教学遵循教学规律，开展有效教学。

首先，可以指导教师有效地教学。在教师自身因素中，尽管包括教师的教学理念、教学责任意识、教学效能感等都能影响教学成败，但教师的教学认知、教学知识、教学能力等教学学术的内容也非常重要。具备教学学术的教师在教学中往往得心应手，能取

① Kreber，Crant on. Exploring the Scholarship of Teching[J]. Journal of Higher Education，2000（4）：476–495.

② Hutchings，Shulman. The Scholarship of Teaching：New Elaborations，New Developments[J]. Change，1999（5）：10–15.

③ Rice. Towards a Broader Conception of Scholarship：The American Context [A]. Whiston，Geiger（Eds.）. Research and higher education：The United Kingdom and the United States[M]. Buckingham：SRHE and Open University Press，1992：117–129.

④ 刘剑虹，吕杰. 学术评价：美国大学的一种理论模式——以贝勒大学为例[J]. 宁波大学学报（教育科学版），2002（5）：1.

⑤ 邓金. 培格曼最新国际教师百科全书[Z]. 北京：学苑出版社，1989：107.

⑥ 魏宏聚. 厄内斯特·博耶“教学学术”思想的内涵与启示[J]. 全球教育展望，2009（9）.

得更好的教学效果。

其次，可以指导教师降低教学失误。教师在教学中因为教学准备不充分、教学方式不恰当、教学省思不自觉等失误影响教学的效果。

最后，可以指导教师及时调整或改进教学。针对教学中的问题进行反思，具备教学学术的教师更能优化教学实践，进行有针对性的、及时有效的调整或反馈，有效提高教学质量。

2. 大学课堂教学学术存在的问题

大学教师教学学术的现状表现为：对大学教师教学学术的认识存在普遍局限性，对大学教师的教学学术缺乏有效可行的评价体系，在大学教师技术职务评审中对大学教师的教学学术不够重视。[①]北京理工大学俞信教授认为，大学教师教学学术的现状是：对大学教师学术水平的认识普遍存在局限性，对提高大学教师教学学术普遍重视不够，对教学学术的忽视产生的直接后果是教师在教学方面的努力、贡献、水平得不到公正评价和应有的承认。[②]大学教师教学学术的问题主要有以下几个方面。

（1）教学学术意识薄弱。

自洪堡创办柏林大学以来，科研在大学中的地位已经是高高在上，而威斯康星大学之后，社会服务之于大学也是愈演愈烈。随着纽曼的逝去，大学的教学工作却日益受到冷落并渐渐远离人们的视野，乃至变得无足轻重，导致大学教师的教学热情、教学勇气、教学积极性逐渐消失，改进教学、研究教学和提升教学学术的意识逐渐淡化。蔡元培在其《就任北京大学校长之演说》中指出："诸君来此求学，必有一定宗旨，欲求宗旨之正大与否，必先知大学之性质。今人肄业专门学校，学成任事，此固势所必然。而在大学则不然，大学者研究高深学问者也。"[③]他认为，大学是研究学问、追求真理和创造知识的地方，有利于研究学问、培养学者、全面提升学术素养。蔡元培从改革大学理念出发，转变教师与学生的观念，将他们从旧观念的禁锢中挣脱出来，真正实现"以研究学问为天职"，真正地做到发展教师的学术与学生的个性。大学，无论是研究型还是教学型，抑或是教学研究型大学，教学都是大学之本、重中之重。如果不重视教学学术，大学就会失去赖以生存的根本。不少大学教师忽视了自身专业学科知识和教育学科知识，不注重提高教学能力，不重视教学省思和教学研究，难以获取理想的教学实践和教学成果。有的教师视科学研究为自己工作的全部，几乎无暇顾及和认真准备关于教学的各项工作，对教学缺乏清醒而透彻的认识，在湖南大学尹航的调查研究中发现，42% 的教师提升教学学术的意识一般，20% 的教师提升意识不强烈或很不强烈，另外有 34% 的教师不愿意或很不愿意进行教学学术研究。[④]

（2）教学学术投入不足。

体现为教学学术认识的投入、教学学术实践的投入以及教学学术经费的投入等三个

① 黄英. 关于高校教师教学学术水平的思考[J]. 浙江传媒学院学报，2005（1）：60.
② 俞信，于倩. 着力提高大学教师的教学学术水平[J]. 中国高等教育，2000（13/14）：25-27
③ 于立生. 无孔子之北大之无灵魂[EB/OL]. http：//hlj.rednet.cn/c/2008/04/22/1489963.htm。
④ 尹航. 大学教师教学学术现状及其提升对策[D]. 湖南大学硕士学位论文，2008：17.

方面。西南师范大学的唐智松对该校青年教师教学投入时间的统计数据表明，只有 44% 的教师投入较多时间，有 39% 教师仅用部分时间投入教学，另有 17% 的教师只用极少时间投入或不投入。① 大学教师缺乏对教学本身的认知，对教学认识的投入不够，对教学的学术性掌握也不够，自然就会减少研究教学的时间和精力投入。众多教师不愿意投入很多时间和精力来掌握必需的知识理论和教学能力，对掌握教学所需知识理论和教学能力的投入不多。一方面，教师对必需的学科专业知识和教育学科知识掌握得不充分。其实，教学学术水平与学科专业知识和教育学科知识紧密相连，它们是相辅相成的。许多教师认为自己能够胜任日常教学，已经具备了充足的学科专业知识和教育学科知识，没有必要再投入更多的时间和精力，教学学术水平自然难以提升。另一方面，教师对提高教学能力的投入不够。教师在教学过程中缺少与学生必要的沟通和互动，极少鼓励学生参与教学和主动思考，缺乏有效整合教学内容和教学方法，缺乏对课堂活动的组织应变能力，不善于营造学习氛围，对知识的创新能力和反思能力也很欠缺。随着大学的不断扩招和学校规模的逐渐扩大，部分大学对科研在物力和财力上的投入越来越多，对教学投入的幅度却与学生增加的幅度不同步，科研投入与教学投入之间的差距越拉越大。

（3）教学学术能力不高。

大学教师在教学和教学研究中，由于缺乏展现教学能力而导致其教学学术水平低下，具体表现为：课堂的控制能力不高，因材施教的能力不高；讲课时照本宣科、机械单调；有些教师的讲课内容缺乏逻辑体系，无法真正吸引到学生的注意力；有些教师很少对学生提问或者根本不提问，或者不知道什么是有效提问；而随着高等教育由精英教育转向大众化教育，学生间差异越来越明显，其文化背景、价值观念、生活态度和学习动机等方面都存在较大差异，致使教师很难根据学生差异进行适应性教学或差异性教学。研究教学是为了解决教学中遇到的实际问题，反思性、探究性地处理各种问题。教育科学理论揭示的是教育教学现象的本质和规律，可以广泛地指导教学实践。正如美国教育家布鲁纳（Jerome S. Bruner）所言："发现并不限于寻求人类尚未知晓的事物，而应包括用自己的头脑获得知识的一切方法。"② 大学教师的教学活动极富创造性，这种创造性除了靠教学经验的积累外，更要依靠科学研究，良好的科研创新能力是教学工作的有力保证。

3. 重建大学课堂教学学术的途径

（1）提升大学课堂教学学术的重要性。

教师的教学学术正是优化教学、提高教学质量的保证。教师对大学课堂教学学术的认识程度，对教学学术所持的态度，会影响到实际的教学过程和教学效果（见图 7-2）。有的学者指出，教学在大学并没有得到应有的重视，科研被视为个人发展的"事业"，而教学则是"工作任务"。这是由于人们对教学的狭义认识所致，使得教师对教学学术的认知不够，研究教学学术的热情不高，投入不够。大学培养人才的过程实际上是推动人类从自然走向预期的过程，在对客观世界和主观世界的改造进程中不断地超越现实、超越自我。

① 唐智松. 青年教师教学、科研投入状态调查[J]. 高等师范教育研究，2001，13（1）：73-78.

② 邵瑞珍. 布鲁纳的课程论——中小学教学改革的理论和实际[M]. 北京：人民教育出版社，1979：27.

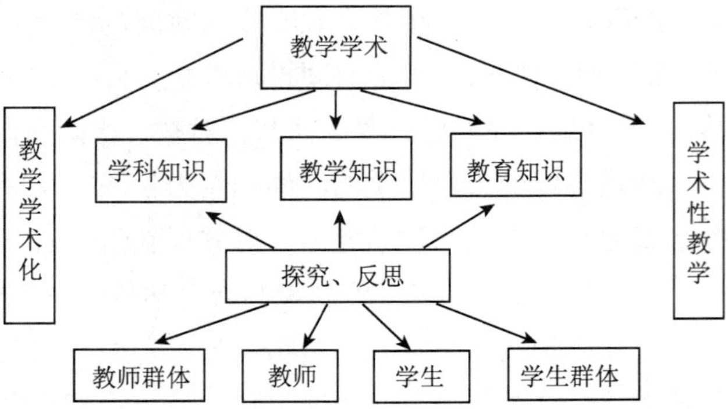

图7–2　大学教师教学学术

人才培养是通过大学课堂教学得以完成和实现的，大学教师的教学学术为其有效教学提供了坚实基础，保证了教学实践的有效性，因而能确保学校完成提升教学水平和培养高素质人才的任务。大学应为教师创造适宜的教学学术氛围，促使大学教师提升反思深度和反思高度，应妥善处理教学与科研的辩证关系，努力营造师生开放、公平、民主、和谐的学术气氛。教师开展教学学术活动，不受外界不利因素的干扰，潜心研究教学学术，改变大学教育中人才培养功能的狭窄化、技术化倾向；教师应充分认识教学的学术化和学术性教学，应认识到大学的教学与科研是“源”和“流”的关系，二者缺一不可，密切相连，将教学作为学术来对待，积极主动地研究课堂教学学术，增强提升课堂教学学术的能力;教师要以学术的标准来衡量和指导教学工作，才能全身心地投入到教学研究中，只有真正强化教学学术的意识，才能激发研究教学学术的热情，保证教学学术的水平。

（2）构建大学课堂教学学术的制度保障。

随着市场经济体制的发展深入，大学与社会的联系越来越紧密，大学科研的功利化色彩更加浓厚。功利主义诱导下的分配导向、利益驱使、评价指向使教师将科学研究视为中心，部分教师则以物质金钱和经济利益为行为主导，只为“科研”而“科研”，学校的“高压”政策和不完善评价体制使教师将主要的时间和精力放在申报课题、出版专著、发表论文上，教师聚精会神大搞“学术生产”“学术批发”，从而减少了对教学和教学学术的投入，很少甚至几乎不研究教学学术，在这种追求个人利益的过程中，便难以提高教学学术水平。由于自身理性能力的限制，需要利用现有的制度规范，不可能超越一切外在条件和规范行事。同时，个体的机会主义倾向也需要经由制度来提高个体行为的可预测性，为人际互动提供制度支持。社会对教师角色的期望值较高，而教师教学行为却与之形成强烈对比，需要通过制度的完善对教师的个人选择行为进行约束与引导。

①改革教师学术评价标准。大学应不断完善教学和学术评价体系，认真思考为什么评价教学和如何评价教学，使评价目标、评价标准和评价内容合乎时宜，以利于切实地提升教师的教学学术。正如唐纳德·肯尼迪所言：大学对自己发出的某种信息的清晰性承担着某种责任。如若任命与提升程序取决于研究成果的话，并且薪金待遇显得忽视具有教学学术的教师表现，那么，任何鼓励教师发展教学学术的宣传都是不会有什么作用

的。因此，大学要改变大学教师教学学术的现状，必须制定合理有效的制度来鼓励教师提升教学学术水平，并认真落实执行。大学教师学术发展以其职称为标志，而教师职称晋升的主要依据是学术论文的发表，对教师的教学与科研评价相分离，科研等同于学术，教学属于非学术活动，成为教师职称晋升的点缀，甚至成为可有可无的要素。事实上，教学与科研是有机联系的，教师的学术评价应该以教学为基点，需要从教学学术性角度，改革教师职称晋升中教学与科研分离的评价模式，尽可能从知识整合、知识发展、教学省思、教学效能与教学交流等方面，以便全方位测评教师的教学学术水平，促进教师发展专业学术与教学学术体系，完善教师专业自主发展。

②建立健全教学质量保障制度。要把教师的工作重心和工作重点转移到教学质量上。

第一，建立多种信息反馈渠道，使学生信息员、教学督导员与教学管理员等三方建立一体化机制，使常规教学评价与随机教学检查相结合，使信息反馈与教学整改相结合，将信息来源、信息调查与信息反馈、信息处理各环节连贯起来，以便提升教学学术水平，形成相对完整的教学质量监控体系。

第二，完善教学设施，积极创造良好的教学氛围，大学各级人员都要树立以教学为中心的思想，把教学与科研整合起来，促使各职能部门做好为学校教学而服务的理念，配置相应的教学软硬件设施，并实时进行更新与维护，把经费与精力投入到教学工作中。

第三，严格执行规章制度。加强对学校教学制度的执行力，维护教学质量管理文件的权威性和严肃性，努力排除外界干扰。

（3）提高大学教师教学学术能力。

作为一种学术性的活动，大学课堂教学除了要求大学教师具备一定的学科知识外，还要有一定的教学学术能力。大学教师的教学学术能力是在教学过程中通过不断的实践和探索，逐步总结、反思、再总结、再反思而日渐形成的。教师如果只有专业知识的储备，而不具备相应的能力，就不会有理想的教学效果。提高大学教师的教学学术能力应主要培养以下几个方面的能力。

①提高课堂管理的能力。作为教学的基本组织形式和传播知识的主要渠道，课堂管理的效果直接影响并决定着教学质量的优劣。在课堂中，教师持有良好的驾驭和管理能力，是其完成教学目标、提高教学质量的关键。即使面对纷繁复杂的课堂活动，课堂管理能力强的教师表现出沉着应对，具有大将风度，成竹在胸，驾轻就熟，游刃有余地调控着，牢牢吸引学生的注意力并充分调动学生的积极性。教师课堂教学的形式和教学模式可以丰富多彩，课堂管理也具有个体差异性，根据教学内容和教学对象的差异性，教师可以采取除传统讲授外其他的教学形式，如案例讨论式、问题解决式、实验发现式，等等。教师应根据自己的教学特点、学生的个性差异和课堂的具体情况，扬长避短，驾驭课堂。

②掌握学科内容的能力。系统地掌握学科内容是以教学基础理论为基础，对教学内容预先进行全面研究，形成有关这门课程概念、定义、原则和法则的规律性系统，对教材各个章节各个部分进行深入的分析研究，采用专题论证的方式解决教学的关键或重点部分。然而目前不少大学生对教师教学不满意，原因之一就是有些教师不熟悉教学内容，

讲课时照本宣科，不会处理和把握教材和实际的关系，不会灵活剖析教学内容。因此，要提升教学学术水平，教师必须具备掌握教材和理解课程的能力，灵活运用教材、分析教材、讲解教材是教师教学的一项重要的基本功，教师应从教材内容、表达方式、传授手段和组织模式等方面进行全面研究和通盘考虑，包括把握教学内容的逻辑体系、明晰教学内容的重点和难点、对课程内容进行适当取舍等。教师应深入钻研课程的设计思路，在合乎逻辑的体系上，在宏观、系统的研究基础上科学地制定有效的教学程序，掌握学科内容的前沿知识和信息。

③提高语言组织的能力。对于教师而言，良好的语言组织和表达能力是提高课堂教学效果的重要保证。“教师能否运用适当的方式和有效的组织形式来呈现教学内容，能否清晰、完整、生动地向学生传达信息是衡量教学学术水平的重要标准。”① 在教学过程中，教师的教学语言应该具有科学性、启发性和生动性等特点。首先，因为课堂教学的主要任务之一是向学生传授系统的科学知识，因此教学语言必须具有科学性，要做到合乎逻辑、言简意赅、有条不紊。其次，教学语言应具备生动性。教师要善于运用生动形象的语言，激发学生的创造性思维和想象空间。并且教师形象的语言能够引起学生的注意力，增强学生的求知欲。最后，教学语言要有启发性。在教学中教师能否拓展学生的思维，能否引导学生积极思考，能否让学生主动获取知识，与教学语言的启发性高度相关。

④提高多向沟通的能力。“人与人的交往是双方的对话和敞亮，这种我与你的关系是人类历史文化的核心。可以说，任何中断这种我和你的对话关系，均使人类萎缩。”② 多向沟通包括教师与教师的沟通、教师与学生个体的沟通以及教师与学生群体的沟通。一方面，教学工作不是孤立的，“三人行，必有我师”，教师在彼此间的交流沟通中互相学习、取长补短，除了分享教学经验外，还进行学术研讨，定期或不定期地开展教学学术交流活动。教师之间可以形成“学习共同体”、同侪教练等多种形式，有利于自身专业素质的发展和教学学术水平的提高。另一方面，与学生构建和谐关系。教师要注重与学生进行心灵与心灵的沟通，思想与思想的碰撞，以精深的专业知识、渊博的学术素养和独特的教学风格吸引学生，激发学生的学习欲望，促发学生的学习热情。教师要细致观察学生的言行举止，体悟学生的心理状态，尽可能满足学生的内心需求，帮助学生养成发问、好问的习惯，养成其质疑能力。因此，教师与教师以及学生之间良好的沟通能力是教学活动顺利、有效开展的基础。

⑤提高教学研究的能力。教学研究是教师把教学活动作为认识的对象，对其合理性和有效性进行思考、研究、选择并作出评价，教师借助归纳推理的技能、严格逻辑的判断以及反省质疑的态度对教学过程和教学结果进行的批判性分析和研究。教学研究的能力是教师提高教学质量、提升教学学术的根基。美国著名教育心理学家波斯纳认为，教师成长来自于经验和反思的结果。大学教师应该是“教学的研究者”“反思型的实践者”“批判型的教学者”，能够通过对教学行为的反思，不断改进教学工作，提高教学实践能力。

① Shuell. Teaching and Learning in a Classroom Context. Berliner D Cetal. Handbook of Edueational Psyehology. Simon&SehusterMaemillan，1996：739.

② 雅斯贝尔斯. 什么是教育[M]. 邹进，译. 北京：生活·读书·新知三联书店，1991：12-14.

唐纳德·舍恩教授认为，教学过程应该是对教学实践不断反思的过程，要促进教学专业的发展，教师就应该成为反思的实践者。教学研究是一个能动的、审慎的认知加工过程，也是一个与情感和认知密切相关并相互作用的过程，在此过程中，不仅有智力加工，还有非智力因素的加工，如性格、情感、态度等要素的支持。因此，大学教师不仅肩负着“传道、授业、解惑”的历史使命，而且要强调教学研究、善于开展教学研究。进行教学研究，大学教师在开展教学理论研究的同时，还必须积极进行教学实践研究。列宁曾说过，我们需要用基本事实的知识来发展和增进每一个学习者的思考力。学生为获取知识、发展能力进入大学，向学生传授知识、养成其能力、发展其素养是大学教学的培养目标，也是大学教师的基本任务。怎样满足不同学生的学习需求，怎样教会学生学习以及怎样有效提高教学质量，是大学教师在进行教学研究、开展实践探索时所必须考虑的。

纽曼在《大学的理想》中指出：大学的功能是培育理智，把理智的培育作为其直接范畴，或者是投身于理智的培育，以培养健康、健全的理智为己任。大学教师要研究教学、提升教学学术，必须以教学实践为基础。教师应该在教学实践中不断总结和积累教学经验，摸索教学方法，探索实践的合理性，逐渐实现有效教学。教师的教学实践活动是教师进行理论研究的基础和源泉，教师在教学活动中的认知、感受、领悟和体验能促使教师更深入地反思和探究教学理论，更有效地指导教学，一方面，教师应不断吸取和归纳教学经验，将教学理论与教学实践有机地结合起来，实现两者的相互统一。另一方面，教师要敢于在教学活动中有所超越和突破，在遵循教学规律、尊重学生个性的前提下改革教学，不断提高教学质量和学术水平。教学学术的提升涉及教学知识方面的反思，其根本在于将教育理论与研究有效地运用于教学实践。教师只有不断探索教学实践，才能获取学术研究的最新成果，并把获取的最新经验应用于教学实践中，不断更新教学理念、探求教学策略、实现教学创新，从而真正提升其教学学术水平。

7.3 质疑能力培养

2013年《中国青年报》社会调查中心和题客网联合发起的一项调查（5 617人参与）显示，98.9%的受访者觉得当下青少年缺少质疑精神。当下年轻人为什么缺少质疑精神？调查显示，53.7%的受访者认为是由于家长本身爱养“乖孩子”；53%的受访者认为是因为学校教育不鼓励质疑；52.4%的受访者认为原因在于应试教育体制下，唯成绩论英雄。受访者给出的其他原因还有“整个社会都缺乏质疑精神”（49.4%）和“在当下，质疑成本很高”（28.2%）等。

7.3.1 理性思考

苏格拉底曾说过：未经思考的生活是不值得过的。一个人的思考决定着他的命运，无论他在做什么，无论他感受到了什么，无论他需要什么，这一切取决于他的思考质量，当然不合理、不理性、不实际的思考会带来很多失望甚至痛苦，因此健康的、合理的、理性的思考比任何事物都要实用。对大学生而言，应该逐步摆脱思考中的不良习惯，开始对自己的思想进行思考。在生活中要学会经常问自己："我是如何思考的？""我对自己的思想进行过研究吗？""了解了多少关于如何分析、评估或重建自己的思想？""自己的思想源自何处？""是否有意识地衡量并判断自己思考的好与坏？""是否发现自己思想中的某个严重问题？"等，鉴于此，应该对大学生进行理性思考的培养。

1. 思考的非理性倾向

人类在发展进程中，经常会发生不合理的言行举止，如打架、战争、破坏生态，虐待长幼、家庭暴力、夜郎自大、因循守旧，因为内心潜藏着不合理的思考甚至是病态的思考，所以我们言行不一、自相矛盾、自欺欺人，人类是自己最难对付的敌人，深藏于人类不合理、非理性及病态性的思考的最终动力来自于人类的自我中心论，人类天生倾向于以自我为中心，以与自己有关联的视角去观察万事万物。人类生来是不会从外在于自己的角度去考虑他人的权利、需要和感受，也不会去考虑他人的观点，也看不到自己观点的局限性，只有经过特殊规训，才会清楚地意识到这种自我中心主义及其影响，在思考中，人们往往不会运用理性标准，而是自然地使用自我中心的心理标准，来确定相信什么、拒绝什么、选择什么，人们希望满足自己的利益，而不会关心如何保护他人的权利和欲望，我们通常不愿意主动放弃自己的欲望而来满足他人的需求，人类这种利己性的思考倾向于通过狭隘的自私角度来观察世界，导致难以形成一种合理的、高阶的思考品质，并成为发展批判性思考的最大障碍。

假如人类思考天生习惯于非理性，表现为控制性的以及服从性的或破坏性的利己功能，但同时它也具备理性能力，表现为自知的能力，尽管习惯于长期以来的伪善和矛盾，但我们能够向更大的完整性和一致性迈进，人类可以通过自律和学习来发展理性思考的能力，并逐步遏制对理性思考的不解和偏见，人类可以通过规训不断质疑自己"所知道的""所拥有的"，以避免不加批判地接受某种观点，而是会习惯于通过理性思考后加以批判性地接受。人类天生具备这样一种潜力，即能形成合理的思想并借此抵制纠正利己性思考的模式，逐渐构成一种灵活的、相互尊重的、有条理的、符合道德的理性思考。

2. 理性思考的几个维度

（1）独特性，即与他人有着不同的见解和认识，敢于挑战既定的传统和习惯，敢于主动否定自己，突破自己的思维局限，破除自我束缚。

（2）联动性，即由此及彼的能力，通常有纵向联动、横向连动和逆向联动等三种形式。

（3）多向性，即从不同角度思考问题，也就是通常意义的发散思维、求异思维和逆向思维等。

（4）跳跃性，表现为一种跳跃性思维，常常省略思维步骤，加快思维的速度和进程，在思维条件上突破事物可限度的限制，迅速完成向思维成果的转化。

（5）融合性，就是通常意义的综合思维能力。

理性思考的特质如图 7–3 所示。

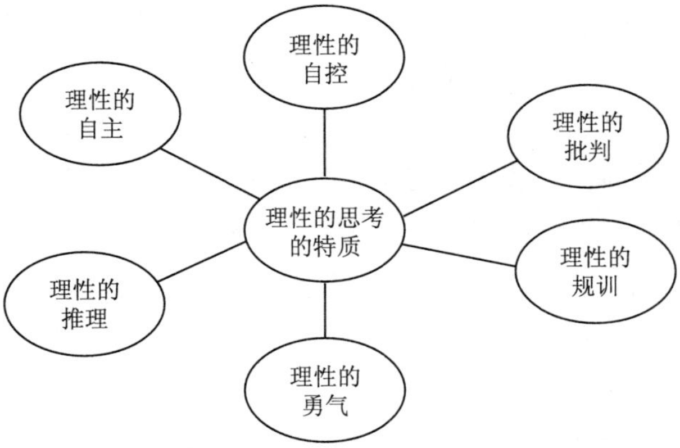

图7–3　理性思考的特质

3. 理性思考的逻辑起点

（1）引导学生有根据地思考。例如，“为什么这样的结论会受到抨击？”“这一结论在什么样的社会背景下产生的？”等。激发学生探究问题的内驱力，并以此作为教学的最终目标之一。

（2）引导学生有条理地思考。在课堂教学中，问题是课堂教学的灵魂，是师生真正互动的最佳媒介。问题是学习的主线，起到提纲挈领的作用。教师围绕知识主线提出问题，引导学生根据问题特点、问题情境、思考对象进行有条不紊的、层层深入的思考。教师善于将教学内容中的关键点转变为学生头脑中的困惑和问题，善于引导学生思考细节部分，如,“某学说的历史演进如何？”“这一学说核心的观点有哪些？”“你的见解是什么？”等。

（3）引导学生批判地思考。例如，“前人做过哪些研究、所做的研究有何局限？”“案例中的观点有哪些不完善之处？”等。

（4）引导学生探究性地思考。寻根究底，激发扩散思维。运用联想、类比、举例、比较等方法，鼓励学生逆向思维，激发想象，促发灵感。

（5）引导学生自省式反思。反思，就是跟自己辩论。自省是人对自己心理活动和外在行为的自我观察、自我感悟、自我体验、自我判断以及自我完善的一种心理存在和活动的方式。课堂上可以引导学生自省式思考，例如，“我的视角有何局限？”“我为什么没有这样的视野？”“我的欠缺在哪里？”等。

（6）引导学生有勇气地思考。有勇气的思考，是指能够充分认识到，需要面对并公正地处理一些想法、信念或者观点，即使是对之有着强烈的抵触情绪。有时学生会体会到内心的恐惧，这种内心恐惧成为我们思想中的障碍，阻碍着我们公正、理性、合理地思考，此时需要有勇气战胜这种恐惧。

7.3.2　主体学习

1. 马克思对人的主体性的论述

主体性问题是西方近代哲学的主要问题，各哲学流派对于人的主体性抱有不同的理解和主张。笛卡儿、康德、黑格尔等西方理性主义者指出，人是思维的主体，强调个体思维的主观能动性;存在主义、生命哲学等非理性主义者强调个体的意志、直觉、情感体验,强调个性差异和生命体验;人本主义者强调人的潜能、价值、意义、自我实现等方面的重要性,不同的哲学流派从社会存在、生命存在、精神存在等不同的视角来认识人的主体性,丰富了人们对主体性的认知。马克思在对黑格尔及费尔巴哈的思想进行批判性地继承吸收的同时,提出了自己的观点,即认为人是对象性的、感性的存在物,应该将人放在现实生活中去探究,人是有生命的、具体的、活生生的感性的生命体,同时这种感性是实践的、人类感性的活动。因此"人的本质并不是单个人所固有的抽象物,实际上,它是一切社会关系的总和"①"主体和人是就不同方面而言的,前者主要是从活动方面,后者主要是从存在方面,分别反映人的不同性质,因而在使用中并不能随意地代换"②"人直接的是自然存在物。人作为自然存在物,而且作为有生命的自然存在物,一方面具有自然力、生命力,是能动的自然存在物;这些力量作为天赋和才能、作为欲望存在于人身上。另一方面,人作为自然的、肉体的、感性的、对象性的存在物,同动植物一样,是受动的、受制约的和受限制的存在物。"③人又具有能动性、突破性、超越性,通过自己的对象性活动来满足自己的生存需要和发展价值。正如马克思所说:"人作为对象性的、感性的存在物,是一个受动的存在物;因为它感到自己是受动的,所以是一个有激情的存在物。激情、热情是人强烈追求自己的对象的本质力量。"④人对自然界的依赖离不开人与人之间、人与社会之间的相互作用与相互交往。马克思说:"凡是有某种关系存在的地方,这种关系都是为我而存在的;动物不对什么东西发生'关系',而且根本没有'关系';对于动物来说,它对他物的关系不是作为关系存在的。"⑤

马克思所说的以"人的依赖关系(起初完全是自然发生的),是最初的社会形态,在这种形态下,人的生产能力只是在狭窄的范围内和孤立的地点上发展着。以物的依赖性为基础的人的独立性,是第二大形态,在这种形态下,才形成普遍的社会物质交换,全面的关系,多方面的需求以及全面的能力体系。建立在个人全面发展和他们共同的社会生产能力成为他们的社会财富这一基础上的自由个性,是第三个阶段。"⑥这段社会形态发展理论深刻揭示了人的主体性发展的三个阶段,马克思关于人的主体性的阐述非常深刻和全面。

第一,他在论述人的主动性、创造性的同时,也论述了对自然的超越性和依赖性。人对自然具有超越性表明人作为未特定化存在的能动的特性,体现人的活动是一个永无止境的、指向未来的创造性过程,但人的主动性、能动性不能毫无限制,因为人是对象性的存在物,对对象的依赖和对象对人的限制和约束个体改造对象的前提。人对自然界的依赖不是单纯生物学意义上的,更蕴含着社会的、文化的人类学意义,人对自然界的依赖,是为了"把整个自然界——最先作为人的直接的生活资料,然后作为个体生命活动的材料、对

① 马克思恩格斯全集(第3卷)[M].北京:人民出版社,1960:5.
② 高清海.主体呼唤的历史根据和时代内涵[J].中国社会科学,1994(4):90.
③ 马克思恩格斯全集(第42卷)[M].北京:人民出版社,1979:167.
④ 马克思恩格斯全集(第42卷)[M].北京:人民出版社,1979:169.
⑤ 马克思恩格斯全集(第3卷)[M].北京:人民出版社,1960:34.
⑥ 马克思恩格斯全集(第46卷)(上)[M].北京:人民出版社,1979:104.

象和工具——变成人的无机的身体”①，并最终形成一个属人的世界。

第二，马克思在论述到人的主体性时，是放在人与社会的更广泛的关系中来谈的，社会是人的社会，人是社会的人，人构成社会的基础，社会是人存在的形式。人既是历史的始作俑者，是历史的创作者，也是历史的经历者，从社会演变和发展来看，归根到底是个体实践在不同的历史阶段的产物，而社会一旦形成，人的发展又受到社会的制约，受制于社会的各种法则，但人的伟大和能动之处正在于人不仅服从社会的法则，还能自觉地改造社会，主体性地超越社会。“人当然不仅关心人自身，也关心人以外的事和世界，但人对外部事物和外部世界的关照，无论是其出发点还是其最终归宿，都是人自身”。②

第三，马克思还揭示出了主体性发展的动力，即个体和社会的实践活动，“环境的改变和人的活动的一致，只能被看作是并合理地理解为革命的实践”③，同时主体性发展程度取决于主体实践活动内容的丰富性、完整性、可变动性以及实践方式和实践手段等，马克思指出：“个人怎样表现自己的生活，他们自己也就怎样。因此，他们是什么样的，这同他们的生产是一致的——既和他们生产什么一致，又和他们怎样生产一致。”④

2. 自主学习

存在主义认为，人与人之间有两种关系：一种是“我—他”关系，还有一种是“我—你”关系，前者是把他人视为客体，后者是把关系中的双方视为主体，存在主义教学哲学是反对把教学活动建立在“我—他”关系中的，倡导师生都是教学主体，是在“我—你”关系中形成的一种平等、民主、独立的教学关系，帮助学生按照个人意愿选择学习和生活的道路，并激发他们去发现生活的永恒价值，让学生成为学习的主体，大胆地理解所学知识，深刻认识自己的思想感情，完成自我的实现和超越。

保罗·弗莱雷在其《被压迫者教育学》中阐述了这种灌输式教学的表现：教师教，学生被教；教师无所不知，学生一无所知；教师思考，学生被考虑；教师讲，学生听——温顺地听；教师制定纪律，学生遵守纪律；教师作出选择并将选择强加于学生，学生唯命是从；教师作出行动，学生则幻想通过教师的行动而行动；教师选择学习内容，学生（没人征求其意见）适应学习内容；教师把自己作为学生的对立面，建立起专业权威，与知识权威混为一谈；教师是学习过程的主体，而学生只纯粹是客体。⑤从大学生生理和心理发展的特点来看，他们正处于身体和心理发展的成熟期，精力旺盛，具有从事独立学习、承担重任的体格，同时其抽象逻辑思维和辩证逻辑思维都日趋成熟，其思维具有潜在的独立性、全面性和批判性，这就促使大学生主体批判性学习、主动地参与教学成为可能。学生应该成为教学过程中的重要角色，不再是教学的“局外人”和“边缘人”，正因为如此，他们在教学过程中就要发挥作用，主动地参与教学，在教师的引导下，积极、主动地对

① 马克思恩格斯全集（第42卷）[M]. 北京：人民出版社，1979：95.

② 欧阳康. 中西哲学比较与当前中国的人学研究[J]. 中国社会科学，1998（1）：25.

③ 马克思恩格斯全集（第3卷）[M]. 北京：人民出版社，1960：4.

④ 马克思恩格斯全集（第3卷）[M]. 北京：人民出版社，1960：24.

⑤ 弗莱雷. 被压迫者教育学[M]. 顾建新，等，译. 上海：华东师范大学出版社，2001：25-26.

知识进行内化，完成自我的建构，从而使自己在知、情、意、行等方面获得全面的发展。

将大学生置于一种个体突出的、生动活泼互动的情境。在这样的情境，学生拥有了更多的选择的权利，能够积极地建构学习意义，为自己的学习活动承担更大的责任，自主选择和挖掘自己的潜能，这有利于自我调节、自我控制、自我激励和自我反馈。从此，学习告别了划一、单向的时代而走向个性化的新天地，学习者由被动转向主动、由旁观转向主体、由接受转向发现、由解疑转向发问，由被动学习转向主动学习。

7.3.3 自由探究

1927 年，弗赖堡大学海德格尔教授发表了《存在与时间》，而后雅斯贝尔斯又出版了《生存哲学》，这些标志着存在主义在德国的诞生。存在主义（Existentialism）一词来源于拉丁文“Existentia”，意为存在、生存、实存。海德格尔把人的存在视为人的真正本质，没有了人的存在，其他一切的存在就变得毫无意义。

自由是存在主义的观念，人是自由的，自由选择决定自己的未来。自由探究的理论基础是人性善和人具有自我指导的能力。苏霍姆林斯基认为，只有让学生不把全部的时间都用在学习上，而留下许多自己自由支配的时间，他们才能顺利地学习。对于大学生来说，自由支配的时间尤为重要，在自由的时空里，学生可以展开思想的翅膀自由地飞翔，如果他们每天的时间都被各种课程占用，根本没有机会自己进行独立的思考，而要让大学生成为真正的思考者，就要让他们拥有更多自由的时间和空间，使他们独立自主地探究事物。

1969 年，罗杰斯出版了《学习的自由》一书，他认为教师绝不能采用权威式的教学方式，真正良好的教学设计师，给予学生充分的自由，让他自己去发现属于他自己的真理与智慧，真理与智慧永远蕴藏于尚未被发现的知识的背后，教师应该带领学生合力去挖掘探索。

存在主义哲学的自由观对教育影响最大的是以下几种：一是指个人是绝对自由的，二是指个人有选择的权利，三是指个人对自己的选择负责，四是指人人都有超越自我的潜力。人的自由选择造就了人的本质，教育的目的应该为每一个具体的个别人服务，帮助他不顾公众的压力和社会的习俗作出自己的选择，去过自己的生活，并使他做一个对自己负责的人。正如美国未来学家尼古拉·尼葛洛·庞蒂所说，后信息时代将摒弃地理位置的限制，数字化的生活已经越来越不需要依赖特定的时间和地点，主体之间的交往可以不在同一时间和地点上进行，不同民族、不同国家、不同地域、不同文化背景的人可以通过网络平台进行异地的实时交流，作为个体的人真正地走向了世界历史性的存在，“数字化生存使他挣脱了时间、空间的限制和‘原子’的束缚，得以遨游更为广阔的世界，接触更广泛的人群”①。网络社会使人的主体能力大大提升。网络社会的重要资源是信息，网络社会本身也是一个信息化的社会，信息成为参与创造价值的最重要的资源，通过互联网，信息可以变成共享的财富，几乎可以通过网络找到自己所需要的任何信息或资料，

① 庞蒂. 数字化生存[M]. 胡泳，译. 海口：海南出版社，1996：7.

学习自己想学的各种知识，学习不再受时间和空间的限制，自由地探索、自由地学习导致学习和工作效率大大提高。

7.4 课堂生态的平衡

依据生态学原理，课堂教学是一种生态现象，是以促进课堂教学、学术成长和人格养成为目的的生态进化过程。课堂教学的生态环境是一个多维的生态网络，包括自然、社会、人文、经济、生理、心理等多种环境因素相互交叉、相互渗透而形成的复合生态系统。课堂教学与其生态环境构成了一个有机的、系统的、密切的生态系统，就是对师生的教学现状和发展条件产生制约和控制作用的多维空间和多元环境，其运行规律也就是课堂教学的活动规律。课堂教学的生态平衡是一种动态平衡，能使教育生态系统保持其结构和功能的相对稳定性，教育生态系统的稳定状态并不是静止不变的，而是处于相对稳定中的不断变化发展，相对而言，教育生态系统各种因子的变化如果超越其自动调节能力，就会突破旧的稳定态转向新的稳定态，这取决于教育生态系统的自我维持和自我调节功能；按照生态平衡的规律，可以通过人为的干预，建构有利于教育生态系统发展的生态平衡。因为“人类是站在他所在的生态系统的最高控制点上——生态系统就受人类有节奏的发展文化的脉冲所控制”[①]。教育生态学中的耐度定律、花盆效应及生态位原理为课堂教学提供了新的研究视角，即学校行政管理目标与师生个体的发展相结合，构建多元开放的课堂教学生态化成长发展。

7.4.1 保持生态平衡

生态平衡是指生态系统在一定时期内使其在结构、功能和能量等方面保持相对的稳定，是衡量生态系统健康与否的重要指标。教育生态平衡意识，是一种对教育生态系统自身生存与发展的总体认识，尤其是一种关乎教育生态系统生存与持续发展的危机意识。当前课堂教学的生态系统存在与发展过程中的种种生态问题，涉及教学生态系统与若干环境要素之间平衡关系的危机，涉及教学生态系统内部之间平衡的危机，以及课堂教学生态主体自身的存在与发展方面的危机。

1. 课堂教学的动态平衡

动态平衡是生态学的核心和灵魂。以马克思主义观点为基础，宇宙一切事物最根本的属性就是运动变化，课堂教学生态系统的各子系统以及各生态因子的动态发展变化都遵循着物质运动的一般规律，强调运动与平衡的统一。所以从某种程度去分析，不平衡现象是常态，而平衡现象则是非常态，平衡是相对的、暂时的、动态的，貌似平衡的动态平衡存在于所有的生态系统中。课堂教学的动态平衡实质是要关注平衡和不平衡现象，要让师生在所有平衡和不平衡的环境中充分利用现有资源，促进自身专业成长。

① 奥德姆. 系统生态学[M].蒋有绪，徐德应，等，译. 北京：科学出版社，1993：607.

基于生态学的观点，师生在教学活动中与教育和社会环境不断进行着物质、能量和信息的交换，其专业知识、专业技能和专业情感等因素不是静止不变的，也不是相互割裂的，而是动态变化的，是相互融合相互统整的，是在教学活动中不断地追求整体优化，在促进师生专业知识积累、专业能力提升和专业情感内涵丰富的同时，实现教师专业发展和学生全面成长的动态平衡和协调发展。

第一，师生要与他人开展反思性、批判性的对话，这里的他人包括教研室同事、学生、学校领导以及家长和社区人士等。这种对话实现了多种视域的沟通、交互和融合，致力于激活思维，生成新知，产生“视界融合”，实践自身的教学理念，不断地为真理的探求开辟着新的可能性。

第二，师生要进行自我反思性对话，使自己成长为批判反思型教师。师生长期形成的习惯性的教育理念决定着自己思考和行动的框架，是课堂教学实践的潜在假设，构成来自于主体的严峻挑战。真诚地面对自己，坦然地认识自己，反思和批判自己先验的教学假设，客观地审视自己的教学行为，是师生不断共同发展的内在动力。

2. 课堂教学的可持续发展

可持续发展是一种新的社会发展观，它的基本含义是保证人类社会具有长远的持续发展的能力。可持续发展为既满足当代人的需要，又不会损害子孙后代满足其需要之能力的发展，自然生态平衡是可持续发展的基本内容，引申到教育领域，教育既要满足当前社会对教育的实际需求，又要满足未来社会对教育的可能需求。何为教学的可持续发展？简言之，教学的可持续发展就是能够保证课堂教学的稳定、协调、有序、高效运行的所有条件和因素的总和，一方面表现为对教育运行规律的高度尊重、对教育与社会经济文化发展的高度重视、对教育所赖以生存资源的珍视、对不断健全的教育制度的关注等，另一方面表现为关注对人的价值的人文关怀、对师生现实生活和未来发展的极大重视和预知。

可持续发展观，是可持续发展原生的也是最基本的内容，就是把当下的发展与未来的发展紧密结合起来，以未来发展的可能性作为制定当代发展战略的前提。课堂教学的可持续发展是指促进师生与外部环境的自然、和谐相处，实现经济繁荣、社会稳定、人口数量、质量与社会资源、环境相协调，强调教师、社会与自然的良性循环和协调发展，其核心价值是全面、协调、和谐、稳定的共同发展。课堂教学的可持续发展可以从两方面理解，即从促进社会发展和教师自身成长。

第一，促进社会发展的可持续发展是指通过教师对科学知识和信息技术的理解、对世界的理解以及人类的相互理解，弘扬“不唯上、不唯书、只唯实”的科学精神，克服浮躁冒进、急功近利的学风，坚决制止拜金主义、个人主义等影响校园生态平衡的不良习气，培养和促进学生全面发展，提高人口素质，优化全民素养。

第二，课堂教学的可持续发展表现为通过对自身知识结构、教学理念、职业特质等方面不断变革和更新，陶冶自身情操，学会认知，学会做事，学会共同生活，从而履行教学中的真正任务，使自身实现专业的、学术的健康、持续、动态的发展。

7.4.2 超越生态困境

作为教育生态的主体，教学一直处在自身与外部环境的平衡—不平衡—新的平衡的矛盾运动中寻求不断发展。在此过程中，教学所遇到的冲突和挑战是指以下方面。

第一，师生角色转换的困难。师生角色地位转换困难便是其中的较为薄弱的冲突体现，教师到底应该扮演怎样的角色？是教员、领导者，还是青少年的朋友、心理保健者、顾问、协调者等？总之，教师应突破传统的角色，成为教学促进者、研究者、决策者和实施者。

第二，课堂教学指导的缺失。在教学活动中，教师难免会遇到这样或那样的新问题或新情况，需要专家的引领和指导，包括对旧的教学思想、教育方法的扬弃，对新的教学理念的领悟和掌握，对新的教学方法的实施。

第三，课堂教学技术的缺乏。课堂教学是师生、生生之间多边的交互活动，需要借助录音、录像、光盘、计算机等多媒体才能提高传递的有效性，以提高教学效率。

第四，课程教学资源的匮乏。表现为师生缺乏相应的情感、态度、价值观以及培养目标等，缺乏实施课程的必要而直接的条件，如与课程实施有关的人力、物力和财力以及时间、地点、媒体、设备和环境。

只有正确认识课程的状况，才能保证各种新的教学思想、方法的运用，为师生专业化发展提供条件。教师和学生要不断地超越生态困境，从冲突到竞争与适应，从个体到共生与发展。

1. 从冲突到竞争与适应

生态学中的适应与发展，是生态过程中相互联系的两个方面。适应指的是生物有机体对其周围环境的适应，既包括有机体通过改变环境，使环境的发展有利于自身生存的方面，也包括有机体通过自身结构、生活习性、成长机制等多方面的改变而达到适合生长环境条件的层面。发展是针对生态主体本身而言，指的是生物有机体在其与环境的相互作用过程中，自身大小、形态、功能、特性等方面不断发生改变的过程。通过自身的发展来适应环境，是有机体适应环境的一种重要方式。

在社会生态系统中，教师和学生的适应发展的深刻含义在于：它是一种渐进的、有序的、系统的教师知识和学术、人格等多维度的完善过程。师生对环境的适应，既包括师生对教育生态系统外部自然环境和社会环境、规范环境等各种生态环境的顺应和同化，也包括个体对学校内部生态环境的顺应和同化，一方面是指师生在其与环境发生相互作用的过程中，将客观环境纳入自身已有认知结构或行为模式中的过程；另一方面是指当师生原有的认知结构或行为模式已不能适应新的环境时，师生便调整原有的认知结构或行为模式，以适应环境的变化的过程，并同时促进自身发展。

从根本上讲，课堂教学生态平衡的可持续发展的目标在于，协调好自身与自然环境、自身与社会、当下与未来、局部与整体、效益与效率，以及学校、家庭、社会、国家之间的复杂的生态冲突关系，实现生态系统环境合理、和谐、高效、规范的健康的适应和发展。

2. 从个体到共生与发展

课堂教学的生态化发展表现为课堂教学中教师和学生从个体到共生与发展，这种关联是在教育生态主体与环境的互动过程中发生的。共生，指的是两种主体之间任何形式的共同生活，体现为一种共依共存的关系。从广义上说，生活在一起的任何两个物种或群体之间的联合，由于它们享有共同的生存空间，所有各种形式的种群间相互作用，甚至竞争，都是共存关系。各个组成部分之间相互联系相互依存，任何个体和组织都不可能脱离其他部分而存在，这种联系使系统达成一种平衡的秩序。

要很好地实现师生共同发展，从个体到共存与竞争，“教师—学生—教学—环境”这一复合型的生态系统必须更加合理、有效地运行，生活在同一群落的同种或异种生物利用共同的资源，而当资源不足、资源匮乏无法满足所有生物的需求时便会出现竞争。当然竞争本身也是为了发展，对于教育生态主体来说，优化内部生态环境，提高自身适应环境的能力，也是提高竞争力，获得持续发展的重要方面。竞争不仅存在于作为生态主体的教育组织之间，更存在于教育组织内部的各成员之间，如教师之间，特别是正在成长着的学生之间。在这种竞争的过程中，教育生态秩序的原有平衡被打破，资源重新分配、空间格局重新划分，直至形成新的教师发展的平衡与秩序。教育资源分配生态化，正是在共存与竞争的交替作用中得以建构形成的，在学校教育过程中，应当提倡正当的、合理的竞争，并以此促进教学工作正常有序的开展，促进教师和学生在认知、态度、价值、情感等各方面的全面发展。

大学课堂中，师生的共存与竞争是教育生态系统中既相互对立又相互联系的两种力量，在教师发展中，只有形成良性竞争才能有利于整个教育生态系统的发展，即竞争的归宿归根结底要落在共存上。竞争仅仅是手段，而最终目的是为了师生更好地在同一生态系统内形成彼此合作的关系，在竞争中得到共存。如何在教育生态有机体的整体环境中找到自身发展的最合适位置，找到适应于竞争、共生与发展之间关系的平衡点是超越生态困境的关键。

第8章

结论：大学课堂教学真善美

> 鸟儿胸前带着棘刺，它遵循着一个不可改变的法则，她被不知其名的东西刺穿身体，被驱赶着，歌唱着死去。在那荆棘刺进的一瞬，她没有意识到死之将临。她只是唱着、唱着，直到生命耗尽，再也唱不出一个音符。但是，当我们把棘刺扎进胸膛时，我们是知道的，我们是明明白白的。然而，我们却依然要这样做，我们依然把棘刺扎进胸膛。
>
> —— 考琳·麦卡洛：《荆棘鸟》

在教育领域中，教学活动很多时候把活生生的个体当作预设目标去培养，而并非顺应个体自身内部特性发展去培养，很显然湮没了其个体存在的特殊性。人在某种抽象意义上被称为完人、真善美的化身。大学教育目的和教学目标只关注人的外在性、规定性，学生每天将自己装扮成貌似高尚的人、完美的人。在此种状态下，学生每天的心弦都绷得很紧，精神每天都高度紧张，他们的心灵与身体每天都生活在不轻松的环境中，并要承受来自各方的巨大压力。学生的大脑被视为一个容器，盛放各种各样的东西，视为优秀的各种品质则被置于这个容器，进行搅拌加工，冠之以有机与和谐相结合之名，并以全面、完整发展的面目出现。教育就“同于灌注香肠，只需朝里面灌满各种现实规定性即可了事” 。现实生活中的每个个体都是社会发展的重要动力，离开个体的现实发展，社会的

鲁洁. 实然与应然两重性：教育学的一种人性假设[J]. 华东师范大学学报（教育科学版），1998（4）：1-8.

发展就是不可理解和毫无意义的了。

“教育中的德智体等全面发展的内容，主要是指个体符合特殊社会目的与集体的工具性的职能素质，并不是从个体的内在需要和生活本体出发的，即不是以人为目的的。”① 现今的教育理论是从弘扬人出发，以人为基点，但最终归于对人的压抑。如此一来，因为存在各种各样对个性发展的束缚，同时大学课堂教学存在各种危机，所以全面发展、均衡发展、和谐发展便成为所谓的理想主义。而要摆脱各种教学危机，避免出现各种后果，教育以及教学活动要致力于把每一个个体塑造成一个趋向于真、善和美三者和谐统一的、健全的人，真、善、美是人类一切美好品质的集中体现。

8.1 在质疑教学中求真

“真”主要体现为两种含义：一是人们的认识符合事物的客观规律，是认识范畴内辨别是非的标准，二是人们认为“人”为人为事的原则。它通常是以概念判断、逻辑推理、演绎证明等方式作为呈现手段。把“真”界定为人们认识事物客观规律、事物的内在本质和为人的真诚的原则，这是一般意义上的“真”，那么在教育时空和教学领域中的“真”又如何体现呢？“真”是指人对现象或事物的态度，那么在教育时空中的“真”应该是指教育者和受教育者的“真”。学生的“真”是教师的“真”的动力、基础和缘由。如果学生不能展示真实的需求和愿望，那么教师的真实就没有“动力”和“燃料”，就难以体现教师之“真”的存在。质疑的教学理念特别注重将人视为积极能动，有思想的人，在质疑的教学中追求真实、真诚，主张师生不隐藏自己内心真实的看法，大胆表达真实的思想，而要实现这一目的，走向解放是其基础，走向批判是其手段。

8.1.1 走向解放

“人的解放”问题是马克思人学着重讨论的重要问题。对这一问题探讨的直接理论成果是马克思关于人的解放理论以及在此基础上所构建的人的全面发展学说。在《德法年鉴》的文章中，马克思最早使用“人的解放”概念，在其唯物史观建立过程中他一直关注“人的解放”的问题。在批判性地继承和吸收前人人本主义思想，特别是费尔巴哈的人本主义思想的基础上，马克思创建了自己的“人的解放”理论。在他看来，人的解放指人摆脱物的役使和精神的枷锁而达到心灵的自主和生活中的自由，从而可以获得创造、发展。所谓摆脱“物的役使和精神的枷锁”，指摆脱不良的生产关系和异化劳动，从而做劳动的主人、生产关系的主人，尤其是自己的主人，即达到精神和实际生活中的自主及创造、发展。

解放自产生之日起，就与自由、民主结下不解之缘。自由与民主是教学走向解放的基本手段和重要保证。走向解放的教学是指在教学实践活动中师生的身心解放，使其展

① 金生鈜. 教育的多元价值取向与公民的培养[J]. 教育理论与实践，2000（8）：2-8.

现各自真实的面貌。解放意味着个体主体性的彰显，在很大程度上拥有个体的自由。走向解放的教学首先是自由的教学。所谓自由教学，就教学自身而言，是符合自身发展规律的自由的存在状态，有助于打破师生某些思维定式的束缚，实施师生关系的和谐发展，使师生双方真正走向相互对话。走向解放的教学不仅意味着教学活动的自由开展、教学过程的井然有序，还意味着师生双方在教学活动中享有主体的自主思想或行为状态。走向解放的教学也体现为民主的教学。所谓民主的教学，主要指教学打破权威与压制，消解"话语霸权"。"话语霸权"主要指"教师因其对知识的控制而成为知识的权威，在对话中居于支配地位"①。这一行为表现主要由以下两方面因素所致：一是源于"闻道有先后，术业有专攻"传统思想，教师是课堂的主导，知识的权威，对知识具有绝对控制；二是源于"师道尊严"思想，教师是师生关系中的权威。"话语霸权"会导致师生关系失衡，教师牵制、掌控学生的言行甚至思维，致使学生没有学习的主动权，更没有质疑的自由。

走向解放的教学是求真的基础，意味着在教学活动中采取合作和对话，消解霸权与特权，趋向公平与民主，具体表现为师生享有平等的教育权利，教学具有民主的师生关系等，促使教学日益成为"真"的教学。

8.1.2 走向批判

认为，大学是独立思想或批判中心。批判理论是20世纪二三十年代在德国兴起的人文主义哲学思潮。美国教育学者高尔（Joyce P. Gall）关于"批判理论研究"的定义揭露了不同文化中以及全世界范围内不平等权利关系的有害影响的研究，并未论及批判理论的本质，因为批判理论主旨在于把人从奴役中解放出来，以求社会合理和个人幸福。批判理论关注人的价值，将促进人的自主和解放作为理论建构的目的，它蕴含着极其丰富的人文主义情怀。批判理论对科技主宰和工具理性的反思与批判、对权威的否定与质疑，对大学教学活动具有重要意义。

就其本质而言，批判是对事物的否定，再否定，然后上升到肯定。走向批判的教学是求真的一种重要手段，学生在与教师、教材文本的对话交流中，趋向于质疑的"权威"发言、趋向于质疑教材文本的所谓"真理"，趋向于用"否定"的眼光看待事物，在"否定"中，学生的自我意识不断唤醒，主体意识不断增强，思维日益敏捷，视角更加独特，精神日益充实，学习更加主动；在"否定"中，学生不断地追问、思索、探究，不断发现"问题"的价值，主动提出"问题"；在"否定"中，学生的质疑能力得以提高，创造性的潜能得以开发，个人的主体性得以发展；感受着自我价值的升华和完善，体验着自我创造带来的快乐。无视权威，学生的探索就可以不用循规蹈矩，不用在教师预设的"轨道"上运行，而是寻求"越轨"的思维刺激。

走向批判的教学主张的不仅是师生之间的交融式、对话式、质疑式的教学方法，也鼓励学生之间质疑问难的学习方法，形成了一种良好的"对话与交流"的学习氛围。走

① 李其龙. 解放教育[J]. 全球教育展望，2001（8）.

向批判的教学是指对教学内容的真理性、教学思想的开放性及独立性的追求，它可以激发、引导个体形成批判性思维意识，促使个体用审视的眼光来看待问题。批判精神包含独立自主、充满自信、头脑开放、不迷信权威、善于思考、尊重他人等几大要素。走向批判的教学，首先要激发学生产生疑虑、发现困惑、提出问题，以此反映一种“真”的教学，以便培养学生问难质疑的个性品质。对于学生来说，课堂教学过程不是一个简单的接受知识和信息的过程，而是一个探索的过程，是一个不断发现问题、提出问题、解决问题的过程。教师要尽可能创设有利于学生发现问题、提出问题的教学情境，引导学生自主思考、自由探索，逐步养成独立学习的习惯，使每个学生善于挖掘平常意义的事物和现象中存有疑虑的地方，主动积极地探究自身感到怀疑的一切现象。通常意义的质疑是学生批判意识的外在表现，敢于提出问题是一种可贵的探索求知的精神，学生心中有了困惑才会思考，才会有自觉性、主动性和积极性。

批判的本意就是全面而深刻的评价，它源于批判者个人真实而坦然的信念，源于批判者自身的社会良知，源于批判者内心深处对历史、文化、民族以及未来的使命感、责任感。在教育理论上，批判已被视为一种反思、一种对已经走过的路和已做完的事的反思。其目的并不在于简单地否定或推翻一切，而是为了继续发展，其任务不仅是分析事物与过程，而且要对所分析的事实作出价值判断。美国批判教育学专家吉鲁（Henry Giroux）呼吁通过教育造就一批具有批判能力的公民，使公民能够认识、理清并挑战既定文化的独霸性及其集权性。[①]《世界高等教育宣言》中指出，不仅培养学生的批判性思维和创造性思维，使学生能够以批判方式思考和分析社会问题，而且应强调高等院校及其师生应当完全独立而又充分负责地就社会问题、学校文化和教学伦理等坦诚地发表自己的意见，通过不断分析社会、政治、经济、文化等发展趋势，不断增强大学的批判功能和前瞻功能并成为预测、警报和预防的中心，使得师生个人成为有批判有质疑能力的个体，使教学逐步完成求真的使命。

质疑，实质上是对原有的思考和结论采取批判的态度，并不断地予以完善的过程，是一种批判性的求真方法，让学生有更多成功的体验。在走向批判的教学过程中，教师要善于营造培养学生批判精神的适宜氛围，让学生不唯师，不唯上，不唯书，敢于挑战教师的“权威性”和“真理性”知识，促使其敢想、敢思、敢说、敢问，善于思考、乐于思考、勇于表达。“假如学校里游荡着权威的幽灵，对此学生也不反抗的话，那么权威的思想将深深地印在他们稚嫩可塑的本质里，而几乎不可变更。将来这样的学生在意识里只知道服从与固执，却不懂得怎样自由地生活”[②]。培养大学生以无畏的心态挑战权威，揭去权威不可冒犯的威严的外壳，展示一种真实的教学，让学生的心灵不再压抑，而是时刻处在一种真实放松的境遇，师生以诚相待，就某某事情表达真实的想法和真实的行为，哪怕是不一致的看法，不弄虚作假，自欺欺人，诚实的举动能够使得师生关系和谐，能使人与人之间充满情谊、欢乐和亲密，而虚假行为会导致不真实教学，极易造成人与人

① 陆有铨.躁动的百年——20世纪的教育历程[M].济南：山东教育出版社，1997：170.
② 雅斯贝尔斯.什么是教育[M].邹进，译.北京：生活·读书·新知三联书店，1991：56.

之间的误会、隔阂、冲突、对抗乃至分裂。真诚的行为，求真的教学，可以使学生容易走向进步和健康的学习和生活的轨道。

8.2 在师生互动中求善

求善，是中国思想家们最大的一贯追求，求善，就是要以爱人、利人为本看待和处理各种人际关系、社会关系，善规定了事物存在的价值和意义。善是一切符合道德目的、道德最高标准的伦理行为，也是一切符合增强社会和每个个体的利益总和的伦理行为。课堂教学是教师、学生、教学内容、教学技术等四者之间多向交流和互动，是一种立体的、循环的交流模式，而不是简单的灌输或直线式的交流，在这种互动的交流中追求善。

8.2.1 止于至善

《大学》开篇即是："大学之道，在明明德，在亲民，在止于至善。""至善"既是绝对的、无限的，又是相对的、有限的发展过程。对善的崇尚和追求不但是现代大学教学的最高理想，而且是人类历史发展的每一个阶段大学的精神追求，它是人类发展进程中理想与现实的统一。个体的生活、特定的历史时期存在于"至善"之中，"利他与利己"和"有利于人类和社会的行为"是对善的定义，是一切具备道德价值行为之总和，是一切伦理行为应该如何的总原则。

走向解放的教学是从"非解放"的教学脱胎而来的，这种蜕变与发展不是自然而然的，而是充满了相互抗争的，这种斗争始于对现实中压抑状态的反思与自我反思、批判与自我批判。美国学者唐纳德·舍恩在杜威思维理论的基础上又提出"反思性教学"。他认为教师所面临的教学情境总是复杂的、独特的，甚至充斥着理念不一致和价值冲突，而这种独特的、开放的教学情境是不确定的，是任何理论都难以阐述和说明的，也是难以用已有的理论和技术去解决的。这就需要教师依靠他们自己的行动去解决他们所面临的这些情境性问题，从事反思性教学，而这也决定了教师必然成为一名"反思的实践者"。杜威认为，反思属于一种状态，是指思维处于怀疑、犹豫、困顿的状态，为了解决这种疑虑，消除和清除这种困惑所进行的一种搜集、思索、探究的行为。反思首先表现为一种心理状态和精神活动，其次表现为一种实践活动。在反思的活动中贯穿对善的追求，作为一种心理状态和精神活动，反思是对自身认知的了解、认知、调控与体验，并不是对知识和事物简单的回忆或回顾；作为一种实践活动，反思又具有探究性、发展性、自主性与创造性的特征。在这两种活动中，都同时体现了一种对善的追求，反映了崇高的道德价值。

师生互动是有效教学的前提，可以促进教学自身从自在、自发走向自主、自为，是一种真正的反思教学，从反思中求善，获取最高的伦理价值。求善的教学对人与社会、人与自然、人与人之间的关系产生重要影响，如果一直坚定善的理念、追逐善的理想、实践善的行为，那么人与人之间的关系就会呈现出协调、和谐与温馨，而个体与社会之间也能出现相互促进、共同进步，人与自然之间的关系才能消融"我—他"文化的诟病，而融入"我—你"世界的和谐秩序中。

8.2.2 以善育善

求善的最高宗旨在于进入人生的最高道德境界，使人达到一种境界，即一种仁义和圣德的境界，即大公无私、泽被天地的境界，即“利万物而不争”的境界，最终使人成为至善之人，这也是自古以来的教育目标。由于大学的社会责任首先在于“育人”，而非“制器”，意即大学要避免培养出机械呆板、缺乏生气、毫无创新的机器人，就必须教会学生质疑、反思和再质疑、再反思。教师必须在教学中思索如何从不合理不科学的制度束缚中解脱出来，从而具备知识分子的一种独立精神，并着力培养学生的质疑精神和反思能力，教师要先拥有在教学中求善的力量和勇气，才能将这种意念传授给学生。因此，大学教学应采取苏格拉底的对话式、启发式、辩证式、探询式的教学方法。美国学者赫钦斯反对将学生视为“储物柜”，对学生进行单向灌输，主张启发教学。他说：“虽然可以帮助人去学习，但人必须是自己学习。如果对他们进行灌输，就不可避免地违背了他们本性的发展规律。批评、讨论、质疑、辩论，乃是真正的教学方法。和助产术一样，教是一种合作的艺术。”[①] 大学教师的责任不是讲授，而是引导学生处于热烈的讨论中，使学生对内容发表看法，互相提问、质疑，教师也可参与到争辩和研讨中。

对善的理想追求、对善的理念守望和对善的行为期盼是人类社会的殷切希望，也是人类社会的最终愿望。通过在反思教学中的善的引导和鞭策，形成了人性善的特性。善，就是学会理解、体谅、宽容、关心，以及怎样善待自然、善待他人、善待自己和善待社会，具有关心、关怀的意识和品质，一个具有善的属性的人，肯定就是具有丰富关心品质的人。培养学生善的品质和气质，是教育教学中不可推卸的神圣追求，也是被人认可、赞美和追崇的学生应该具有的品质，更是教育自我走向发展、繁荣和富强的必由之路。走向反思的教学，促使教师和学生在互动交流中发现教与学中的诸多问题，为教学活动提供突破口，并进一步促进善的品质的培养。

8.3 在危机转化中求美

美是真与善的终极目标，求真和向善就是为了追求人性的美和生活的美。没有对美的追求，就没有人类的过去与今天，更没有人类的未来。无论是改造外部自然的活动，还是改造人自身以及由人所组成的社会的活动，都是人类对存在的不完美甚至是丑陋状态的抵制与反抗，都是人类对造成这种不完满与不完美状态的自然、社会环境的批判与改造。人类的发展史就是一部追求完美的历史，通过追求完美而对人的存在方式、存在内容和存在意义的不断反思。这种现实的、活生生的反思表现在理论形态上，就是对美的追求史，它从一个特定侧面反映了人类自身的文明进化历程，体现了人类自我提升、自我批判、自我实现的探索历程。

在市场经济和传统教育体制的冲击下，课堂教学堕入功利主义的旋涡，导致其“美”

① Hutchins. The Conflict in Education in a Democratic Society[M]. Harper& Brather，1953：96.

的消失。大学课堂教学的各种危机使课堂变得机械、沉闷和程式化，没有生机与乐趣，缺乏对智慧的挑战和对好奇心的刺激，使师生双方的生命力在课堂中难以得到充分展示，大学课堂教学的目标还依然是知识的传授而少了道德的教化和对美的追求；课堂教学的内容难以寻到美的踪迹；课堂教学的方法形式单一，以“灌”为主，很少感受到美感；教师在教学过程中体验不到教学激情，学生在学习中体会不到乐趣，对学习没有兴趣，从而产生厌学情绪，极易导致师生关系的紧张，同样的，在这种缺乏美和活力的课堂教学过程中，教师工作的艺术性和创造性消失殆尽，取而代之的是教师的职业倦怠和审美疲劳以及学生的厌学，诸如此类的教学危机导致师生身心疲惫，失去追求美的热情。教师的教和学生的学不能只是为了追求一串串的数字，而忽略教学过程中的教学智慧、人文关怀和情感艺术，而艺术为人们所喜闻乐见，其在教学中的力量是无穷的。教师通过运用教学智慧，在克服、转化大学课堂教学危机时借鉴艺术手段巧妙施教，能增加教学的美感，在教学中注重让学生体会到知识的逻辑美、理性美，能够很好地活跃课堂气氛，使学生在全身心学习的同时，还能得到艺术美的享受，增强学生的学习兴趣，变苦学为乐学，不断地挖掘美、创造美、运用美，体现出一种气质美、人格美，让学生美好地成长，让师生身心愉悦地进行教和学。

8.3.1　课堂之美

课堂教学作为一种社会活动体系，是教学研究的核心内容，是一种师生间、生生间的多重互动，其中涉及教师和学生双方的课堂行为。教学过程是师生间动态的互动行为，互动是具体可以观察到的师生行为相互作用的过程，它是在沟通的基础上，由一方的行为自然地引起对方的应对行为的过程。在课堂教学中，对师生互动行为的观察可以聚焦为两个层面：教师的教学活动与学生的学习活动。在课堂行为中，任何一方都是主体，都具有自我选择和自我控制的能力。要营造一个课堂的春天，需要教师努力付之于课堂的物理环境和心理环境的设置，让自己和学生能够共创、共享课堂的春天。

学校是学生学习活动的主要场所，教室又是学生在学校的主要活动场所，如何为学生创设一个安全、洁净、幽雅和舒适的安康教室已引起人们高度重视，并成为社会各界关注的热点话题。打造一个有序的物理环境在很大程度上关乎教师的教和学生的学。审视现有的课堂物理环境，高高的讲台、独立的讲桌，凸显教师在这个空间中的独特地位，整齐划一、方向一致的课桌，无疑显示出学生在这个空间中的规规矩矩。这样的物理学习环境，为教师中心的教学提供了得天独厚的物理条件，在很大程度上抑制了学生的主体性发挥，进而影响教学效果。传统的空间组织形式对处于不同位置的学生影响是不同的，由于传统课堂物理环境的难以重组性，因此很大程度地压制了师生之间、生生之间的互动。营造课堂的春天，必须意识到学生和教师是课堂物理学习环境的主体。

创建课堂的春天另一个重要因素即愉悦的心理环境。心理环境是指影响师生心理活动的各种内在心理因素，包括师生所持的教学观、价值观、师生观和对师生关系的认识等，它以潜在的或显现的方式影响着师生的教学情绪，从而影响教学效果。课堂心理环境是由学生学的心理环境与教师教的心理环境共同构成的。

营造良好的心理环境是追求完美教育的必备途径，充分发挥教师的引导功能，建立和谐的人际关系，形成师生、生生、师生个体和师生群体间良好的心理沟通，激发学生在实践的积极体验。人本主义心理学家罗杰斯认为：“有利于创造活动的一般条件是心理的安全与心理的自由。”[①] 鉴于此，教师要努力做到以下几方面。

第一，允许并鼓励每位学生发出自己的声音，帮助学生切实体会到学习内容的意义，允许并鼓励学生对学习内容提出自己的观点，并进行讨论，充分关注学生的需要，而不是教师的或课程的需要。

第二，要加强情感沟通，创建心理相容的师生关系。建立和谐的师生关系是优化课堂心理环境的前提，塑造自身人格魅力的同时，善于发挥“情感效应”的作用。打破长期固存的“师道尊严”的传统思想，把自己看成学生的朋友和知己，尊重学生人格，求得心灵上的沟通。

第三，帮助学生调节情绪，创设宽松和谐的心理环境，这是保证有效进行教学的重要条件，而创设良好的教学气氛又是以良好的人际关系为基础或前提的，所以在教学中教师要多用激励性语言和行动，移情地理解学生，肯定学生的自我价值，平等对待每一个学生，协助学生养成良好的心境，为他们创设一个“心理安全”氛围，使学生能够获得“心理自由”。

当前的教学所造就的人往往是被规训的、单面的、干瘪的、缺乏生命活力的，这样的教学、教育是脱离生活、没有生活的，丧失生活能力的，在现实的学校教育中造成了严重的后果，因而人们不禁要问：教育的意义何在？教学的价值何为？教育的意义在于促进人的生命意义，丰富人的生活色彩，而教师作为教育和教学活动的从事者，自然承担起从幼儿启蒙到引领人生航程的使命，为体现其价值和意义，教师应该用一种积极的、阳光的、平常的心态审视教学生活中的一切宏观和微观事物。如果离开了现实生活，课堂将失去活力，教学将失去吸引力，学生的学习也容易出现无法联系实际、脱离现实生活、内化程度低、掌握不牢固等问题。脱离生活的课堂教学，不仅忽视了学生作为有生命的存在，而且忽视了教师作为有生命的存在，教师成为一种传达特殊信息的工具性存在，教师要努力创造课堂之美，才能真正领悟生活与生命的意义。

8.3.2 生活之美

“生活世界”的一般意义是指我们生活于其中的日常生活世界。始自胡塞尔，“生活世界”成为一个洞察时代弊病、拯救人类自身危机的哲学术语。由于近代以来科学主义和工具理性的膨胀、泛滥，在科学技术的飞速发展和辉煌成就中，人类的时代危机四伏：战争、环境污染、生态破坏、人自身的异化及生活意义与生命价值的迷失，等等。胡塞尔洞察到了这一时代症结，指出：“现代人让自己的整个世界观受实证科学支配，并迷惑

① 特尔福特. 教育心理学[M]. 北京：人民教育出版社，1983：98.

于实证科学所造就的‘繁荣’。这种独特现象意味着，现代人漫不经心地抹去了那些对于真正的人来说至关重要的问题。”①

现代哲学清醒地认识到世界只有一个，那就是人的现实生活世界。在“生活世界”中，人既不是上帝，也不是奴仆，更不受神的支使。人无须用虚构的理性来束缚自己的本性，也不能用物质的攫取来说明生活的意义和价值。教学本身就是人的生命存在的一种形式，是实现人的价值生命过程的重要环节。课堂教学源自于生活，并一直存在于生活世界中的。

作为“生活世界”的主人，教师的人生价值并不体现于蜡烛的燃烧中，因为它不单是为了追求精神，更是为了创造精神，是为了更丰富、更有趣的生活，为了以更全面的方式展示自我。因此，“生活世界”是一个丰富多彩的世界：可以有物质生活的丰富，更有精神生活的灵性；可以有科学之真、道德之善，更有艺术之美；既有理论上理想的永恒“魅力”，也有实践上的现实局限性。可见，师生的“生活世界”首先是人的世界，具有一般人的“生活世界”的普遍内涵。让教育成为人的一种生存方式，不断提升个体存在的生存品质，为教师职业人生寻求一种通往自我理解、自我成长的道路。亨利·柏格森认为：“对于一个有意识的生命来说，存在在于变化，变化在于成熟，成熟在于不断地自我创造。”②

关注师生之间教和学的历史经验、现存状态和未来发展。生活世界是动态发展的，并非静止不变的。生活世界中的人也是动态发展的，使教师不是生活于抽象的、虚幻的、符号化的世界，而是现实的、真实的生活情境中，体会到生活的乐趣、生命的价值、自我的存在，这样可以有助于教师理解教学，改进教学，提升教学质量，促成学生对自身的完善。

追求美指的是追求教学与生活的合二为一，是一个人获取幸福的基本条件，一个有着优秀实践能力的教师也就拥有追求美的极大可能，教师必须端正职业认识，确立职业目标，提高职业境界，追求教师职业与生活的融合；应该自觉地选择一种立足于现实却不限于功利、追求理想却不陷入虚幻的生存方式，将具体的现实生存境遇同超越的价值追求统一起来，把当下的现实与高远的理想统一起来，去创造自己真实的、具有高层次整体质量的生活，还必须不断增强对教育活动的主体实践能力。师生如果因为教学能力和学习能力缺失而无法感受到教学实践的生命意义，就无法进行创造性劳动并体会教学中的乐趣，当然也就不可能获得职业的幸福感。

大学课堂教学的过程其实就是教师引领学生并和学生共同求真、求善、求实、求美的过程，是师生感受美、创造美和享受美的过程，包括正确价值观的确立，更包括将自己的价值理想付诸生活实践并取得成效的能力，良好的个性修养、开放的知识结构、精湛的生活能力和博雅的审美情趣等。教师循着探求客观教学规律之真和培育社会人才目的之善，获得学生成长之实，从而进入一个更高的生活境界，这就是师生的共同发展，即教学之美，也是师生感悟和实践美、创造和享受职业幸福感的过程。

危机同时可以视为一种策略，化为一种时机、转机，使每个人的危机意识普遍化、

---

① 胡塞尔. 欧洲科学危机和超验现象学[M]. 张庆熊，译. 上海：上海译文出版社，1988：7.

② 柏格森. 创造进化论[M]. 姜志辉，译. 北京：商务印书馆，2004：13.

显性化、严峻化，未雨绸缪，往往能整合非常力量形成非常团结，多一分危机感，可能会多一分批判，我们就会多一分收获，教育是人类寻求解放、从个体生活走向社会生活，从狭隘走向广阔的一种社会性活动。社会发展的最终目的是为了个人的全面而自由的发展，是为了人的真善美的统一，并且通过人的自由自觉的活动来实现。人类个体的个性、独特性和多样性，既是教育的重要资源，也是教育追求的最终目标。个人的发展、个人的自由和个人的幸福都具备“独立的善”的价值。也就是说，个体的发展并不是因为个人自由是社会自由的条件，也不是因为个人发展是社会发展的条件，个人自由、个人发展其本身就是目的，有着自足的价值，满足这些才能实现个人的幸福，实现真、善、美的统一。

附录一

课堂观察量表

课堂教学观察表一：学生课堂学习量表

<table>
<tr><td>时　间</td><td>地　点</td><td></td><td colspan="9">课　程</td></tr>
<tr><td>授课教师</td><td>姓　名</td><td></td><td>职　称</td><td></td><td>教　龄</td><td></td><td>单　位</td><td colspan="4"></td></tr>
<tr><td>授课对象</td><td colspan="11"></td></tr>
<tr><td rowspan="13">观察记录</td><td colspan="6">学 生 表 现</td><td colspan="5">效果评价</td></tr>
<tr><td colspan="6">1. 学习兴趣是否浓厚</td><td>A</td><td>B</td><td>C</td><td>D</td><td>E</td></tr>
<tr><td colspan="6">2. 学习情绪是否饱满</td><td></td><td></td><td></td><td></td><td></td></tr>
<tr><td colspan="6">3. 能否积极参与教学活动</td><td></td><td></td><td></td><td></td><td></td></tr>
<tr><td colspan="6">4.对教师的态度</td><td></td><td></td><td></td><td></td><td></td></tr>
<tr><td colspan="6">5.能否在学习中自觉主动学习，自主搜集、整理信息、形成自己的见解并有效表达自己的观点</td><td></td><td></td><td></td><td></td><td></td></tr>
<tr><td colspan="6">6.能否积极思考，深入探究</td><td></td><td></td><td></td><td></td><td></td></tr>
<tr><td colspan="6">7.小组合作学习中，能否与同学有效合作，能否照顾其他同学的学习需要</td><td></td><td></td><td></td><td></td><td></td></tr>
<tr><td colspan="6">8.课堂学习中，能否应用已经掌握的知识与技能，解决新问题</td><td></td><td></td><td></td><td></td><td></td></tr>
<tr><td colspan="6">9.课堂学习中，能否反思自己的学习行为，调整学习策略</td><td></td><td></td><td></td><td></td><td></td></tr>
<tr><td colspan="6">10.课堂学习中，能否对老师和同学提出的观点大胆质疑，提出不同意见</td><td></td><td></td><td></td><td></td><td></td></tr>
<tr><td colspan="6">11. 学生主动提出问题的层次和质量</td><td></td><td></td><td></td><td></td><td></td></tr>
<tr><td colspan="6">12. 学生对同学主动提问的反应</td><td></td><td></td><td></td><td></td><td></td></tr>
</table>

课堂教学观察表二：教师教学行为量表

时　间	地　点		课　程					
授课教师	姓　名		职　称		教　龄		单　位	
授课对象								

	教师表现	效果评价				
观察记录	1. 教学态度是否端正、心情是否愉快、是否有激情	A	B	C	D	E
	2. 课堂教学语言用词是否通俗易懂					
	3. 对课堂教学秩序的管理是否到位					
	4. 课前是否就学习目标与方法和学生进行讨论交流					
	5. 能否通过评价调动学生的学习积极性、有效调控学习气氛					
	6. 能否有效激发学生的学习兴趣					
	7. 能否注意到学生的反应					
	8. 能否有效处理学生的消极反应					
	8. 对学生突如其来问题及状况的处理					
	9. 能否通过恰当的引导使学生对学习主题的深入思考					
	10. 能否尊重学生的意见，并与学生平等交流					
	11. 是否组织学生开展有效的课堂活动					
	12. 能否调动学生之间的交流					
	13. 是否有意识引导学生之间相互提问					
	14. 是否开展小组合作学习					

课堂教学观察表三：师生互动量表

<table>
<tr><td>时　间</td><td>地　点</td><td></td><td colspan="8">课　程</td></tr>
<tr><td>授课教师</td><td>姓　名</td><td></td><td>职　称</td><td></td><td>教　龄</td><td></td><td>单　位</td><td colspan="3"></td></tr>
<tr><td>授课对象</td><td colspan="10"></td></tr>
<tr><td rowspan="24">观察记录</td><td colspan="2" rowspan="2">观察内容</td><td rowspan="2">次　数</td><td colspan="5">效果评价</td></tr>
<tr><td>A</td><td>B</td><td>C</td><td>D</td><td>E</td></tr>
<tr><td rowspan="4">教师提问</td><td>1. 描述性问题</td><td></td><td></td><td></td><td></td><td></td><td></td></tr>
<tr><td>2. 判断性问题</td><td></td><td></td><td></td><td></td><td></td><td></td></tr>
<tr><td>3. 论证性问题</td><td></td><td></td><td></td><td></td><td></td><td></td></tr>
<tr><td>4. 技术性问题</td><td></td><td></td><td></td><td></td><td></td><td></td></tr>
<tr><td rowspan="3">学生提问</td><td>5. 理解性困惑</td><td></td><td></td><td></td><td></td><td></td><td></td></tr>
<tr><td>6. 判断性困惑</td><td></td><td></td><td></td><td></td><td></td><td></td></tr>
<tr><td>7. 实证性困惑</td><td></td><td></td><td></td><td></td><td></td><td></td></tr>
<tr><td rowspan="3">互动类型</td><td>8. 师生互动</td><td></td><td></td><td></td><td></td><td></td><td></td></tr>
<tr><td>9. 生生互动</td><td></td><td></td><td></td><td></td><td></td><td></td></tr>
<tr><td>10. 教师和小组互动</td><td></td><td></td><td></td><td></td><td></td><td></td></tr>
<tr><td rowspan="3">教师对互动过程的促进</td><td>11. 以问题促进互动</td><td></td><td></td><td></td><td></td><td></td><td></td></tr>
<tr><td>12. 以评价促进互动</td><td></td><td></td><td></td><td></td><td></td><td></td></tr>
<tr><td>13. 以非语言促进互动</td><td></td><td></td><td></td><td></td><td></td><td></td></tr>
<tr><td rowspan="2">言语互动过程计时</td><td>14. 30秒以下</td><td></td><td></td><td></td><td></td><td></td><td></td></tr>
<tr><td>15. 30秒以上</td><td></td><td></td><td></td><td></td><td></td><td></td></tr>
<tr><td rowspan="3">教师对学生提问的态度</td><td>16. 积极热情</td><td></td><td></td><td></td><td></td><td></td><td></td></tr>
<tr><td>17. 消极冷漠</td><td></td><td></td><td></td><td></td><td></td><td></td></tr>
<tr><td>18. 有意回避</td><td></td><td></td><td></td><td></td><td></td><td></td></tr>
<tr><td rowspan="2">互动管理</td><td>19. 有效调控</td><td></td><td></td><td></td><td></td><td></td><td></td></tr>
<tr><td>20. 放任不管</td><td></td><td></td><td></td><td></td><td></td><td></td></tr>
<tr><td rowspan="2">提问效果</td><td>21. 学生的提问能否紧扣教学主题</td><td></td><td></td><td></td><td></td><td></td><td></td></tr>
<tr><td>22. 学生的提问有否引起讨论</td><td></td><td></td><td></td><td></td><td></td><td></td></tr>
</table>

附录二

“大学课堂教学危机”学生调查问卷

亲爱的同学：本调查问卷是为了了解“大学课堂教学危机”的情况。请您如实填写，谢谢!

★性别：1. 男　2. 女

★年级：1. 大一　2. 大二　3. 大三　4. 大四　5. 已毕业

★您的专业是：1. 文科　2. 理科　3. 工科　4. 医科　5. 其他

教师教学

1. 大学课堂上，老师是否鼓励过您对教学内容的质疑：

A.鼓励过　　B.从不鼓励

2. 大学课堂中，老师是否采取讲解式，搞一言堂：

A.是　　B.不是

3. 当您在某些问题上的想法与老师不一致时，老师的态度是：

A.反对　　B.接受　　C.置之不理

4. 老师在课堂上是否鼓励学生自由发表观点，相互讨论：

A.是　　B.否

5. 大学老师是否对教学的热情和时间投入不够：

A.是　　B.否

6. 大学课堂中，老师无暇顾及您的学习方法是否正确：

A.是　　B.否

师生关系

7. 大学课堂中，老师是否注重与学生的交流：

A.注重交流　　B.很少交流　　C.没有交流

8. 大学课堂中，老师是否要求每个学生听从他的指令：

A.是　　B.否

9. 大学上课时，老师对学生的态度是：

A.一视同仁　　B.只和少数同学友好

10. 老师是否只按自己的节奏讲，无视学生的反应：

A.是　　B.否

11. 普遍存在的师生关系类型是：

A.冷漠型　　B.民主平等型　　C .教师是权威，学生一味服从

课堂管理

12. 大学上课时，老师能控制课堂时间和课堂纪律：

A.是　　B.否

13. 大学上课时，老师在教学管理上：

A.严格要求学生　B.管理松散，对学生的课堂行为不闻不问

14. 大学课堂中，老师有答疑和辅导交流：

A.有　　B.没有

15. 如果您坐在后排，常常是老师关注的盲点：

A.是　　B.否

16. 班上有同学违纪行为，如睡觉、看课外书籍、玩手机、中途溜走等，老师的态度一般是：

A.严厉批评　　B.用眼神等体态语言提醒　　C.置之不理

教学目标

17. 教师安排教学活动，条理清楚、目的明确吗?

A.很明确　　B.有时明确　　C.完全不明确

18. 老师是否备课认真，有完整详细的教学计划：

A.是　　B.否

19. 老师是否会根据学生需求精心设计教学环节：

A.是　　B.否

20. 大学课堂中，老师是否虚心征求并听取学生的意见，不断调整教学：

A.是　　B.否

教学方法

21. 老师在大学课堂中采取的教学方法是：

A.方法灵活，以学生为中心　　B.方法单一，以老师为中心

22. 大学课堂中，老师在授课时是否突出重点、难点：

A.是　　　　　　　B.否

23. 大学上课时，老师是否鼓励学生提问：

A.是　　　　　　　B.否

24. 老师是否会留给学生对问题的足够思考时间：

A.是　　　　　　　B.否

课堂氛围

25. 大学上课时，课堂气氛是：

A.课堂气氛活跃　　B.课堂气氛一般　　C.课堂气氛死气沉沉，不想配合老师发言

26. 大学课堂中，您是否即使没听懂也不举手问老师：

A.是　　　　　　　B.否

27. 大学上课时，学生的参与机会：

A.高　　　　　　　B.很低

教学危机

28. 您认为大学课堂教学是否存在危机：

A.是　　　　　　　B.否

29. 您认为大学课堂教学的危机体现在：

A.教学内容脱离实际　　B.教学目标不明确　　C.教师责任心不强

30. 您认为当前大学课堂教学中最应改善的是：

A.教学方法　　B.课堂管理　　C.学生参与度　　D.教师素养

31. 解决大学课堂教学危机的策略是要完善：

A.教育体制　　B .教学理念　　C.评价体系　　D .教学策略

附录三 在校学生访谈提纲

1. 您对大学的课堂教学是否满意？请说明理由。您心目中理想的课堂教学是什么样的？
2. 您认为大学课堂教学是否存在危机？为什么会产生这些危机？
3. 大学的宗旨是培养创新型人才，您认为您所受的大学教育是否能够培养出创新型人才？
4. 大学课堂教学危机会给学生的成长带来哪些后果？
5. 对一个大学生来说，您认为传承知识与质疑知识哪个更重要？请说明理由。
6. 在您所接受的大学学习中，老师是倾向于讲授还是倾向于激发学生思考？
7. 对于目前的教学评价体系，您认为是否合理？请说明理由。
8. 您认为解决大学课堂教学危机的关键在于什么？请说说您的理由。

附录四

毕业后出国留学生调查提纲

1. 您对国内大学4年的课堂教学是否满意？请说明理由。您心目中理想的课堂教学是什么样的？
2. 对于国内大学课堂教学危机凸显，您是怎么认为的？
3. 大学的宗旨是培养创新型人才，您认为您所受的大学教育是否能够培养出创新型人才？
4. 大学课堂教学危机表现在哪些方面？为什么会产生这些危机？您认为最大的危机是什么？
5. 对一个大学生来说，您认为传承知识与质疑知识哪个更重要？请说明理由。
6. 在您所接受的4年学习中，老师是倾向于讲授还是倾向于激发学生思考？
7. 您认为解决大学课堂教学危机的关键在于什么？请说说您的理由。
8. 国外大学与国内大学课堂教学的不同之处表现在哪里？它们会对学生产生什么样的影响？

参考文献

[1] 卢梭. 论人类不平等的起源和基础[M]. 李常山，译. 北京：商务印书馆，1962.

[2] 罗素. 西方哲学史[M]. 何兆武，李约瑟，译. 北京：商务印书馆，1981.

[3] 费希特. 论学者的使命[M]. 梁志学，沈真，译. 北京：商务印书馆，1984.

[4] 朗格朗. 终身教育引论[M]. 周南照，陈树清，译. 北京：中国对外翻译出版社，1985.

[5] 柏拉图. 理想国[M]. 郭斌和，张竹明，译. 北京：商务印书馆，1986.

[6] 叔本华. 人生的智慧[M]. 韦启昌，译. 北京：工人出版社，1988.

[7] 雅斯贝尔斯. 存在与超越——雅斯贝尔斯文集[M]. 余灵灵，徐倍华，译. 上海：三联书店，1988.

[8] 埃里希·弗罗姆. 人性的追求[M]. 王健康，译. 上海：上海文化出版社，1988.

[9] 赫博特，马尔库塞. 单向度的人——发达工业社会意识形态研究[M]. 刘继，译. 上海：上海译文出版社，1989.

[10] 亚里士多德.尼各马可伦理学[M]. 苗力田，译. 北京：中国社会科学出版社，1990.

[11] 杜威. 民主主义与教育[M]. 王承绪，译. 北京：人民教育出版社，1990.

[12] 雅斯贝尔斯. 什么是教育[M]. 邹进，译. 北京：生活·读书·新知三联书店，1991.

[13] 克尔. 大学的功用[M]. 陈学飞，等，译. 南昌：江西教育出版社，1993.

[14] 博耶. 大学：美国大学生的就读经验[M]. 徐芃，等，译. 北京：北京师范大学出版社，1993.

[15] 孙志文. 现代人的焦虑和希望[M]. 陈永禹，译. 北京：生活·读书·新知三联书店，1994.

[16] 哈贝马斯. 交往行动理论[M]. 洪佩郁，等，译. 重庆：重庆出版社，1994.

[17] 艾伦，希鲁姆. 走向封闭的美国精神[M]. 缪青，宋丽娜，译. 北京：中国社会科学出版社，1994.

[18] 联合国教科文组织. 关于高等教育的变革与发展的政策性文件[C]. 1995.

[19] 联合国教科文组织. 学会生存——教育世界的今天和明天[M]. 北京：教育科学出版社，1996.

[20] 联合国教科文组织. 教育——财富蕴藏其中[M]. 北京：教育科学出版社，1996.

[21] 联合国教科文组织. 教育的使命——面向二十一世纪的教育宣言和行动纲领[M]. 北京：教育科学出版社，1996.

[22] 胡塞尔. 胡塞尔选集[M]. 倪梁康，编. 上海：上海三联书店，1997.

[23] 库姆斯. 世界教育危机[M]. 赵宝恒，译. 北京：人民教育出版社，2001.

[24] 哈贝马斯. 认识与兴趣[M]. 郭官义，等，译. 上海：学林出版社，1999.

[25] 凯尔纳，贝斯特. 后现代理论———批判性的质疑[M]. 张志斌，译. 北京： 中央编译出版社，1999.

[26] 世界银行、联合国教科文组织高等教育与社会特别工作组. 发展中国家的高等教育：危机与出路[M]. 北京：教育科学出版社，2000.

[27] 波普尔. 开放的思想和社会[M]. 张之沧，译. 南京：江苏人民出版社，2000.

[28] 许美德. 中国大学———个文化冲突的世纪[M]. 许洁英，译. 北京：教育，科学出版社，2000.

[29] 胡塞尔. 欧洲科学的危机与超越论的现象学[M]. 王炳文，译. 北京： 商务印书馆，2001.
[30] 纽曼. 大学的理想[M]. 徐辉，顾建新，何曙荣，译. 杭州：浙江教育出版社，2001.
[31] 杜威. 我们怎样思维·经验与教育[M]. 姜文阂，译. 北京：人民教育出版社，2005.
[32] 弗莱雷. 被压迫者教育学[M]. 顾建新，译. 上海：华东师范大学出版社，2001.
[33] 马克斯，范梅南. 教学机智——教育智慧的意蕴[M]. 李树英，译. 北京：教育科学出版社，2001.
[34] 布鲁贝克. 高等教育哲学[M]. 王承绪，等，译. 杭州：浙江教育出版社，2002.
[35] 布兰思福特，等. 人是如何学习的[M]. 程可拉，等，译. 上海：华东师范大学出版社，2002.
[36] 布罗菲. 透视课堂[M]. 陶志琼，等，译. 北京：中国轻工业出版社，2002.
[37] 戴维. 课堂管理技巧[M]. 李彦，译. 上海：华东师范大学出版社，2002.
[38] 亚里士多德. 尼各马可伦理学[M]. 廖申白，译. 北京：商务印书馆，2003.
[39] 范梅南. 生活体验研究[M]. 宋广文，等，译. 北京：教育科学出版社，2003.
[40] 鲍吾刚. 中国人的幸福观[M]. 严蓓雯，等，译. 南京：江苏人民出版社，2004.
[41] 贝克. 风险社会[M]. 南京：译林出版社，2004.
[42] 杜威. 确定性的寻求——关于知行关系的研究[M]. 傅统先，译. 上海：上海人民出版社，2004.
[43] 佐藤学. 学习的快乐——走向对话[M]. 钟启泉，译. 北京：教育科学出版社，2004.
[44] 斯宾塞. 斯宾塞教育论著选[M]. 胡毅，王承绪，译. 北京：人民教育出版社，2005.
[45] 张焕庭. 西方资产阶级教育论著选[M]. 北京：人民教育出版社，1979.
[46] 金耀基. 大学之理念[M]. 北京：生活·读书·新知三联书店，2001.
[47] 中国大百科全书（教育卷）[M]. 北京：中国大百科全书出版社，1985.
[48] 王策三. 教学论稿[M]. 北京：人民教育出版社，1985.
[49] 简明不列颠百科全书（第8卷）[M]. 北京：中国大百科全书出版社，1986.
[50] 瞿葆奎. 教育学文集·教学（中）[C]. 北京：人民教育出版社，1988.
[51] 李秉德. 教学论[M]. 北京：人民教育出版社，1991.
[52] 廖叔俊，王冀生. 高等教育与社会主义市场经济基本问题研究[M]. 广州：广东高等教育出版社，1996.
[53] 宋宁娜. 活动教学论[M]. 南京：江苏教育出版社，1996.
[54] 田慧生，李如密.教学论[M]. 石家庄：河北教育出版社，1996.
[55] 张楚廷. 教学论纲[M]. 北京：人民教育出版社，1997.
[56] 贺国庆. 德国和美国大学发达史[M]. 北京：人民教育出版社，1998.
[57] 杨东平. 大学精神[M]. 沈阳：辽海出版社，2000.
[58] 潘懋元，王伟廉. 高等教育学[M]. 福州：福建教育出版社，2000.
[59] 张华. 经验课程论[M]. 上海：上海教育出版社，2001.
[60] 金生鈜. 理解与教育[M]. 北京：教育科学出版社，1997.
[61] 石中英. 知识转型与教育改革[M]. 北京：教育科学出版社，2002.
[62] 教育部中外大学校长论坛领导小组. 中外大学校长论坛文集[M]. 北京：高等教育出版社，2002.
[63] 张楚廷. 大学教学学[M]. 长沙：湖南师范大学出版社，2002.
[64] 吴鲁平. 中国当代大学生问题报告[M]. 南京：江苏人民出版社，2003.

[65] 张维迎. 大学的逻辑[M]. 北京：北京大学出版社，2004.

[66] 熊丙奇. 大学问题高端访问：体制迷墙[M]. 成都：天地出版社，2005.

[67] 董云川. 找回大学精神[M]. 昆明：云南大学出版社，2005.

[68] 刘尧. 今日大学教育评论[M]. 北京：群言出版社，2006.

[69] 陈学飞. 面向21世纪国际高等教育发展的六大趋势[J]. 教育研究，1996（12）.

[70] 洪成文. 美国学者论如何提高本科教学质量[J]. 比较教育研究，1996（5）.

[71] 韩映雄. 大学的责任、权力与利益[J]. 上海高教研究，1997（2）.

[72] 吉林省教委普通高等学校本科教学质量调查组.吉林省普通高等学校本科教学质量调查报告[J]. 吉林教育科学（高教研究），1997（7）.

[73] 李瑾瑜. 布贝尔的师生关系观及其启示[J]. 西北师大学报（社科版），1997（1）.

[74] 叶澜. 让课堂焕发生命的活力[J]. 教育研究，1997（9）.

[75] 伍贻康，黄烨.经济全球化和世界多极化[J]. 世界经济与政治，1998（12）.

[76] 肖川. 论教学目标[J]. 高等教育研究，1999（3）.

[77] 胡敏中. 非理性辩证[J]. 学术月刊，1999（6）.

[78] 蔡兵. 大学教学方法改革的探讨[J]. 天津理工学院学报，1999（15）（增）.

[79] 宋广文，窦春玲. 课堂教学心理气氛及其教育作用[J]. 教育科学，1999（2）.

[80] 罗守贵. 大学课堂教学的任务与模式[J]. 常熟高专学报，2001（1）.

[81] 肖川. 大学的理想与使命[J]. 高等教育研究，2000（4）.

[82] 宋德如. 高校课堂教学不良操作及其导控[J]. 江苏高教，2000（4）.

[83] 杨德广. 从经济全球化教育国际化的思考[J]. 教学研究（秦皇岛），2000（4）.

[84] 黄怡. 对高校教学质量的现状、原因及对策的思考[J]. 甘肃广播电视大学学报，2000（3）.

[85] 周国雄. 大学课堂教学“四步曲”叙论[J]. 华南师范大学学报（社会科学版），2000（12）.

[86] 宋秋前. 课堂教学问题问诊与矫治[J]. 教育研究，2001（4）.

[87] 周琦. 目标与手段的背离——大学生隐性逃课的社会学分析[J]. 当代青年研究，2001（3）.

[88] 包红刚. 试论大学教学方法及其改革[J]. 北京人民警察学院学报，2001（6）.

[89] 马万华. 扩招后高等学校教学质量状况分析[J]. 高等教育研究，2002（9）.

[90] 韩水法. 谁要想世界一流大学[J]. 读书，2002（3）.

[91] 周作宇，熊春文. 大学教学：传统与变革[J]. 现代大学教育，2002（1）.

[92] 上海市教科院发展研究中心. 中国高校扩招三年大盘点[J]. 教育发展研究，2002（9）：15.

[93] 唐烈琼. 高校课堂教学目标的迷失与重整[J]. 零陵学院学报，2002，23（1）.

[94] 徐继存. 追寻教学意义重塑教学生活[J]. 教育科学研究，2002（11）.

[95] 周作宇，熊春文. 大学教学：传统与变革[J]. 现代大学教育，2002（1）.

[96] 娄国栋. 大学生创新能力相关因素的研究[J]. 江苏高教，2002（6）.

[97] 王洪恩. 学生自主探究过程中教师做什么[J]. 宁夏教育，2003（12）.

[98] 冯宗侠. 当前高校师生关系现状调查与思考[J]. 泰山乡镇企业职工大学学报，2003（4）.

[99] 王鉴. 课堂研究引论[J]. 科学界，2003（6）.

[100] 韩静，赵常丽. 学生评价教师课堂教学质量调查[J]. 青海大学学报（自然科学版），2003（2）.
[101] 丁剑刚，乔晓艳. 大学教学质量滑坡的原因及对策[J]. 山西财经大学学报（高等教育版），2003（4）.
[102] 张丽. 试论有效课堂提问的技巧[J]. 上海教育科研，2003（12）.
[103] 王鉴. 课堂研究引论[J]. 教育研究，2003（6）.
[104] 徐梁，焦微玲. 高校教学中的师生互动关系探讨[J]. 盐城工学院学报，2003（3）.
[105] 刘宝存. 雅斯贝尔斯大学教育理念[J]. 外国教育研究，2003（8）.
[106] 王建波. 构建高校多元化学习评价体系的思考[J]. 宁波大学学报，2003，25（6）.
[107] 高凌庵. 高考改革：反思与建议[J]. 当代教育科学，2003（24）.
[108] 班华. “学会关心”——一种重在道德学习的德育模式[J]. 教育研究，2003（12）.
[109] 甘剑梅. 论“关心”的教育品性[J]. 教育理论与实践，2003（6）.
[110] 李长吉. 教学是为了谁——关于教学价值主体观念现状调查分析[J]. 上海教育科研，2003（4）.
[111] 侯晶晶，朱小蔓. 诺丁斯以关怀为核心的道德教育理论及其启示[J]. 教育研究，2004（3）.
[112] 李长吉. 教学价值如何实现——关于教学价值获得方式的调查分析[J]. 当代教育科学，2004（6）.
[113] 陈安宁. 大学数学教育呼唤人文精神[J]. 宜宾学院学报，2004（3）.
[114] 马修水，龚秀贤，沈徽青，等. 地方综合性大学教学质量问题的调查与思考[J]. 教育发展研究，2004（1）.
[115] 潘懋元. 中国当前高等教育发展中的若干问题[J]. 大学教育科学，2004（4）：4.
[116] 吴小鸥. 问诊大学课堂教学[J]. 现代大学教育，2004（1）.
[117] 吴小鸥. 创构大学课堂[J]. 湘南学院学报，2004，25（6）.
[118] 杨振宁. 谈大学教学和人才培养[J]. 中国大学教学，2004（12）.
[119] 左晓梅. 关于问题教学的反思[J]. 江西教育科研，2004（7）.
[120] 李红. 走出问题教学的误区[J]. 教育探索，2004（12）.
[121] 教育部. 各级普通学校生师比[EB/OL]. http：//www.moe.edu.cn/，2004-05-10。
[122] 陈延寿. 课堂上的信息不对称及其对策[J]. 现代教育科学，2004（4）.
[123] 刘慧芳. 关于多媒体教学的思考[J]. 四川教育学院学报，2004（12）.
[124] 张相乐. 论高校青年教师教学能力的培养[J]. 石油教育，2004（6）.
[125] 孙亚玲. 课堂有效性标准研究[D]. 上海：华东师范大学，2004.
[126] 刘旭东. 新课程改革呼唤校本教师培训[J]. 青海师范大学学报，2004（1）.
[127] 王桂龙. 大学教育的境界：主客体的充分融合[J]. 江苏高教，2005（1）.
[128] 陈媚. 新时期高校教师队伍建设的几点思考[J]. 山西医科大学学报，2005（1）.
[129] 李小平. 中国大学教与学活动的片面现象反思[J]. 高等教育研究，2005（26）.
[130] 周晓燕. 教师的教学理性：内涵、意义及其重建[J]. 教师教育研究，2005（7）.
[131] 郑文. 论大学的教学自由[J]. 中国大学教学，2005（11）.
[132] 本戴维. 正确认识今日高等教育危机[J]. 国际高等教育研究，2007（4）.
[133] Moberley W. Crisis is in the University[M]. London：SCM Press，1949.
[134] Carter V Good. Dictionary of Education[M]. New York：McGramhill Book Company，1973.
[135] Peter Scott. The Crisis of University[M]. London：Croom Helm Ltd，1984.

[136] Posner G J. Field.Experience：Method of Reflective Teaching[M]. New York：Longman，1989.

[137] Good T，Brophy J. Looking in Classroom[M] . Harper Collins，1994.

[138] Brubacher J W，Cass C W，Reagan T G. Becoming a Reflective educator：How to Build a culture of Inquiry in the Schools[M] . California：Corw in Press，1994.

[139] Good T，Brophy J. Looking in Classroom[M]. Harper Collins，1994.

[140] Ross D D. First Steps in Eloping：A Reflective Approach[J] .Journal of Teacher Education，40（2）.

[141] The Crisis in Teaching[J]. Hispania，Aug 1946，29（3）.

[142] Walter Moberly MT. Review of The Crisis in the University [J] .Studies：An Irish Quarterly Review，Sep，1949，38（151）.

[143] Michael P Metty，Harold Taylor. Review of Students without Teachers：The Crisis in the University [J] .The Journal of Higher Education，Mar，1970，41（3）.

[144] Robert Dreeben，Charles E Silberman. Review of Crisis in the Classroom：The Remaking of American Education[J]. American Journal of Sociology，Nov，1971，77（3）.

[145] Franklin Parker，Harold Taylor.Review of Students without Teachers：The Crisis in the University [J]. International Review of Education，1971，17（3）.

[146] Sibley W M. The University in the 1990s：Crisis or Predicament?[J] .Canadian Journal of Higher Education，1993，23.

[147] Fletcher.Crisis in the classroom[J] .The Canadian nurse，May，2000，96（5）.

[148] David Nicholls. Today' s History–Crisis in the Classroom[J] .History today，2004，54（8）.

[149] Craig Calhoun. Is the University in Crisis? [J] .Society，2006（4）.

后 记

一点一点地琢磨，一步一步地思索，终于成形于文字，却不敢喜形于色，多年的教和学，越教越困惑、越学越惶恐，在知识的海洋中日益感到自己的渺小和无知……

从2006年开始思考大学课堂教学的问题直到现在已有8年的时间，结合教学实践，先研究大学大班的教学过程、教学方式和教学效果转而研究大学课堂教学出现的问题。在本书中通过对全国多所高校的实证研究，呈现当前大学课堂教学的危机问题，聚焦于大学课堂教学的沉闷气氛，所培养的学生缺乏问题意识、缺乏提问能力及缺乏质疑思维；为了剖析大学课堂教学危机的根源，试着从中国传统文化、教师教学状况等角度，深刻揭露大学课堂教学危机带来的一系列后果，努力寻找大学课堂教学危机的应对措施，提出合理有效的课堂教学模式，以改善大学课堂教学。大学课堂教学的改善不能一蹴而就，而是需要付出长期的研究和实践。“骐骥一跃，不能十步；驽马十驾，功在不舍；锲而舍之，朽木不折，锲而不舍，金石可镂。”荀子如是说！

本书系教育部人文社会科学研究一般项目（青年基金项目）“大学课堂教学危机研究”（批准编号为：11YJC880128）及上海市教育科学研究项目“高校本科教学的危机与课堂教学的重建”（批准编号为：B12035）之最终成果。本书得以出版要感谢我的博士生导师陈永明教授、硕士生导师单中惠教授，以及所有帮助过我的老师和同学；感谢美国华盛顿大学教育学院Kenneth Zeichner教授为本书作序。感谢北京大学出版社的姚成龙主任及王莹编辑为本书作出的努力！

吴 艳

2014年7月